感谢浙江省高校“十三五”优势专业——杭州电子科技大学金融学专业建设经费的支持

| 帕尔格雷夫金融科技系列之一 |

# 数字保险

## 后危机时代的商业创新

# DIGITAL INSURANCE

## BUSINESS INNOVATION IN THE POST-CRISIS ERA

［意］伯纳多·尼科莱蒂（Bernardo Nicoletti）著

王振宇 译

中国财经出版传媒集团
经济科学出版社
Economic Science Press
·北 京·

**图字号：01－2016－2487**



**图书在版编目（CIP）数据**

数字保险：后危机时代的商业创新／（意）伯纳多·尼科莱蒂（Bernardo Nicoletti）著；王振宇译．--北京：经济科学出版社，2023.10

书名原文：Digital Insurance：Business Innovation in the Post-Crisis Era

ISBN 978－7－5141－9725－9

Ⅰ.①数…　Ⅱ.①伯…　②王…　Ⅲ.①互联网络－应用－保险业－研究　Ⅳ.①F840.3－39

中国版本图书馆CIP数据核字（2018）第207032号

责任编辑：王柳松　汪武静
责任校对：杨　海
责任印制：邱　天

数字保险：后危机时代的商业创新
SHUZI BAOXIAN：HOU WEIJI SHIDAI DE SHANGYE CHUANGXIN
［意］伯纳多·尼科莱蒂（Bernardo Nicoletti）著
王振宇　译
经济科学出版社出版、发行　新华书店经销
社址：北京市海淀区阜成路甲28号　邮编：100142
总编部电话：010-88191217　发行部电话：010-88191522
网址：www.esp.com.cn
电子邮箱：esp@esp.com.cn
天猫网店：经济科学出版社旗舰店
网址：http：//jjkxcbs.tmall.com
北京时捷印刷有限公司印装
710×1000　16开　27印张　390 000字
2023年10月第1版　2023年10月第1次印刷
ISBN 978－7－5141－9725－9　定价：98.00元
**（图书出现印装问题，本社负责调换。电话：010－88191545）**

此书谨献给我亲爱的家人，感谢你们全力支持。

# 本书介绍

本书深入浅出地讨论了保险业的数字化转型。本书讨论了保险公司通过新的范式、流程和解决方案实现数字化转型的策略，也讨论了数字化创新如何增进保险公司的敏捷性和与客户的互动。在这个过程中，关键是人、流程、组织、商业模式这四个方面。另外，行业外的大鳄们也在虎视眈眈地准备进入这个行业。所以，保险公司应该通过精益化和数字化来实现全渠道转型，使其产品和服务更加智能。本书内容包括数字保险的管理、基础解决方案、高级解决方案、治理、监管框架和全球的数字保险等。

本书提供了大量实际的数字保险的案例，同时提供了很多调查公司的相关调查结果，从而使得本书更加生动有趣，又真实可信。

本书主要供全球的经理人阅读，同时也可用作学术界的研究和教学资料。

本书是帕尔格雷夫金融科技系列丛书之一。

# 作者简介

伯纳多·尼科莱蒂（Bernardo Nicoletti）教授，毕业于美国卡内基梅隆大学，曾担任美国通用电气公司（general electric company，GE）的首席技术官，也曾经在美国国际集团（American international group，AIG）工作。目前是意大利罗马托尔维加塔大学（University of TorVergata）的教授，同时为亚洲和欧洲公司提供 IT 战略、组织和采购方面的咨询服务。他对于如何将精益六西格玛（lean six sigma，LSS）贯彻到金融机构的方面非常有经验，他称为“精益与数字化”。他发展了一些新方法来帮助客户降低成本、提高质量，从而为客户和商界创造价值。他已编写过 20 本书，在各类期刊上发表了论文 200 多篇，并经常在国际会议上做报告。

# 导言

金融危机已经肆虐很长时间了。2008 年金融危机暴发，但谁也不知道什么时候彻底结束。所以，金融机构需要：

- 迅速降低杠杆率；
- 采取强有力的措施以加强它们在市场上的地位；
- 更好地应对市场变化以及其他社会经济等方面的因素带来的挑战。

这意味着金融机构需要开源节流。

本书提出了以下的论点：为了能开源节流，保险公司开展业务要更敏捷地捕捉信息、更灵活地应对新事物带来的挑战。即保险公司需要各种以满足用户需求为目标、力求降低成本、提高产品质量、不断创新的资源节约型的生产方式，也就是所谓的更精益化，同时，保险公司需要不断提高自动化水平。对新范式（流程、技术）的接受会增加收入、控制成本，加快创新，特别是增加商业的敏捷性。如果使用正确，好的方法和解决方案会有用。一个很重要的方向就是数字（化）保险。数字（化）保险意味着保险公司通过采用更好的方案，多渠道、全方位销售、购买和交付产品和服务，使公司更加精益和自动化。

数字保险是对客户和保险公司自身最有趣的趋势之一。从个人、社会和商业的角度来看，数字保险都会带来深远的影响。一般而言，保险公司在创新时相对谨慎，不敢大刀阔斧，然而，世界正在持续变化。麦肯锡的一份报告指出金融机构越来越意识到产品、 组织、 流程和商业模式创新的必要性。[1]

保险公司不应以消极被动的态度而是应以积极主动的态度拥抱数字保险。 因为数字保险会改变保险公司以及保险公司与客户之间的关系。

该领域也正在经历 “野蛮人” 入侵。 这些 “野蛮人” 包括新进入者（例如贝宝） 公司、 商户等。

保险业正面临外来机构和组织进入的状况。 正在虎视眈眈盯着该领域的机构和组织的有谷歌、[2] 银行、 电信公司、 商户和其他对保险业感兴趣的机构和组织。

这意味着市场已经开放， 除非在位者反应迅速， 否则入侵者将占领市场， 正如网络银行市场所展示的那样。

### 保险公司应该加速创新

保险业是需要加快创新的行业之一。 银行在持续变革和进步， 而保险公司的创新乏善可陈， 所以保险公司需要急起直追。[3] 其目标在于:

- 通过精心的战略规划和实施获取市场份额增长;
- 通过改善和固化流程来获得竞争优势;
- 创造整合的方法，以低成本提供高质量服务和可靠的信息。

保险公司可以通过多种方式进行创新， 笔者认为主要从以下四个方面着手:

- 产品;
- 流程;
- 组织;
- 商业模式。

就产品而言， 信息和通信技术更加广泛地使用使得新型服务成为可能。 例如， 由于世界各地的人们轻松沟通成为可能， 即使仍然有限， 再保险的重要性也在增加。

就流程而言，保险公司更多使用新渠道，例如呼叫中心、网络、社交网络、移动设备等。这些渠道降低了潜在的成本以及产品潜在的价格。但同时，这些渠道也使消费者更容易更换保险公司，无论是通过个人搜索引擎还是比价平台来比较价格和条款。信息和通信技术越来越重要，这与银行领域发生的情况比较相似，[4] 因此，流程正在以越来越快的速度自动化。数字化渠道的使用也使得在远程市场上销售产品成为可能。合规和监管越来越重要。当然，这对风险和合规管理的专业人才提出了更高的要求。

就组织而言，保险公司正在减少通过代理来销售其产品和服务，转向直接通过数字化手段联结客户。同时，它们也意识到在数字化媒体上活跃营销也越来越重要。

就商业模式而言，最大的变化是保险公司不只是仅仅依赖传统的代理和经纪人来销售保险，保险公司逐渐通过两种方式来销售保险。

- 通过数字化渠道直接联结客户。这种销售方式最初只用于标准化产品，例如车险。目前，采用数字化手段销售的保险范围已扩展到财产和意外险、寿险、健康险等；
- 通过银行（也称银保公司①）和其他商业机构来销售保险，例如通过旅游公司和运输公司。使用这类渠道已经很长时间了，但目前这类渠道正在扩张，尤其是通过这类渠道销售寿险和旅游险。

这些创新在不远的未来会产生革命性的影响。

保险公司需要变得更加精益。所以，精益思维正在扩散。精益流程需要数字化，保险公司未来发展最好的方法是精益和数字化。[5]

在新模式下的保险公司中，数字化技术将会渗透到各个方面，因此采

① 欧洲国家流行全能银行制度，银行和保险公司往往在同一家公司旗下，译者注。

用数字化技术进行市场营销显得越来越重要，同时采用数字化手段进行购买保险的操作也变得越来越重要，同时，采用数字化手段进行风险管理也非常重要，采用大数据分析能够在很大程度上帮助保险业从业人员判断未来的发展之路。

由于数字化使得远程销售成为可能，尤其对那些诸如车险的标准化产品而言，其价格和条款的比较也加剧了竞争，所以带来了需要降低成本的巨大压力。通信技术相关基础设施的投资都在增加，所以财务部门仔细监控保险公司逐笔支出状况。外包也许是一个办法，数字保险推动了诸如云计算之类的技术的运用，可以将数字保险中技术部分外包给专业的公司以从总体上降低公司的成本。[6]

本书的主要内容是深入浅出地剖析数字保险。首先，本书回顾了金融机构的转型历程；其次，深入讨论了新的数字化保险方案为保险公司带来的新机遇，与此同时，本书也讨论了如何管理数字保险和数字保险管理过程中可能存在的风险、如何应对这些风险。最后，本书谈论了数字保险发展的未来。

本书分析了数字保险的方方面面，包括管理方案、具体流程、解决方案、结构性观点等。

数字保险是一种破坏性和系统性创新，创造了很多新机遇。[7]通过取代已有的商业模式，最终会在几年或几十年以后突破已有的市场范围和商业价值。破坏性创新以一种市场未预期到的方式提升产品或者服务，典型做法是，先在一个新的市场中针对完全不同的客户，然后，在现有市场中降价，从而改变整个商业世界，甚至整个社会发展模式。举个例子，当汽车刚刚被发明出来的时候，设计成有发动机（没有马）的马车样子。随着时间推移，汽车越来越成为不一样的产品。不断进步的设计和规格使得其性能大幅提升。最后汽车不仅取代了马车，而且还被推广到了不同的城市和国家，影响了整个城市和社会发展。这种发明就是对原先模式的毁灭性打击。

数字保险也是一个系统性创新。[8] 它是一系列相互影响、 相互依赖的创新构成的， 不仅是体系的内容在变， 这些内容相互作用的方式也在变。为了阐明数字保险的系统性， 应该仔细研究移动终端设备、 云计算、 大数据等之间的紧密联系。

数字保险和其他金融服务类机构也很类似。 例如， 比价平台 （比较保单用的） 是一个典型的例子， 与以前采用经纪人来选择和决策完全不一样， 这类平台的出现， 不仅使得个人电脑、 手机或者其他终端设备取代了经纪人来决策选择或签署保单， 而且能够使用该类平台传达促销信息、 发布营销信息、 展示保单的时间价值。

同时， 数字保险模糊了保险公司、 电信公司、 商户， 特别是中介的界限。 新的商业模式的出现会深刻影响保险公司， 甚至保险行业。 例如以欧盟为例， 保险市场正在向新型组织开放。

本书论述了保险公司如何通过新产品、 新流程、 新组织、 新商业模式来实现数字化转型， 本书为实践者提供了一些如何实现未来保险公司的愿景的可能战略， 即一个很好的途径就是走精益化和数字化路线， 从而促使公司改进流程， 实现自动化。[9,10]

# 目录

第1章 保险行业的创新
第2章 数字保险的管理
第3章 数字保险的基础解决方案
第4章 数字保险的高级解决方案
第5章 数字保险的治理
第6章 数字保险的监管框架
第7章 全球的数字保险
第8章 数字保险发展的未来
第9章 结论
注释
参考文献
词汇表
第1章

# 保险行业的创新

# 1.1 引　言

本章重点讲述的是数字保险行业的创新。

本章首先讨论的是一般的创新和创新模式。然后将创新的一般理论应用于保险公司的具体案例中，这种转变，我们称为数字保险。数字保险是指在数字解决方案的帮助下，提供和运营保险以及联结相关的金融服务，服务的范围包括投保或个人投资、管理保单和访问定制信息。

一般而言，在金融服务业中，特别是对于保险公司来说，创新的主要阻力在于这些机构自身固有的保守性质，公司的管理者大多不喜欢改变。因此，创新主要是由外来者引进的：

- 荷兰一家小型的金融机构推出了网上银行，后来成为了互联网银行的全球领导者，它是荷兰国际直销银行；
- 意大利一家旧式的邮局推出了预付卡，并以近乎 1200 万张卡的销售量在该市场中成为一个领导者，它是意大利邮政（Poste Italiane）；
- 一家电信运营商推出了个人对个人（P2P）的手机汇款服务，它成为了肯尼亚市场的领导者，它就是狩猎通信（Safaricom）。

保险公司会因为偿付能力监管、追加资本等许多原因大幅度削减运营成本以获得所需资金。

现在正是保险公司率先进行创新，使流程精简化、数字化的时代。这对于包括保险公司在内的几乎所有的金融部门来说都是有利的。大多数的保险公司长期固化，如今正是利用城市化、技术、人口和全球化这四个关键因素推动改革的时候了。[1]为此，我们要明确以下三个需求。

- 需要进行产品创新。由于保险公司在本质上是对信息进行管理，这应该是相对容易且成本不高的。
- 需要加强灵活性。例如，在查询或者是处理来自客户的理赔时，这是一场速度的较量。当一位客户需要保单或是提出理赔时，他/她希望的是能立刻提交或获得，风险管理是必需的，但应该在客户满意度与损失规避之间取得适当的平衡。
- 需要保证连续和安全操作。这应该通过移动端到数字化的多渠道战略实现。安全也很重要，它不应该影响运行的速度，数字化将大行其道。在这种情况下，为减轻前台部门的负担，需要中后台部门提供支持。
- 需要精简后台部门。应该减少流程，也可以尽量外包。

# 1.2 创　新

## 定义

探求创新对组织成功的重要性可以追溯到熊彼特。他用下列方式定义了创新：[2]

所谓创新就是建立一种新的生产函数，把一种从来没有过的关于生产要素和生产条件的新组合引入生产体系。创新主要包括五个方面：第一是引入一种新产品；第二是采用一种新的生产方法；第三是开辟新市场；第四是获得原料或半成品的新供给来源；第五是建立新的企业组织形式。[3]

这种创新的定义经受住了时间的考验。像创业精神以及类似的思想（在本章中已强调）已经在最近年代出现，但创新的本质仍然是相同的。

近五十年后，德鲁克概括了熊彼特的思想，并将创新定义为企业家创造新的能带来财富的资源，或赋予现有的资源更高的潜在价值的手段。

随着时间的推移，创新管理已经发生变化。[4] 重要的是检查创新管理的基础和演变，以及如何将其运用于数字保险之中。

## 发明与创新

创新是获得竞争优势的唯一途径。精益管理、信息和通信技术可以通过流程优化和数字化的应用来支持业务战略，以推动创新的积极发展。

对企业来说，拒绝创新是危险的。达尔文曾说过："不进化就会死亡"。[5]能在激烈的竞争中存活下来的，既不是最强大的物种，也不是最聪慧的物种，而是那些会明智地选择去改变的物种。恐龙曾经是很强大的物种，但它们已经灭绝了。相比之下，人类由于具有较好的适应能力从而得以长久地繁衍生息。对于组织机构来说，亦是如此，各类组织机构需要不断创新来适应经济环境变化，才能更好地发展。作为他们需要努力为自己的客户和组织自身创造价值，要尽可能减少浪费，也要推动竞争优势的发展。

在此之前，我们要明确一些词语的意义。在《牛津英语词典》中，发明被定义为创造或者设计出新事物的手段，也被定义为达到目标设计出新方法。

一个发明必须满足以下三个条件：第一是它带来新事物的产生；第二是它涉及一些有创造性的（新）方法；第三是它是有用的。

而创新则不同。《牛津英语词典》中，创新被定义为引入新事物的手段。创新可以说是将新产品或服务、流程、组织机构或商业模式引入市场。

美国的国家创新计划将创新定义为可以增加社会价值和经济价值的发明能力和洞察能力的结合。[6]

关于创新的重要性，弗兰克·根思——国际数据公司的副总裁兼信息和通信技术顾问谈到：[7]该行业的激烈和突破性的转变，使其第三方平台的创新和增长（建立在云计算、移动、社交和大数据解决方案的基础上）的速度加快：这些技术和方法的支出会增长 13%，其将占所有行业收入的 1/3，占总增长的 100%。

发明和创新之间的主要差异（见表 1.1）。

**表 1.1　发明与创新之间的主要差异**

| 发明 | 创新 |
|---|---|
| 把金钱变成思想 | 将创意变成金钱 |
| 指创造出新的产品、服务或流程 | 指将新的产品、服务、流程、组织形式或商业模式引入市场 |
| 可能不带有商业化色彩 | 会导致商业化 |
| 发明可能是自主的也可能是诱发的 | 创新通常是诱发的 |
| 既有经济动机也有非经济动机 | 通常出于经济动机 |

续表

| 发明 | 创新 |
|---|---|
| 通常在研发中心（R&D）进行 | 在任何一个组织机构中都可以实施 |
| 通常不会给组织机构带来变化 | 会给组织带来直接或非直接的变化 |
| 在创新发生之前出现 | 可能在发明后出现 |
| 发明 = 创新 - 商业开发 | 创新 = 发明 + 商业开发 |

## 创新模型

为了能全面深刻理解创新，我们参考连接战略和结构的钱德勒模型的组合，[8]以及莱维特的钻石模型。[9]以下是四个相关变量：

- 结构（组织）；
- 流程；
- 技术；
- 人力。

图 1.1 中展示了将该理论运用于数字战略中的一个例子。

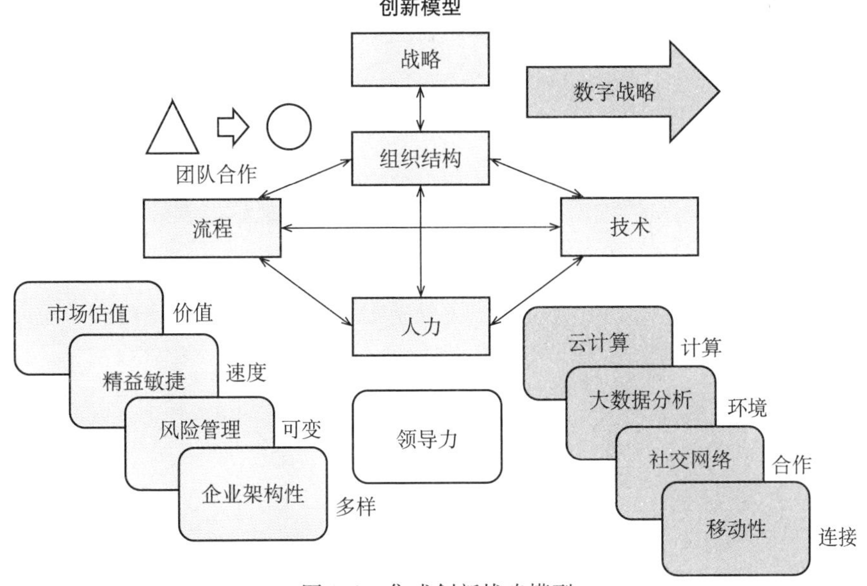


图 1.1　集成创新战略模型

## 创新与金融服务

当前的经济危机仍然影响着欧洲经济，为尽快摆脱这种局面，改善年轻一代的就业状况，最行之有效的方法就是通过创新。我们要更深入地分析如何进行创新。

## 创新的分类

创新可以分为以下这些类别：

- 公开的或保密的；
- 渐进的或突变的；
- 增长—维持；
- 发展；
- 激进、变更、破坏性（见图 1.2）。

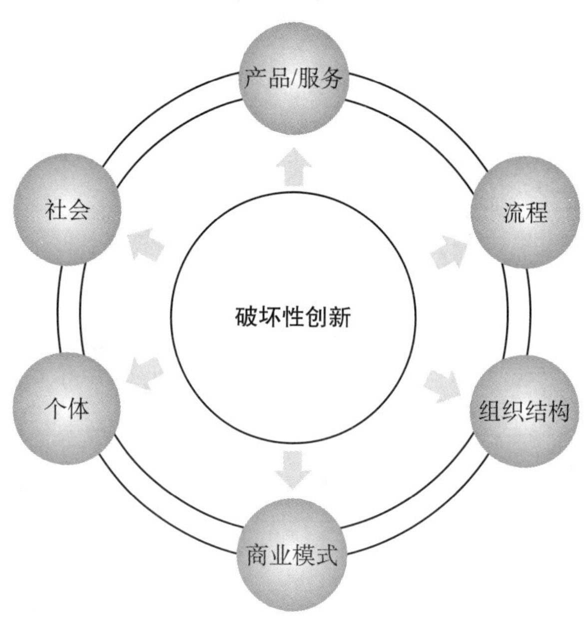


图 1.2　破坏性创新的影响

- 模块的和架构的；
- 一般的和重大的；
- 技术创新和工艺创新；
- 自发的和引致的；
- 个体的和系统的。

不同类型的创新可以通过不同的方式结合（见图 1.3）。

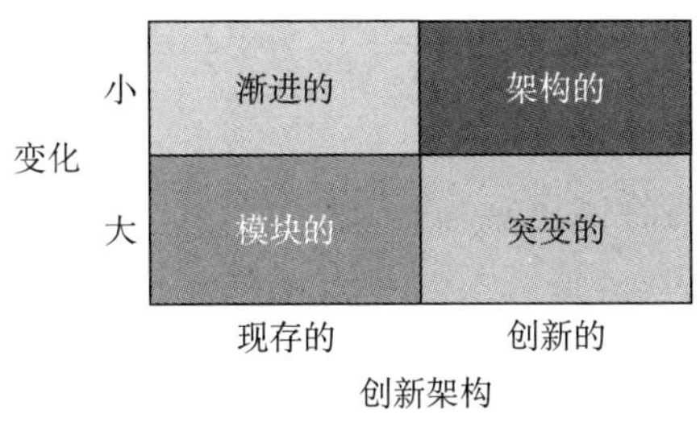


图 1.3　创新的分类

以下是创新的组成部分：

- 硬件组件，包括创新的材料或一些物理层面的组成部分；
- 软件组件，包括创新所需要的信息和决策基础；
- 评估组件，有效评估是否可以实施创新的决策。

## 创新水平

创新需要三个层面上的支持（见图 1.4）：

- 从宏观层面上看，即从国家层面上看，一个国家的创新直接取决于政府政策的支持；
- 从企业层面上看，企业的创新取决于最高管理层的支持与承诺；
- 从个人层面上看，组织机构应该创立多功能的团队，并鼓励参与创新的个人。

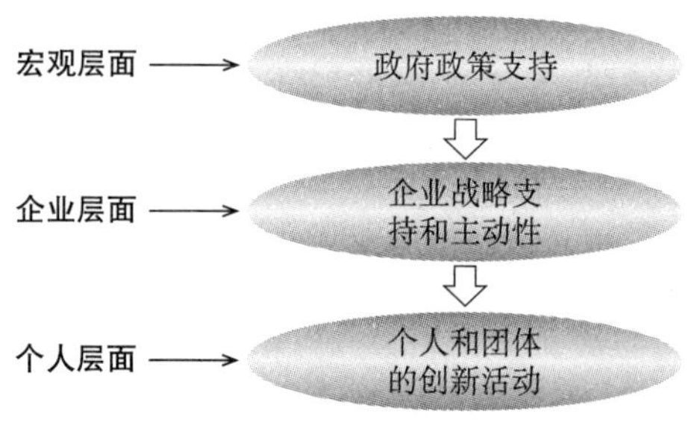


图 1.4　支持创新的三个层面

### 从动机的角度分类（“为什么创新”）

从动机的角度，可将创新分为三类：

- 客户驱动型；
- 技术驱动型；
- 创意驱动型。

客户驱动型创新，它的变化出自于客户的特定需求，可以帮助客户解决一些燃眉之急。

技术驱动型创新，是由技术变革驱动的。它最初的改变与一些新的技术的开发有关。

而第三种创新比较复杂。创意驱动型创新是指通过引入新的产品和服务使事物有了一个全新意义。[10]这种创新可能会为顾客购买产品提供一个新的理由，典型的例子就是苹果公司发布的系列电子产品。客户并没有对它提什么要求，且该技术可以长期地以多种方式使用，而史蒂夫·乔布斯所推出的一个完全不同的产品创造了一个全新的巨大市场。

在金融创新中，创意驱动创新的例子就不多了。大多数的创新都是运用大数据分析去打造大规模个性化定制的个人保险产品。

在这三种类型的创新中，客户驱动型创新所需要的投资通常少于其他两类。而创意驱动型创新通常是回报最好的。将来这些类型的创新一定会越来越多。

### 根据创新的内容分类（“创新是什么”）

从实践的角度，创新可以分为：

- 产品（服务）；
- 流程；
- 组织机构；
- 商业模式。

所有这些创新的类型都是非常重要的。而有一些创新的形式具备以上所有类型的要点，移动数字保险就是非常好的例子。

- 移动数字保险是一个产品创新。因为它可以为客户提供一个完全不同的服务。
- 移动数字保险是一个流程创新。因为比起传统机构的流程，如今与客户的互动使得客户关系完全不同了。
- 移动数字保险是一个组织创新。因为它在保险公司的组织架构上出现了重大变化，例如，要求创建一个中台。
- 移动数字保险是一个商业模式创新。它为保险公司与电信公司或其他行业的商家的联盟与合作创造了基础。

### 基于流程的创新分类（“应该如何创新”）

线性创新模型，创新流程的另一个类别是基于“应该如何创新”。这种类型的模型是线性创新或瀑布创新的过程。在后一种模式下，产品或服务概念在早期阶段就被冻结了，从而确保风险最小化。

在这个模型中，企业的创新过程会涉及一系列连续的阶段/步骤，这些阶段/步骤的编排需要遵循特定的方法，即在进行下一阶段或后续步骤前，应将前一阶段的事务处理完（见图 1.5）。且在进入下一个/后续阶段之前，项目必须获得负责审核的委员会的批准。而每一道审核的标准以及负责每一道审核的人都会在事先确定好。

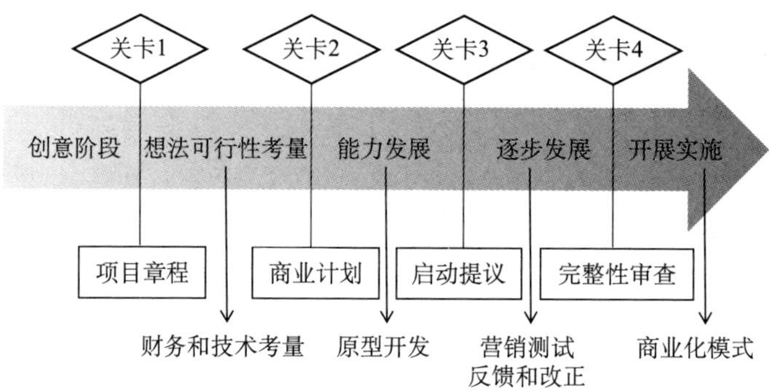


图 1.5　线性创新流程

审核人主要检查前一阶段的既定目标是否达成，以及项目在前一阶段是否取得预期发展。

这种模式一般遵循渐进式创新。它具有线性的特征，因其创新的过程是按顺序控制，从一开始就向着既定目标推进。

线性模型的应用情景：

- 当创新所需要的时间短于环境变化的速率时；
- 质量、可靠性、安全性的要求非常关键。

而线性创新流程的局限性表现在：

- 审核人的学识不高容易导致机构作出不正确的判断，以致评估延迟或拒绝好项目；
- 因其流程环环相扣按阶段进行，缓慢而连续，所以容易浪费时间；
- 概念可能被过早冻结，创新需求/市场需求可能在后期发生改变；
- 此模型的重点在于流程控制而不是消费者（客户）；
- 需要较长的审查准备时间；
- 审核评价的标准可能因狭隘而僵化；
- 该模型更注重于实现目标/达到预期，而弱化学习。

### 敏捷创新模型

敏捷创新模型可以代替线性模型。这类模型是有周期性的，因为它们由产品改进周期驱动。这个周期通常始于客户的需求，并不断发生变化。一个企业可能同时进行几项新产品开发。因此，在同一时间，不同的产品可能在不同的创新周期节点上。

对这些模型分析有兴趣的读者可以参考相关文献。[11]

### 混合创新模型

最佳的方法通常是线性和循环创新模型的混合体，混合创新模型。精益化和数字化创新模式是为一例。它被归纳为“7D”法则，分别为：定义（define）、发现（discover）、设计（design）、开发（develop）、数字化（digitize）、部署（deploy）和扩散（diffuse）（见图 1.6）。[12]通过有关机构组织以及质量支持机构组织（如信息和通信技术、金融或运营）之间密切的合作关系来运用这种方法和工具是至关重要的。各利益相关者需要协调、创立和改进项目团队。也许更重要的是，组织必须将精益化和数字化创新方法的初始应用视为一个迭代周期的开始，这种周期循环会持续改进并导致组织的文化向精益思维的转变。“问题”或“挑战”不应仅仅触发过程的改进，与之相反，它应该是组织文化一个重要而持续的部分。

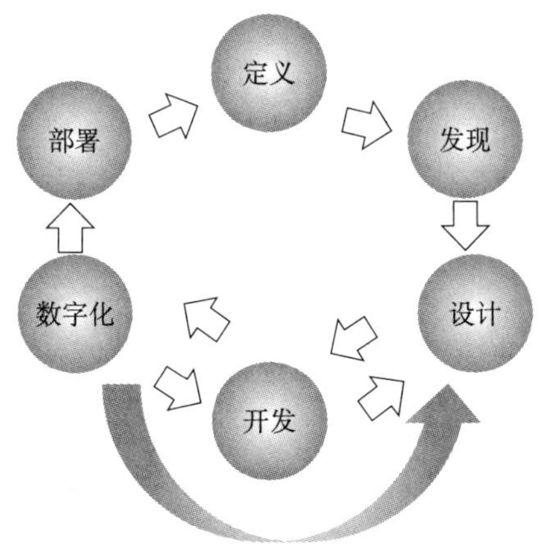


图 1.6　精益化和数字化创新模型（“7D”法则）

# 1.3 数字保险

数字保险是指在数字化解决方案的帮助下提供运营保险和相关金融服务的一种保险形式。服务的范围包括投保或个人投资、管理保单和理赔，以及访问定制信息。

本书中使用的“保险公司”一词，包括所有类型的保险活动所涉及的各类不同类型的金融服务提供商，例如零售商、各类相关公司等。

## 保险公司的现状

如今的消费者，尤其是年轻人，对保险公司越来越不满意。这个现象在《2015 年世界保险报告》调查中体现，该调查定期了解客户在保险领域的一些体验。[13]保险公司应该努力通过寻求新的方法来接近他们的客户，尽力以可靠的、清晰的方式满足客户多样化的需求。然而这种承诺在许多情况下似乎没有什么效果。

所有的保险部门在这个方面都呈现出该负面趋势，从车险和家财险的保单到人寿健康保险，一概如是。

那些不满意的客户就是所谓的“千禧一代”（或者“Y 世代”）。这一类人是指出生在 1977 ~ 1994 年客户群，他们会娴熟地使用网络、社交媒体以及在线移动平台。这一部分人非常重要，他们预示了所有保险公司在产品、流程、平台和人员方面的更新所面临的巨大挑战。千禧一代（Y 世代）涵盖了 1/4 ~ 3/4 的世界人口，此外，因为其组成人口相对年轻，所以它也是未来市场的一个重要组成部分。基于以上原因，这一类客户显然是每个保险公司的重要目标。

《2015 年世界保险报告》从地理学视角提出了一个有趣的观点。研究发现，通过观察人们对保险的满意度水平降低的情况，发现尤其在发达国家，如北美和亚太地区，该现象较为明显，因为在 1983 ~ 1995 年，这些地区的出生率相对较高，千禧一代（Y 世代）的比重相当大。

在这种情况下，保险公司必须迅速通过数字化的方法进行创新。这种策略就是本书中所谓的数字保险。

一些保险公司正在投资信息和通信系统迁移的技术，它们还大幅升级了网络技术并创建了创新和测试中心。越来越多的保险公司意识到，要想在数字时代取得成功，就必须全方位实现数字化。例如，它们必须与互联网比价平台相连接（允许客户比较不同公司的报价）。它们应该追求更精益和敏捷的管理，或利用社交网络举办虚拟会议，以促进更紧密的数字合作。

创新的步伐不应减缓。在接下来的几年中，在最先进的地区和客户群体中，通过数字化手段销售有潜力创造更多收入。这些创新一定会在英国、美国和西欧的保险公司之间产生激烈的竞争。同时，这些国家的公司将会通过互联网或者移动终端销售各类产品，获得很多收入。而其他地区的大部分保险公司很有可能相继模仿这些改进措施。正如在移动支付已经发生的情况下，西方国家有时可能需要模仿肯尼亚的狩猎通信（Safaricom）的一些创新。因此，新兴经济体的保险公司也极有可能通过数字化手段销售保险从而大量提高收入。

在众多保险产品中，车险和旅游险占首位，人寿保险位居第二，而数字化销售收入有望到 2020 年①占据中小企业保险市场的大部分份额。[14]

① 原著于 2016 年出版，作者原文是以 2016 年为当下而写。

这些预测因市场而异。例如，在南欧，2018 年开始，受到数字化的剧烈影响的收入不到 1/3，而在斯堪的纳维亚，这一数字为 62%。在其他领域中，数字化影响收入的预测均不同，东欧 29%、美国 42%、西欧 51%。[15]

当然，寿险、养老金（占比为 30%）和按揭贷款（占比为 20%）的数字化销售的颠覆预计会因为产品的成熟期长、（客户更喜欢面对面咨询），以及网上再融资的缓慢发展等原因相对滞后。虽然这些预测可能需要很长的时间来实现，但数字化转型确实是一个非常重要的节点。保险公司只有几年的时间去适应这个转型的趋势。至关重要的是，公司必须意识到机会的重要性和威胁的严重性，而这只是制定一个成功的数字化战略的第一步。数字化将会深入保险领域的各个方面，从产品开发到风险管理，尤其是渠道管理。一个成功的战略需要基于以下几个方面：

- 明确数字保险如何创造价值；
- 掌握如何能增加客户价值和市场动态的变化；
- 管理层需要在许多潜在的数字计划中确定优先级。

与此同时，新的进入者在许多市场中进入了更加广泛的金融服务领域。例如，在意大利，直通（直销）保险公司自创立以来，几年内已经获得近 25% 的资产增长，并已成为车险市场排名第十的公司。[16] 这说明，如今的保险公司也应该运用数字化手段进行创新并保持盈利。

### 金融机构所面临的挑战

如今，保险公司面临着许多挑战。总结为“6C”法则。

- 文化（culture）：
  - 以客户为中心；
  - 平衡利益相关者和组织机构之间的利益；
  - 追求精益化、自动化、敏捷。

- 客户（customers）：
  - 有更大自由度、更挑剔；
  - 非常难懂，有时比较糊涂；
  - 有时候会故意使坏。
- 竞争（competition）：
  - 越来越激烈；
  - 全球化。
- 计算机（computer）：
  - 基于新技术不断创新；
  - 客户需要始终与网络相联系；
  - 进行交流沟通的设备会不断革新，例如，出现多种移动设备。
- 合规（compliance）：
  - 欺诈现象会越来越多；
  - 安全性需要重视；
  - 立法和监管需要不断加强；
  - 治理、风险和合规管理需要被强调。
- 成本（cost）：
  - 对提高股本收益率的巨大推动；
  - 需要提高采购质量，例如使用更多的外包专业服务。

为了克服这些挑战并确保组织机构的未来发展，加快变革是非常有必要的。

推动变革的一个有效的方法是基于精益化和数字化。[17] 为客户增加价值、改进流程、减少服务周期，以及通过了解流程来减少浪费并对浪费进行量化。从理论上讲，保险环境中，因保险公司往往效率比较低，而且它们没有复杂的实体产品和供应链，实质上只是主要从事信息管理，所以在保险流程中进行改进是相对容易的。

## 保险公司在数字化时代的战略选择

2015年1月，在《麦肯锡季刊》中，汉克·布罗德（Henk Broeders）和萨马什·卡娜（Somesh Khanna）描述了数字时代零售银行的战略选择，保险公司可以采取类似的方法。[18]一般而言，保险公司在创新方面落后于银行业。

人寿保险的强势扩张表明，近段时间零售保险公司的管理资产增加了20%以上。数字保险将会成为未来市场的组成部分，以支持潜在额外销售的增加。这将包括直接销售的创新和更广泛的由数字技术支持的系统中现有应用的转型升级。本书中称为数字保险。

采取行动非常紧迫，保险公司只有3~5年的时间来全方位推动数字化创新。如果保险公司不采取行动，就很可能像其他行业的落后者一样一蹶不振，或是因新进入者的进入而变得无关紧要。

我们应该着重理解“数字保险”中的“数字”一词。这个词并不意味着仅仅在保险公司中运用信息和通信系统，而是为了获得数字化的所有益处。从整体的角度看，创新是非常必要的。品牌、流程、组织机构，甚至是产品或商业模式都需要一个彻底的更新。因此，需要一个多渠道的策略。

数字保险可以被广泛地定义为是被顾客认可的新产品、流程、组织机构或商业模式。它需要创新者实现一些重大改变，并经常由信息和通信系统体现或实现。

数字保险需要具备以下要素：[19]

- 应该利用所有渠道和交互点为客户提供一个私人订制的一致体验；
- 应该建立在分析和数字化的基础上；
- 应该体现在品牌和运营模式的改变上，即产品和服务、流程、组织机构、文化、技术和信息和通信系统平台，甚至是商业模式上。

其目标应该是向客户和保险公司的利益相关者展示可证明的可持续价值。

收入和利润会越来越多地汇集至成功实现数字化转型的保险公司。这些公司将以一个整体的方式来开发新的渠道、自动化流程、开发新产品、加强合规、改变客户体验，和在价值链的关键部分进行创新。客户、金融市场和中介机构，甚至在某些情况下，监管部门会处罚那些抵制数字化创新的公司。与零售银行业的情况相类似，那些在保险公司的数字化过程中的落后者可能会发现它们的净利润以两位数百分比下降，而赢家就可能获得大幅度的利益增长。埃森哲（Accenture）的 2014 年的调查报告中发现，在 21 个国家的 141 家保险公司中，75% 的高层管理人员认为，在未来五年中，数字化将会从根本改变保险行业的现状。[20]调查发现：

- 39% 的管理者认为数字化会降低利润；
- 50% 的管理者担心在保险产品的分销中，会出现像谷歌或脸谱这样的竞争对手；
- 84% 的管理者认为数字化正在改变客户期望。

## 保险行业的一个巨大挑战：创新

保险行业正处于重大革新的边界点。这是相当重要的，因为存在强有力的证据能够支持保险行业的发展有利于促进经济增长的假说。全球保险公司通用保险（General）的首席执行官马里奥·葛雷科（Mario Greco）在 2015 年度公司大会上表示："我们需要赢得的非常大的挑战是如何进行创新的。"[21]

从实践的角度看，创新可以产生在：

- 产品（或服务）；
- 流程；
- 组织机构；
- 商业模式。

为了对创新有一个 360 度的全面认识，我们需要考虑两个方面：

- 实施创新的人；
- 实施创新的项目。

以上关于创新的方面都很重要，且存在一些可以涵盖以上这两方面的创新形式。本书余下的部分将对这些进行详细分析。数字保险创新可以是：

- 一个产品创新，因为它可以提供一个完全不同的服务；
- 一个流程创新，因为未来与客户的相互作用可能与传统机构处理客户关系的方式完全不同；
- 一个组织结构创新，因为数字保险需要在公司组织形式上有一个彻底地改变，例如，它可能需要设置一个中台部门，这个部门负责处理客户（或前台部门）与后台之间的关系；
- 一个商业模式创新，因为它为不同的金融机构和非金融机构之间的联盟或合作奠定了基础，例如，银行业可以提供银行保险。

事实上，这种类型的创新需要从多个方面去考虑。以中介机构的作用为例，在过去，大部分的保险产品都是通过经纪人或机构销售的。数字保险的出现是为了通过电话和网络等新媒体直接向客户推销产品。问题是互联网允许新的销售方式的出现，它使客户可以能够比较不同卖家的实时报价。这样，在虚拟中介上，即比价平台的作用下，直接渠道再次变成间接渠道。

组织机构中的这种变化也有着其他影响。

定价是一个非常重要的方面。因此，在比价平台搜索屏幕上的位置是非常重要的，通常情况下，这和定价有关。保险产品的定价需要变得更多样化复杂化。例如，与每年或每半年支付保费相比，一些保险公司推出按月支付保费的服务，这将加重会计和内控部门的工作，但由于后台自动化的实现，这种方法已经可以接受了。

有些公司已经启动了按使用次数付费的保险，例如汽车。这主要是因为所谓的“黑匣子”的应用，因为现在万物互联的技术已经使实时反馈成为可能。

比价平台的使用已经与保险公司的信息交流部门息息相关。如今，公司要在标准端口很少的情况下连接大量潜在的外部合作伙伴。此外，因存在大量的虚假因素，报价的数量相比实际销售来说，趋向于变得非常大，这对信息和通信系统资源的使用也有着巨大影响。

因此，由于保险公司与客户之间能够直接联系，应用程序的可操作性也变得重要。如果公司对于报价请求响应得不够迅速，那么潜在客户可能就会转投竞争对手。

广告也是一个重要的方面。例如，通过社交网络的使用，我们可以检测某种信号，该信号可以反映某人是正在购买一件新物品，车、房子或是类似的东西，还是正在寻找一家操作比较方便的保险公司。

而客户关系也变得非常重要。我们有必要考虑到与客户进行信息交互的几种方式，不管是通过短信、微信、电子邮件还是社交网络等等，不同渠道之间应做到一致。

### 新产品

以上是对创新类型的描述，体现了保险公司有很多的发展机会。客户非常有兴趣看到保险公司开发具有新特性（例如，保障范围）的创新性产品，以及试图满足他们的需求。因此，为增加客户价值，保险公司应该满足客户期望、提高有效性、实现更高效更经济的运作。由于现存产品、流程、系统和组织，对于现在的保险公司来说实现以上要求是不太容易的。因此他们要采取措施来应对这些挑战。

例如，大量的保险应用程序（App）将使用传感器和物联网的一些设备。物联网是一种场景，其中的对象，动物或者是人有独特的标识符，能在互联网上传送数据，这样就不需要人人或人机的交互了。

有了物联网，保险公司将能够收集新的数据集，并以前所未有的方法评估风险。这有可能从根本上重塑产品的概念，减少全球风险池的规模。

数字保险很可能会给财产险和意外险带来最大的长期影响，因为它从以前使用统计技术来精算评估风险，转化为基于实时观察的结构风险建模，例如，汽车的使用和被保险人的潜在驾驶速度。健康人寿保险也很可能会随着时间的推移出现类似的变化。能够抓住这些机会进行改变的保险公司就有可能成为行业领导者。而那些没有抓住机会的公司则可能会逐渐衰弱，甚至可能退出市场。

**加思（Garth）的报告中列举了一些关于汽车保险产品创新的例子：**[22]

- 事故谅解，避免事故造成的费率上涨；
- 安全驾驶奖励，对六个月无事故驾驶的客户给予保费优惠5%的奖励；
- 新车更换，如果被保险人在拥有新车的头三年内发生事故，则这份保险可以换到另外一辆新车上；
- 康复护理，如果被保险人在交通事故中受伤，保险公司为其支付烹饪、清洁、购物、出行和庭院清洁的服务提供协助；
- 终身汽车维修保证，利用授权维修降低成本；
- 逐步消除免赔额，奖励有良好驾驶记录的被保险人可以享受碰撞免赔额降低150美元，并对保持良好记录的客户提供保费每年减少50美元的优惠。

### 新流程

保险公司需要全方位审视他们的客户参与流程。客户在保险行业中的各类数字化体验都滞后于其他行业。特别是当涉及到一些“关键时刻”，如支付、理赔时，这种现象尤为突出。随着数字化逐渐融入生活，客户会更加期待这些体验，他们也希望与保险公司之间的联系能够变得更加直接、简单、安全、无缝和有效。

流程创新有许多要求。例如，它需要一个非常有效的联络中心，以保证在服务提供中的质量和非质量上的管理（如索赔处理时间长、保险评估错误等等）。为了提高联络中心的效率，就需要建立一个中台行政部门，这个部门是一个金融机构的一部分，它在创收的前台部门和负责行政管理的后台之间架起了联系的桥梁（见图 1.7）。例如，由营业部门人员负责的交易（无论是电话运营商还是网络代理或是其他类似的），可以先通过中台部门处理一下，之后由后台部门完成。

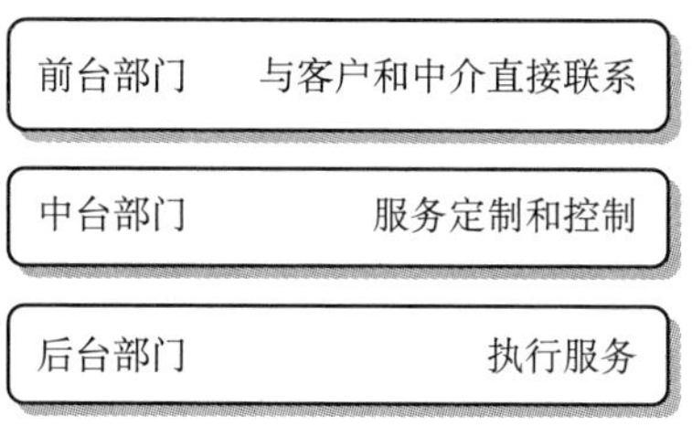


图 1.7　行政部门的作用

从流程的角度来说，保险公司有四种方法可以利用数字化技术为客户创造价值，以及为自身创造效益。

- 数字化解决方案增加了保险公司的连通性。不仅是与客户之间，也包括与其他机构、经纪人、员工以及商户之间。数字化手段逐渐从在线互动和签发保单拓展到移动功能。保险公司的品牌也可能在社交媒体上得到推广。据估计，全球 80% 的客户在购买保险服务前，会多渠道搜索查询，为决策购买服务提供可靠依据，77% 的人希望保险公司可以实时在线提供服务。[23]
- 基于大数据分析的数字化流程可以扩展和完善决策过程。这种分析被最具创新性的保险公司在许多领域部署中采用，包括销售、产品设计、定价和承销，并致力于提供真正有效并让消费者满意的客户体验。
- 数字化通过实现直通处理来使得流程创造价值。直通处理不仅使一些重复的、低价值低风险的流程自动化、数字化，而且还可能做出创新和复杂的分析和决策，并能操作任务。举个例子，流程应用程序（App）可以提高生产力和促进监管合规性，而成像和直通处理会带来更好地实现内容管理和更高效的工作流程。

- 数字化是通过创新流程来培植创新的一种手段。例如，利用社交营销、众包、“数字化中心”业务流程（如与其他商家联网）促进创新。

保险公司的管理层可以利用这些方法中的全部或部分，通过数字保险创造价值。发展数字化议程，推动以数字为中心的过程革新是一项复杂的任务，它需要跨公司合作，跨越优先级，资源分配和执行协作的异常高水平的协调。另外，大多数的保险公司只处于开发数字化本地组织的能力和文化的早期阶段，其包含以下四种要素。

- 创意驱动的创新。客户体验应该具有吸引力和高度差异化，将个性化定制、快速和简化操作融入所有流程，包括申请、审批、承保，这需要充分理解解开立保单并协调支付的全部流程。为了在顾客体验上实现这一飞跃，保险公司要立即采取行动，使自身在用户体验、客户互动和满意度方面具有较强能力。
- 利用大数据和先进的分析方法进行个性化定制。大多数公司都没有很好利用收集到的数据。然而，这些数据在利用先进分析技术创建更好的流程方面有着重要价值，例如，交叉销售和后续销售。这需要处于实时在线服务状态，例如，关键时候都能够使客户（代理、呼叫中心或线上客服）能够联系到保险公司。并且将数据与分析工具结合以生成由风险管理提供的解决方案或营销方案。
- 快速实践和精益管理。保险公司需要学习使客户快速获得或为之匹配高价值的计划，并在实践中要容忍失败。保险公司经常会面临这种实验和文化测试的挑战。此外，他们需要从一个瀑布式的项目管理方法（从开始到完成需要好几个月）转型到精益管理（每周冲刺）。然而，公司应该在当它适合自己的项目目标时使用这个灵活的模型。

- 利用物联网。保险公司可以用物联网、机机互联技术来监控保险对象，从而获得收益。例如，利用基础设施中的黑盒子（如在机动车辆中）来监控就是一种机机互联技术。

**易保（Esurance）**

易保保险服务股份有限公司是美国一家汽车保险的供应商。该公司是好事达保险公司独资的子公司，它主要通过线上及电话直接销售汽车保险。该公司是保险行业创新的一个典型案例，[24]该公司通过提供自助索赔服务扩大了其线上业务。在通过深刻反思、有条件地提问、实时归类分配和调度维修的流程中，易保的举措提供了一个创新性的理赔体验。

### 新的组织机构

数字化应该与组织的发展齐头并进。它着重引入了在渠道上的重大变化。据预计，与零售银行的分支机构减少情况相类似，近期保险公司的代理机构数量也将大幅度减少。诸如银行的一些渠道将会变得更加重要。在对该领域没有太多经验的情况下，保险公司需要对多渠道战略有一个清晰的概念。

跨越价值链——从运营和信息通信技术到营销和销售再到产品开发和金融——实现一家保险公司提供数字保险所需的数据和技术通常已经比较容易获得了。

某些功能，例如，信息通信、风险、采购和合规性的功能将变得越来越相关。保险公司仅通过内部员工来履行这些职能将不可行，它需要雇用其他公司或是外包一些功能（特别是在信息通信方面——就软件包采集、应用开发、维护和测试方面来说。此外，系统的运行也将越来越多地外包给第三方）。事实上，一些保险公司已经从银行业和电信业聘请了管理人员，以促成这种文化上的改变。

同样，营销需要以一些激烈的方式改变，并逐渐转变成数字化的思维。其中，最大的困难就是改变品牌、促销和广告。这需要以统一和综合的方式来管理所有渠道。这次革新的主题是“全渠道”，主要包括三个方面。

- 渠道整合的无缝对接。客户应该能够在不同的渠道之间无缝移动。这意味着，例如，客户可以恢复先前保存的应用进程或有介质的后续，而不必重新输入数据。这强调了实时信息的重要性和跨渠道数据的一致性。
- 通过建立各个渠道上的优势来优化跨渠道用户体验。各个沟通渠道都是不同的，客户的互动方式与他/她在代理机构、通过电话，甚至是在线上交流都是不同的。所有渠道都应在有其特定功能的同时，为客户提供类似的功能或者让客户能访问到同一信息。单个频道所提供的客户体验应该根据该频道的优势设计。例如，被保人可能希望在他/她的某项业务将要到期时收到及时的提醒，并能够对索赔的有关信息进行处理。而他/她可能更倾向于选择线上的实际的渠道进行沟通和咨询。
- 相辅相成的渠道（例如，在手机应用中与代理进行视频聊天，或代理机构中设置一个自助服务机器，或和经纪人交流）。客户通常会同时使用多种渠道，例如，在电话上与客服沟通的同时查看屏幕上的内容。

**因特乐仑斯公司（Intrasurance）**

因特乐仑斯公司是荷兰的一个全方位服务经纪人和第三方服务商，也是一家技术公司。它是一个技术密集型的提供保险服务的公司的一个很好的例子。[25]它提高了超过10%的效率（很多咨询模型认为只有个位数）。完全数字化的业务和在前台、后台中对数字解决方案实现最大限度的利用，使这成为可能。它的服务和产品模型都是以消费者为导向的。数字解决方案的使用使得该公司的授权、建议和支持更高效。它对客户和竞争对手的行为做了连续的分析，并在此基础上开发和分销产品。在这种完全数字化模型上，我们可以得出一个必然推论：一半员工是专业技术人员；信息和通信技术是该公司的核心能力。

**詹尼劳埃德公司（Genialloyd）**

詹尼劳埃德公司是意大利的一家直接保险公司，是安联集团的子公司。詹尼劳埃德公司调整了自己的网站，使其能在更多的设备上显示。[26]新的版本增加了家庭保险，其结算由意大利的保险监管机构监管。这个网站有不同的特点，例如它可以自动适应所有设备（移动端、平板电脑或是台式机桌面）。

意大利监管机构规定，该公司为客户提供区域，每个被保险人可以管理自己的设置，并能自动检索他/她需要的在报价和保单方面的所有信息。该系统也可以在移动端使用，除了超快速报价服务之外，主页还能在客户简单地提供他/她的车牌号和出生日期的情况下，接收交强险的报价。另外，还存在具有电话支持这一服务性能的实时更新联系区域。

## 新的商业模式

越来越多的保险公司需要考虑去更新他们的商业模式。他们应思考可能适合当前（或近期）环境的生态系统。在该模型中，多个主体相互合作。保险公司需要同意或拓展一些策略，例如，拓展与提供和服务联网设备的解决方案的提供商们的合作伙伴关系。更紧密的合作伙伴关系对银行来说也是有用的，它可以代表另一个相关渠道。此外，保险公司需要建立更广泛的合作伙伴关系，以确保可以直接联系客户和获得有价值的信息。生态系统变得日益重要，这带来了新的市场参与者将在价值链的不同节点进入保险行业的风险。新的玩家们可能通过利用比现有的保险公司更详细的客户信息，来控制这些生态系统。如果保险公司失去对客户关系的控制，长期发展下，会导致保险公司收益降低。在后面章节中，大数据的分析可以在这一方面起到指导作用。

为了保护自己的市场，保险公司必须积极构建新的业务模式，该模式需要着眼于满足客户对数字化体验的偏好。他们应该利用新的解决方案来改善自己评估风险和运营业务的方式。有鉴别新兴的、有效的创新远见的保险公司将是市场上的最大赢家。而有效的创新是指，可能不一定在某一业务（如营销）中产生即时效益，但可能对行业未来的发展有重大的长期影响。

数字保险公司正在寻找不同的商业模式。几年前，市场上流行的模式是银行保险。埃森哲调查研究中发现，59%的管理者设想了新的竞争对手，如亚马逊、谷歌。[27]这些公司在美国一些小规模实验后，准备在全球推出他们的服务。如今保险公司的主要关注点是大型互联网公司带来的脱媒风险。互联网公司拥有广泛的网络用户基础。因此，一些保险领域的领导者正在通过与网络专业玩家合作和收购创新型公司，来评估数字保险发展的可能性。而他们的主要目标是信息和通信系统公司、互联网比价平台和专门从事大数据分析的公司。

保险公司可以采用两种策略。他们可能分化成两种类型：

- 数字化转型者，即具有强大数字化能力的数字化公司（他们可以代表潜在全球市场的22%）；[28]
- 追随者，在客户知识方面非常局限（尽管可能在市场上有一定创新来降低他们的风险）。

埃森哲调查了大量保险公司的可能行为包括以下四个方面：[29]

- 82%的公司计划通过收购来提高其竞争地位；
- 43%的公司正在计划收购创业公司或创新型互联网企业；

- 61% 的公司正在评估新的非保险产品以改善它们的服务，从而加强客户关系；
- 72% 的公司已经与技术公司签订，或正计划签订新的分销协议。

保险公司开始主要通过代理机构和经纪人进行销售。后来，许多保险公司开始建立联络中心以便保险产品和服务的营销和销售。越来越多的客户直接通过联系中心、网站、移动应用直接购买其产品，而业务也直接由保险公司、外包商或比价平台直接管理。比较器和聚合器是一种“虚拟代理”，属于网络应用程序的第三方，它们将来自不同保险公司的线上资源汇总在一起，并将它们展示在每个单位显示器里面。在不到十年的时间里，这种“虚拟代理”已经成为汽车保险在几个重要市场中的主要分销渠道。2013 年，英国的客户在线购买汽车保险的数量超过 60%。大部分都是通过“虚拟代理”而不是从公司的网站上购买。[30] 除此之外，另一个重要渠道是银行，特别是寿险产品。就目前来说，银行保险的另一个目的是出售财产保险和意外险，不仅仅是与抵押贷款或信用产品相关。

举另外一个例子：汽车和保险行业是有冲突的。汽车的驱动方式和位置是事故发生率和严重程度的最佳预测因子。由于一些原因（如安全问题、为使操作更简单等），汽车正逐渐向智能化转变，成为“车轮上的计算机”。有趣的是，汽车保险公司需要争取低风险的司机作为客户，并使之保持忠诚。新的商业模式会成为包含由保险公司、网络供应商、原始设备制造商所组成的联盟的生态系统。[31] 市场上的竞争者们应尽快开始定位自己。

## 项目工程

保险公司要通过一系列创新项目来追求创新。这是不容易的，因为传统的保险公司所依赖的是保护而不是创新。本章中讨论的创新是可能需要在保险公司的管理中增加新的活力。而后面的部分会介绍数字保险项目运行的方法。

## 1.4 数字保险是金融机构的一种新模式

金融服务行业亟待创新。就这个角度来说，当前的经济和金融危机是促进创新的一个强大的加速器，因为这些危机使金融服务业长期的静态和保守状态得以改变。

在服务的模式上也需要大幅改变。这既是一个机遇也是一个挑战，它将使保险服务业的参与者们的市场份额发生重大变化。

为了应对挑战，我们有两个可行的方法：第一个是通过出售资产来减少运营资金，有一些保险公司已经选择了这种方式，但是客观上说，并没有很多资产可以压缩；第二个是削减运营成本与营业收入的比率（就是所谓的成本收入比，是一个效率指标）。

以上的方法虽是正确的，但它并不是成功的秘诀。重要的是要分析得出不同类型的保险公司适合的相应的方法，以实现削减成本的目标。数字保险是最有趣的解决方法之一，通过数字化手段获得的客户往往也是最有价值的客户。一个群体是富有又年轻的人群；而另一个群体是贫穷且生活没有保障的人群。这两种群体都对创新型保险公司的产品和服务非常感兴趣。

为了在市场上有强大竞争力，保险公司必须提供一个全方位的数字保险服务。

市场分析非常重要。随着数字保险走出起步阶段，保险公司需要开发新

的服务产品，以满足客户日益增长的期望。数字保险业务需要关注以下四个层面：[32]

- 要完善功能以获得客户的满意度；
- 要加强数字解决方案，并开发有用的新功能；
- 要为客户提供更安全的保障；
- 要达到有效、高效、经济、合规的目标。

虽然这些层面之前相互关联，但它们都有其自身的复杂性和挑战。后面的章节将会对这些项目进行详细的讨论。以下的部分明确了实施这些方面所需要的环境。

## 创造更好的消费体验以满足客户需求

如今，要想取悦客户是一件不容易的事，因为标准非常高。而事实上，仅取悦客户是不够的，重要的是要在竞争前取悦客户，特别是在网络和移动应用程序流行的当今，客户已经习惯了与谷歌或者亚马逊信息交互时的体验，而这种体验也是他们希望能在保险公司的服务中体会到的。客户会希望所有的保险公司的用户交互渠道（包括移动设备、在线、代理机构、电话或信息亭）都能保持一致的服务水平，保证安全性和简单性。

然而，只提供这样的体验是不够的，保险公司也需要保持实时在线。他们必须比以前更快更高效地提供服务。正是移动应用的普及产生了对特征和功能要持续改进的消费者期望，并且希望它们可以免费或以廉价提供。如果，客户在一年内没有看到一个应用程序的新功能出现或者更新，他们就可能会去寻求别的机构所提供的不同的或更加令人满意的体验。

为满足客户需要，还应设置新的服务流程。呼叫中心、服务中心和各地分支机构的工作人员都应该了解移动功能和设备，以便他们能够有效地远程指导客户。培训员工鼓励客户使用新的高效、优惠的移动服务意识，也要培训员工帮助客户处理故障的能力。这对这种创新方案的实施至关重要。

西方国家的保险公司正在为充分利用数字化战略而努力。印孚瑟斯公司（Infosys）委托弗雷斯特（Forrester）咨询公司进行的一项调查发现，许多公司数字保险计划发展不理想是因为缺乏对“客户体验”的重视。[33]

该研究报告称，保险公司承认数字保险在其销售增长（47%）和客户体验的改善（44%）中发挥着主要作用。研究也表明以下四点：

- 44% 的人认为互联网自助服务是改善客户体验，推动收入增长的关键；
- 29% 的人认为大数据分析技术会对业务产生积极的财务影响，其主要表现在承保风险的降低；
- 超过 1/5 的人认为物联网能对账单支付、保单管理和代理管理产生积极的财务方面的影响；
- 25% 的人承认互联网营销在吸引新客户方面有积极作用。

报告表明，在探索利用数字化改变客户门户网站所面临的挑战和阻碍时，60% 的保险公司强调他们的客户洞察能力较差。这导致了一些保险公司可能在他们的数字化投资上做出错误的选择。报告还披露了：

- 在接受调查的 200 多名信息和通信系统和业务经理中，近 2/3（65%）的人表示，它们所采用的数字解决方案组合是一种按需求/特设采购方法的结果；
- 50% 的人认为缺乏数字化创新战略会阻碍互联网营销计划的实施，阻碍销售增长；
- 24% 的人提出数字解决方案面临的最大阻碍是缺乏合适的技术人员。

报告对保险机构提出了三点建议：

- 公司之间的合作关系以开发和支持数字保险为主；
- 利用大数据分析技术为客户创造高质量的服务体验；
- 谨慎选择外包商，以提高效率为导向。

**东京海上日动火灾保险有限公司（TMNF）**

东京海上日动火灾保险有限公司推出了与日本电信合作开发的多种产品。[34]他们的经验说明了保险公司应该如何应用从连续性数字化产品引入中学到的内容，并为客户提供更加多样化的功能，以不断满足客户不断增长的需求。它还强调了与技术公司合作的不同商业模式的重要性。

这个公司的产品线逐渐从一次性事件性保险拓展到能与客户保持互动的医疗保险。而一个算法可以通过各种数据为被保险人提供有效建议，为其健康生活方式的选择提供参考。

传统的保险购买过程会给保险公司带来一系列挑战，这个公司可以通过各种产品的实施，为客户、公司和日本社会提供更高水平的服务。

## 为客户提供更好的安全保障

保险公司必须要平衡好引入和开发新功能的步伐与保持交易和数据的安全需要之间的关系，因此，保险公司要对数字保险业务施加与其他中介机构（如经纪人、商户或者其他金融服务机构）相同严格程度的审查。

目前，可以应用于数字保险的应用软件尚处于起步阶段。要想确保其他渠道都安全是不容易的。黑客们正在涌向这些新媒体，因为它们渐渐流行开来。因此，保险公司应该要加强预防检测战略，以降低安全威胁、提高客户信任度。

其他值得关注的服务程序是欺诈和反洗钱工作。移动平台在这个方面有更大的挑战性。保险公司如何监控可能通过移动或者个人对个人付款产生的欺诈行为，与如何监管其他欺诈性行为之间可能没有实质性的不同。当然，数字媒体在速度和数量方面会促进欺诈的发展，因此保险公司需要仔细监控这些行为的发生。关于这个方面的更多建议将在后文中给出。

想一想，假如客户的手机被盗了，将会发生什么？客户是会先呼叫金融服务机构还是电信公司？预测这些情况并且准备适当的补救措施，对于提供数字保险服务的保险公司来说是非常重要的。

## 有效、合规的保险公司

大型保险公司中越来越多的客户选择使用数字保险。然而，只有一小部分人使用支持端到端流程的数字平台（一些直接保险公司除外）。在金融机构的损益表中所披露的数据显示，这些业务在整体业务中仍占据相对较小的比例。

要计算数字保险的成本/收益并不容易，然而，数字保险的价值取得了社会的广泛认可。考虑到开立保单的简单行为，相比较于机构内交易，基础设施、工资等成本都是清楚的。而通过数字平台进行同一笔交易的成本要传统模式低几倍。

随着数字保险交易数量的增长，财务上的效益体现得越来越明显和更具有实质性意义。因此，这可以更容易地评估运用新模型的保险公司的效益。

加快客户从传统渠道向互联网渠道的转移符合保险公司的最佳利益。营销活动可以通过文字、培训机构、联络中心的员工、公司手册、电子邮件、社交网络和广告等形式吸引客户。另外，保险公司也可以使用更新的方法，例如使用二维码，通过二维码可以展示如何使用一个互联网应用或者社交网络。

面对日益激烈的市场竞争，保险公司应当更迅速地采取更新更好的数字保险方案。因为，市场中的初创公司和小型保险公司具有规模小的特点，这使它们更加灵活，更容易通过移动和数字化服务来吸引客户，使他们转换保险公司。一个好的数字化服务可以与其他业务捆绑在一起，以说服客户选择自己。这样就可以增加小型公司在保费和其他传统的保险上的收入。

## 优化方案

保险公司所面临的直接挑战之一是如何整合和制定透明的服务系统，以便正确的信息可以在正确的时间到达正确的人，并且可以通过任意渠道了解到其所需信息。

由于电子商务、移动设备、物联网和关于数据存储监管要求的提高，保险公司可以访问的数据量正在急速增长。

研究报告显示，移动设备可以捕获的信息远多于传统交易。如果用户允许，移动设备就可以显示这些：

- 所在位置；
- 正在做什么；
- 用户使用的是什么类型的设备；
- 用户搜索了什么类型的内容；
- 用户点击了什么链接；
- 用户在其他网站上浏览的内容；
- 与交易有关的事务的图片；
- 用户在执行操作之前访问交易页面的次数；
- 用户关注了其他哪些保险公司。

这些可以作为保险公司通过传统渠道获得信息的补充。

通常情况下，这些数据不会保存在一个地方。即使能立刻获取数据，例如，客户的迫切需求，保险公司也通常不以这样的方式综合数据。为了满足确保数据安全的需要，并且要求所有必要的安全措施都符合要求（特别是隐私数据），使客户树立使用新渠道的信心，这加大了复杂性。

保险公司需要一种可以汇总数据并实时分析的架构，以便公司能够观测客户需求并满足他们。公司还应能够快速地、轻松地以节约成本的方式对应用进行更新。这就需要强大高效的大数据分析能力和灵活的应用程序。

保险公司在创新上所面临的竞争需要驱动其达到更快的反应速度。例如，客户可以通过用智能手机或者平板电脑拍摄事件的照片，来发起理赔的要求。一旦公司推出了一种这样的功能，其他保险公司就需要制定相似的解决方案或者承担落后的风险。

实时反馈能力需要保险公司对未来的需求有一个前瞻性的看法。它的体系结构中应该有这种灵活性作为其流程基础。举一个关于移动设备的例子：有一些保险公司为每种类型的设备都定制了一种独特的解决方案，包括视窗、黑莓、苹果、安卓、平板电脑等。每次引入新设备或者更新操作系统的时候，保险公司都必须要开发一种新的解决方案，并且彻底测试。相比于每次更新设备或添加新功能，都要对新的解决方案进行彻底测试，上面提到的基于组件的、面向未来的体系结构是一种在所有可用设备上都能达到一致使用效果的单一平台。

以下是基于组件的体系结构：

- 降低开发的复杂性和测试成本；
- 缩短面市时间；
- 使保险公司能更好地控制流程；
- 保证安全性、减少数据泄露。

当然，还有其他的解决方案和决策建议供保险公司参考：

- 如何评估未经审核的新供应商；
- 如何预测和响应新规章；
- 是否要在智能商务生态系统中与其他供应商建立购买、协作关系；
- 如何进行自动回归测试。

虽然保险公司有其关键优势和能力，但它们仍需要与其他合作伙伴联手，以达到有效竞争。例如，一些比较谨慎的保险公司会使用其他公司提供的移动支付服务或者其他人的白名单。而更有抱负的公司则可能会致力于开发自己的移动解决方案，并与另外的金融或者技术公司合作，以加快面市时间。

但无论如何，保险公司都需要一些创新人员、产品、流程和平台来运营数字保险产品。这种产品有客户吸引力、竞争力，并且能够得到可观的投资回报。

# 1.5　保险行业的"4P"模型

波士顿咨询集团和摩根士丹利研究公司的《保险公司在数字化未来保持相关性的演变与革命》报告中指出，保险业正处于技术驱动创新的边缘。[35]

这当然没错，但创新也需要正确的管理，所以它不会留在信息和通信技术人员的手中。

我们可以从以下四个方面分析创新（简称"4P"）：

- 人员（People）；
- 产品（Products）；
- 流程（Processes）；
- 平台（Platforms）。

这一般来说是正确的，举一个数字保险的案例，保险公司直接对被保险人负责，而不涉及中介，但"虚拟中介"/经纪人可能例外，这被称为初级保险。

通常，管理者会认为移动保险或实行直接保险仅仅意味着开发一个平台；管理与被保险人直接交互的渠道，如电话、网络或移动平台。当然，平台是必要的，它可能非常复杂，但往往不够。保险公司需要重新设计产品、介绍、测试流程和人员。

## 平台

从平台的角度上来看，直接保险设计以适当的价格快速生成报价的可能性。从客户的角度来看，购买直接保险意味着他/她将以更低的成本获得更好的消费体验。这得益于保险公司通过分销降低成本，客户可以在他/她想要的时候进行交易。

从保险公司的角度上来看，它必须要有一个方法来“了解自己的客户”（know your customers，KYC）。从风险、合规性、营销和金融方面考虑，这是基本要求。如今，大数据分析技术愈渐成熟，以支持了解客户的需要。这是研究大型数据集的过程，其包括通过各种数据类型来发掘隐藏模式、未知联系、市场趋势、客户偏好、可能的风险和其他有价值的业务市场信息。

在理想的状态下，大数据技术可以分析来自保险公司外部的数据，例如来自比价平台、搜索引擎或者是社交网络。这样，我们可以通过一个网站或者在线服务，促进同个社区中拥有共同爱好的人之间的交流。他们通过网站或者其他技术交流、分享信息、资源等等。社交网络也可以成为促销和推广保险产品的重要渠道。

由于数字保险具有分布式性质，分销的最佳途径是所谓的“云计算”。在国家标准技术研究所的定义中，云计算是一种无处不在的、便捷、按需访问可配置的计算资源共享池（如网络、服务器、存储、应用和服务），它能够以最少的管理工作或业务提供者交互快速地存储和拿取资源。

## 流程

在从传统保险模式转向直接保险模式的过程中，业务流程发生了巨大的变化。

为了增加与被保险人之间的交流沟通，公司需要设立一个非常有效的联络中心，另外通常也需要设置一个行政部门，以加强联络。同时也使创收的营业部门和行政后台联系更加紧密。

另外，也需要简化保险的付款流程。传统上，金融交易一般由机构负责。付款方式有以下五种：

- 信用卡；
- 借记卡；
- 预付卡；
- 汇票；
- 直接支付。

**政府雇员保险公司（Geico）**

政府雇员保险公司是美国一家超过七十年的保险公司。它在美国汽车保险公司领域排名前五，并且是在线报价或销售的领导者。这个公司将公司网站与脸谱公司相连接，增强与客户互动，使客户能分享他们的经验，包括对产品的评论以及是否节省了成本，从而让相关客户之间可以交换意见。[36]

信息和通信系统的流程也将发生改变。例如，试验会变得更加重要，因为客户可以通过不同的设备和渠道访问信息。这些渠道不受保险公司的掌控，因为它们受客户和发展前景的影响，会随着时间的推移而改变，例如，浏览器更新就需要测试访问渠道与其是否兼容。因此，试验成为保险公司几乎一直在做的事情。

**人员**

保险公司创新最重要的方面就是与客户建立牢固的关系。在过去的商业模式中，主要管理客户关系的是代理机构。而现在，与客户的互动要通过互联网、移动应用、电话或比价工具来进行。这种变化将会涉及人员，无论他们是员工、承包商还是代理机构。事实上，代理机构的数量将会显著减少，幸存的中介机构也需要尽快改革。客户进行的多为常规交易，中介如果要在其中增加其价值，就需要承担顾问的工作，而不仅仅是一个办事员。这将需要对中介机构重新进行大规模的培训和再认证。

保险公司需要培养一种新的专业精神。例如，营销方式将会发生重大变化，逐渐从传统媒体转向新媒体（如互联网、移动应用程序）。

信息和通信系统部门也将发生巨大的变化，其重要性将会增加。未来，对于架构师、项目领导、开发人员、测试员以及供应商经理的需求量将会大大提升（后者是由于外部供应商使用量的增加）。新的技能成为关键，例如，会非常需要数据科学家。"数据科学家"是一个员工或者商业智能顾问（BI），他们善于分析数据，尤其是数量庞大的数据，可以帮助保险公司获得竞争优势。

互联网设计师和营销人员的最重要的任务就是确保上述4P模型中4个要素之间，以及其与公司品牌之间的一致性。这看似容易，实则不然。试想，要想在一个多渠道的环境中保持一致性，就需要每个渠道都非常完善。这是一个多渠道的销售方法，其在与客户的关系中，无论客户是通过平板电脑或其他移动设备、电话与保险公司进行线上交流，还是通过实体机构，都旨在为客户提供一种无缝体验。

这些基本性质对提供数字保险业务的保险公司的员工来说是非常必要的。为使其成功，它们必须有八种品质。

- 坚定信念。保险公司应该对数字保险行业建立一个有挑战性、比较连贯的蓝图，包括如何争取到董事会对该项目的支持以及为之做具体的预算。
- 积极吸纳能力强的人才。加强管理层中间具备数字化转型所需技能的人才的雇用。公司在挑选员工时，不能只考虑其在保险业的经验，因为能够针对用户体验进行数字化产品设计的管理人才不一定在保险行业工作。公司可以考虑在相近的行业中搜寻并雇佣他们。更重要的是，他们要有能力、有潜力并且愿意为之不断学习。
- 不满足于现状，积极面对挑战。数字保险行业的领导者应该积极面对所有业务上面的挑战——从前台到后台的系统和流程。

- 追求快速、敏捷和实事求是。他们应该使方案在循环中改进，采用大数据分析所支持的如敏捷管理和试错方法（所谓的“实验风暴”环境），以提高转型成功的可能性和速度。
- 追求最大效益。应该在价值链上投资互联网，选择能创造最大价值的投资项目，坚持循序渐进。
- 关注客户需要。对改善客户体验和在与客户的交互中获得信息的关注，是数字化转型的基础。保险公司亦是如此，所有渠道都要有此要求：客户期望在代理机构中享受到和在线或者通话时的无缝体验。
- 要留住和培养人才。公司要致力于培养数字化人才，为他们提供优质的环境和工具，提高工作的趣味性。
- 设立小型的、跨职能的团队，进行快速检验和持续改进的项目。

发展这些能力是数字化转型的关键部分，它们是改变企业文化的要素。这就需要借鉴成功的互联网企业的思维方式，包括挑战性和内在一致的愿景、获得新数据的能力，以及接受快速试错和迭代的创新方式等。

保险公司的管理层面临的第一个挑战就是要意识到转型的必要性。而下一个任务就是要建立和执行一个整体转型计划，涉及产品、人员、流程、组织机构、平台和商业模式。

以下是要采取的六种基本措施。

- 当保险公司在地理和产品细分市场中份额很小的时候，最佳选择就是开展破坏性创新。至少在短时期内，防御性策略是现有企业避免利润侵蚀和竞争的较好选择。
- 虽然要防止新竞争者的出现，但在某些领域上合作也是有效的。事实上，合作是吸引新客户或更快速地为现有客户提供创新功能的最佳方式。
- 一系列的数字化措施可以通过分散投资降低风险，但是真正的竞争参与者需要时间、金钱和企业家才能。有时候，保险公司会进行风险投资，并追加那些产生影响的投资。

- 集成数字操作系统可以快速地为保险公司的客户提供多渠道访问功能。从这方面来说，建立一个完全独立的数字保险实体是有好处的。
- 由企业领导的数字化转型是可以非常成功的，特别是有高级管理层的支持指导。
- 有时，数字化转型可以使保险公司通过交易中的组合投资来改组业务。

这些变化的范围表明，数字化需要一个详细和精心设计的战略蓝图，明确界定所有利益相关者并达成一致意见。要想抓住机会就要加强投资、精心策划以及协调地决策，这涉及整个保险公司，在很多情况下也包括其中介（如代理机构）。数字化正在改写保险公司间的竞争规则。未能预见这种风险的老牌公司会失去世代相传的特许经营权。而如果保险公司的管理层能够处理数字保险模式所带来的多重战略挑战，他们就可以重新对其公司定位，并使其能够有效竞争，持续增长。

以下是一些客户对保险公司的四种期望：

- 希望能够实时查看合同的状态，并在将要过期时收到提醒；
- 希望有这样一个应用程序，可以记录车辆中驾驶员的行为，登记其不良行驶情况，并基于此核算保费折扣；
- 希望能够在发生事故时，通过自己的智能手机发出信号，并通过屏幕点击和拍摄贴在受伤部位的创可贴来标记伤害；
- 在寿险方面，希望有记录健康和营养状态的应用程序，这有助于降低医疗价格。

**活力公司（Vitality）**

活力公司是南非发现集团（Group Discovery）的一部分。它向客户提交自愿签署协议，以数字化手段影响他们的饮食习惯和健身活动。[37]通过提供较低价格的健康保单来奖励健康的生活方式。

# 1.6 本章小结

在本章的结尾，我们来分析一下保险公司在引入数字保险时可能采取的策略。

迈克尔波特将这些策略归纳为三大类。企业普遍将其应用于实现和保持自身竞争优势上。[38]这三种通用战略是从两个层面确定的：战略范围和战略优势。战略范围描述的是需求方面的维度，它着眼于企业瞄准的目标市场的规模和组成部分。战略优势描述的是供给方面的维度，它着眼于公司本身的优势和核心竞争力。波特认为，产品差异化和产品成本（效率）是最重要的两个能力。

波特将最佳策略缩减为三个，分别是：成本领先、差异化、市场细分。

市场细分的范围狭窄，而成本领先和产品差异化在市场范围内相对较宽。

保险公司可以根据以下一种或多种策略启动数字保险项目。

- 成本领先需要一个没有多余成分的基础产品。低价格可以为客户提供自由选择一定数量的可选服务，也可以为一些只想通过数字保险模式办理人寿保险的客户提高利率。
- 差异化战略要求开发出高质量的独特功能。如拍摄索赔，即使用智能手机拍摄事故照片，并通过应用程序上传给保险公司以作为索赔的资料。

- 市场细分战略需要为各个特定的市场开发数字保险模型（例如中小型企业）。

低成本战略在长期上是无效的。此外，它通常需要大量的市场份额，而这对新进入者来说几乎不可能。在中期，细分市场是一种制胜战略，只关注一部分。换句话说，完全定制适合一类客户的数字保险产品，这可以在不花费大量资金的情况下实现。

大数据分析是关键技术。保险公司要通过大数据分析来洞察单一客户需要，可以分析他/她的行为、查看其社交网络，也可以在成本合理的情况下直接联系本人（通过电话或者电子邮件）。换句话说，这可以称为“大众私人保险”：为客户提供私人保险。这类似于“家庭银行”。在这种情况下，客户就相当于拥有一个完全数字化的“家庭保险公司”。而这需要保险公司拥有精益的、数字化的方法，这将在以下章节中加以介绍。那么这就意味着公司需要尽可能地精简数字保险服务流程，同时将流程尽可能地自动化。

“大众私人保险”是一个非常好的方案，因为它围绕数字保险，以及参与其中的中介机构、电信公司、金融机构（如银行）和商户（如旅游或物流公司）等建立了一个生态系统。它可以引入个性化定制的广告和客户忠诚度积分。

第 2 章将重点介绍通过数字保险提供的数字解决方案。

第1章 保险行业的创新
第2章 数字保险的管理
第3章 数字保险的基础解决方案
第4章 数字保险的高级解决方案
第5章 数字保险的治理
第6章 数字保险的监管框架
第7章 全球的数字保险
第8章 数字保险发展的未来
第9章 结论
注释
参考文献
词汇表
第2章

# 数字保险的管理

# 2.1 引　言

市场营销学和经济学是实施、启动和提升数字保险的两个重要的方面。为验证这两个方面，非常重要的是要考虑潜在客户的特点，并通过不断迭代视角实施数字保险。

市场营销、效益和相关成本会随客户特点和数字保险的功能而相应改变。效益和成本一旦确定后，我们就可以考虑投资回报率，同时我们需要在特定场合中细化数字保险成功所需要的具体行动。

以上内容就是本章的主题。

## 2.2 一个数字保险模型

数字保险指的是在数字解决方案帮助下的保险及与之相关的其他金融服务的提供及运用。数字解决方案可以包含购买保险或进行个人投资，保单和理赔的管理，或者获取定制化信息。

数字保险有很多种类的服务。这些服务可以根据概念进行如下分类：信息服务，会计服务，经纪服务和支持服务。[1-3]

- 信息服务是指基于信息特征而提供的非基于交易的服务。具体细分为三种类型：(1) 报价；(2) 保险单；(3) 市场信息。
- 会计服务是指涉及货币交易的活动。交易可能涉及外部账户，如客户支付保费的服务就是一种外部账户；交易也可能涉及内部账户，如为某个新项目提供保险就是一种内部账户。汽车保险或旅行保险这种标准化的保险单可以在线购买，在线购买的这种保险在关键时期总会有非常大的吸引力，例如，如果某个客户面临紧迫的计划外的旅行，他/她就可能需要在出发前最后一刻在线购买旅行保险。
- 经纪服务是指关于保险单的中介服务。这种服务也可能有其他的形式。经纪服务也可以分为两种类型：为了履行保险义务需提供的服务和客户管理需提供的服务。

• 支持服务是指客户为维护其账户而采取的行动。这可能涉及像访问权限和保险单复印要求的活动。

**m 银行（mBank）**

m 银行股份公司是波兰最大的金融机构之一。它的客户种类广泛，从年轻人，微型企业，富裕客户，到大型公司。m 银行对其在波兰的零售业务和中小型企业保险业务实现了完全的电子化的转型。[4] m 银行开启了新的模式：通过完全电子化的现代流程为银行客户提供大量保险产品，这一模式还允许客户选择自己喜欢的服务渠道。

## 2.3 数字保险：客户的心声

过去，保险公司认为数字保险的应用潜力非常有限。最初，数字保险只是通过短信服务才得到使用。大多数时候，短信的交流只是简单的信息交换，例如，在提供报价时，信息只是从客户流到保险公司或者从保险公司流到客户。在使用平板电脑的情况下，一些保险公司最初只是建议客户利用移动浏览器获取在线保险。

如果数字保险利用数字化解决方案中有竞争力的特征，就能产生可观的收益。例如，使用手机与保险公司互动，使得随时随地使用应用程序变成了可能，因为对个人来说，手机甚至比钱包还重要。此外，数字保险的显著特点是能够融合多种服务和功能。以使用移动数字保险为例，数字保险可能使用诸如拍照和照片处理、声音处理、生物统计、光学字符识别、非接触功能等各类功能。

数字保险的主要优点为如下四点。

第一，在传统保险中，不同功能是相互分割的：报价和保单、付款功能不同，承保和再保险也不同，诸如此类。在数字保险中，这种功能分割是没有任何意义。数字保险中，客户可以使用自己的电子设备进行端到端的保单管理。他们还可以将他们的电子设备用作支付设备，并支付其他保单或进行其他金融交易。

第二，保单虚拟化之后，应用程序就可以根据客户的需求提供报价。

第三，同时，移动设备也具有交流功能。客户可以通过语音通话聊天、发短信、视频通话与客服中心交流。

第四，由于客户可以在线购买火车票、飞机票等，数字保险使得客户使用移动设备作为登机的控制系统，从而顺便为即将开始的旅程购买保险。

在创新中，倾听客户的心声非常重要。为更好地理解消费者对金融服务的需求，荷兰国际集团对 12 个经济体的 11 000 名客户进行了调查。[5] 结果显示，客户非常希望能用手机管理与金融机构的关系，主要是因为客户可以通过这种方式得到更快捷的服务，他们非常喜欢这种服务带来的灵活性。

在这项调查中，金融客户也提及他们会使用社交网络（如脸谱和推特）关注金融机构的活动。这些客户在寻找新的沟通渠道，从而不用在相关代理机构排队，就能够直接和保险公司的客户代表实现互动。社交媒体的账户持有人喜欢以最方便的方式得到如何投保、储蓄或投资的提示。

客户越来越希望通过数字渠道和保险公司直接打交道，主要想获得以下五种服务：

- 通知客户保单需要续期的警报系统；
- 与保险公司客服中心之间直接联系的互动功能；
- 关于如何管理他们人寿保险或健康保险的建议；
- 使用社交网络作为与其他被保险人和保险公司之间联系渠道的能力；
- 快速有效地报告理赔并尽快得到赔付。

数字保险也有一定的社会价值。例如残障人士或行动不便的人可以较为自由使用数字化手段购买保险。随着老龄人口的数量增加，数字保险的便捷性越来越重要。

## 2.4 公司数字保险

数字保险是一个作为消费者导向的概念发展起来的，作为个人客户的解决方案，数字保险可以为保险公司运营中的零售业务提供支持。然而，数字保险的概念也可以扩展到企业业务层面。信息通信系统和远程通信的应用趋势之一是“信息和通信技术消费者化”。[6]这一术语指最初在消费市场上扩展，后来又扩展到了企业市场。这和过去的情况完全相反，过去是信息和通信技术先主要运用在企业市场，然后向消费市场转移。电脑的推广就是一个典型的例子：最初大型电脑的目标客户只能是企业，因为只有企业才能买得起并有能力使用，后来电脑才逐渐在个人市场兴起。

这里还有几个信息和通信技术先在消费者市场上推进，然后才转移到企业的例子。第一个典型的例子是智能手机的推广。开始时，苹果公司的目标客户就是个人消费者，随着个人市场上不断推广，后来，一些大型企业为其行政人员提供黑莓手机，从而使得公司也开始使用智能手机。第二个例子是现在流行的平板电脑的推广，也是由消费者市场逐渐扩展到企业市场。第三个有趣的例子是云计算。几乎所有的消费者把个人邮件账户或相似的应用程序存储在网络“云”中。客户可以从遥远的服务器上获取应用程序，即便不知道应用程序的数据存放的位置，因为应用程序都是通过互联网获取。大多数时候，消费者不需要为应用程序付费。在需要的情况下，消费者可以根据数据资源的使用量进行付费（例如，Dropbox 提供的存储服务）。现在，企业也开始把应用程序转移到云端，正在通过类似的模式获得收益。

数字保险也有类似趋势。数字保险起初主要在个人市场上出现，并使得消费市场不断扩大。现在，越来越多的保险公司开始为大公司和中小企业提供定制化的数字保险服务。

企业数字保险的要求不同于个人数字保险的要求。在大多数情况下，企业的业务要求更为严格。例如，企业对安全性的要求就更高，企业客户交易的资金往往比个人交易资金要大得多。

一些应用程序只能应用在公司中。例如：

- 多个保单（而且彼此之间往往有关联）的管理；
- 大额支付和理赔；
- 工作流程的核准，大部分情况下，新保险的购买或续保的核准必定会涉及多个经理人。

事实上，数字保险也是企业客户绝佳的选择。企业客户采用数字保险最大的好处就是为企业随时随地使用数字保险提供了可能，例如，企业客户希望及时获取保单出示信息和及时得到保单支付。

数字保险将是未来的发展方向。越来越多的企业资源规划系统（ERP）都进行重新设计，目的就是保证企业资源规划系统能在移动设备上使用，例如，Infor 公司第 10 版的企业资源规划系统[7]就进行了重新设计。企业资源规划系统在移动访问和保险的结合方面也有很多有趣的特征，例如，有些建立在企业资源规划系统平台的应用程序，能够使经理们能够批准未决交易，授权汇款以支付保费，也可以查看历史交易，以及其他功能。新一代的企业数字保险应用程序拥有更强大的交易能力和信息能力，例如一次性查看所有保单的能力，而不论这些保单之间是否有联系。随着越来越多的公司利用企业数字保险的这些功能，企业数字保险会得到大规模地使用。

企业资源规划系统不仅仅走向移动化，而且也向一些有趣的方向扩展。

例如，可以支持采购。通过手机管理企业账户和支出的移动功能在企业用户中正在变得流行。同时，移动功能使得项目管理者有能力在项目批准前后对交易进行审查。在线排队和收据成像也是电子工作流的一个特征。阿里巴（Ariba）和那华（Bravo）系统的最新发展正是朝着网络经济的方向发展。它们对企业的作用类似于比价平台对个人消费者的作用。这些应用越来越多地和数字保险融合。这些方法是一个精益化、数字化的公司变灵活而采取的非常好的方式。

## 企业客户的要求

对数字保险最大的顾虑就是安全问题。日常经营中，财务主管和业务主管可能喜欢更便捷地在线访问企业的保险账户。由于企业数据非常敏感，为保护企业数据和交易，必须尽可能采取各类预防措施。

越来越多的企业开始接受员工自带设备办公（BYOD）的工作方式。[8]这一制度允许员工使用自己的设备访问公司的应用程序。在这种情况下，将传统上只能在办公室台式电脑上使用的功能安全地推广到互联网上使用就变得合情合理了，因为很多员工更喜欢用自己的智能手机或笔记本电脑，而不是台式电脑。

如同正在个人客户保险市场上所发生的变化一样，企业客户保险的“移动革命”或许也只是时间的问题。企业数字保险在为员工提供可操作信息、交易的质量和数量方面都需要进一步提高。用这种方法，保险公司不仅能留住重要客户，还可以提高客户满意度，并增加大量保险服务交叉销售或向上销售的潜力。

## 企业数字保险的驱动力

为了成功启动企业数字保险计划，理解这一举措中成功最关键的原因至关重要。本部分内容将致力于描述其中最重要的部分。

在金融危机时期，客户满意度有所下降并一直处于低位。金融部门的角色也因此变得更有战略性和全球性，保险服务也需要迅速变革以满足新的需求。金融部门对其保险业务地位要有全球性视野，而且要能够实时或接近实时地进行审视，从风险和合规性角度来看，这一点尤其重要。为更有效地履行职责，金融部门需要更多的分析工具。很多保险公司为解决这一需求，使用了新一代的公司门户网站，端对端的连接以及移动解决方案，而移动解决方案能够提供更快的信息接入和交换的速度，并能消除由于在办公室之外消耗的时间而产生的延时。

企业数字保险有助于消除处理过程中的延时状况，并因此使保险公司更加及时收到保费。

除了能加快收入到账速度，企业数字保险本身还有可能为保险公司创造新的、更有意义的收入来源，尤其在中端市场上更是如此。

## 中小企业

在全球许多国家中，中小企业都是经济部门的主体，尤其在欧洲南部和新兴经济体的国家和地区中，这种情况更为明显。

并不是所有的保险公司都这么关注中型市场。从风险的角度看，特别是大型保险公司都带着怀疑的眼光看待中小企业，因为中小企业的坏账率往往高于大型公司和个人。

小型保险公司比大型保险公司更关注中小企业市场。主要原因是它们没有能力与大型保险公司在其他类型的市场上竞争，因为要想在大型公司占据主要市场地位的环境下拥有一席之地，小型保险公司必须具备大公司所具有的资源、专长和广阔的地域覆盖范围，显然没有可能，所以小型保险公司比大型保险公司更关注中小企业市场。

从客户的角度看，小型保险公司能够在中小企业市场上取得可观的市场占有率，因为小型保险公司能够为中小企业提供高度个性化的服务和更满意的用户体验。

因此，中小型的保险公司能率先为中小企业提供数字保险服务就不足为奇了。在整个保险行业中，为中小企业设计的应用程序还非常少。行业分析师将中端市场缺乏专门的信息通信系统归结为以下因素：

- 企业接受数字解决方案的速度较慢；
- 中端市场的需求非常多样化；
- 甚至对中小企业种类的界定也是一项挑战，因为中小企业的企业家容易将个人事务和公司事务混为一谈。

要保险公司提出一个针对所有企业客户的通用产品可能非常困难。一些保险公司会针对中小企业客户对零售平台进行小幅度地重塑品牌，例如，改变公司的标志。但这种做法还不够，因为相对于个人客户而言，公司客户有以下特点：

- 拥有更多的用户；
- 需要更复杂的产品；
- 需要一定的权利，额外的安全措施，更多的审计跟踪；
- 在管理他们个人的账户的同时还要管理多个企业账户；
- 需要包括几年交易记录的保险结算单。

但是，尽管这样，企业市场仍然是一个能够获得更多收入且不断增长的市场。

# 2.5　纯在线保险公司

最近市场上出现了一定数量的纯在线保险公司，其特征就是通过移动终端（智能手机或平板电脑）或网络提供全套保险产品。

历史总是重演，荷兰国际直销银行作为最早提供网上银行服务的银行之一，成立之初也是仅提供纯网上银行服务，后来，才开始在一些国家设立分支机构。

最早成立的一些纯移动保险公司都非常成功：在短时间内，拥有了大量的新客户。

即使一些共性已经开始显现，但至今纯在线数字保险公司还没有一个标准的模式。纯在线保险公司的概念和易用性得到了年轻客户、精通科技的客户以及不富裕客户的积极响应。任何互联网用户都可能会喜欢上纯在线保险公司，移动互联网用户尤其如此。对纯在线数字保险公司来说，将应用程序、网站以及其他多样化功能的界面设计得简单易懂，容易浏览，这一点至关重要。

通常，仅限移动设备的纯在线保险公司必须拥有备份，可通过互联网访问，以备不时之需。

# 2.6 数字保险的价值

对一个成功的创新来讲，其为组织带来的文化、方法和一套工具必须能提升产品和流程的价值。[9]如果数字保险能在不同方面成为创造价值的源泉，那么它就能够成为保险业创新的一个重要因素。

第一个方面：

- 客户能够在任何地点、任何时间或使用任何设备购买保险；
- 保险公司寻找新的保险促销模式；
- 商家寻找为客户提供新的增值服务的相关业务，就像旅行社和物流公司的经营者为客户不断寻找新的增值服务一样。

第二个方面：

- 代理商和经纪人寻求流程优化和改进客户服务；
- 公共管理部门寻找降低成本，改善公共服务以及打击逃税的方式；
- 公众寻求改善生活，健康和经济状况。

接下来的内容将分别讨论这些利益相关者的关注点。

## 对客户的价值

数字保险对客户的价值取决于经营者（可能是保险公司，代理商，促销者或者经纪人）是否能够利用数字保险所有功能的优势。数字保险的服务应当具备以下四个特征。

- 更快。例如，购买数字保险可以减少在代理商处排队的时间以及拨打服务电话等待的时间；
- 比其他渠道更便捷。例如，提供无须前往代理机构就能实现续保或中止保险的机会；
- 更易获得，例如，鼓励客户在任何时间、任何或特定地点购买最后一分钟的促销活动；
- 更便宜，因为数字保险服务需要更少的努力和成本。

数字保险能够提供两方面的服务。

一方面，和保险相关的服务。数字保险有助于改善报价、支付、管理、续保、中止和理赔等服务。例如：

- 在排队开始旅行的时候购买旅游保险；
- 通过对投资连结保险大数据的分析来控制储蓄；
- 接受并使用数字优惠券，例如，用于体检的折扣券；
- 将手机号用作会员卡，并自动积累积分；
- 向朋友分享对公司的服务或产品的评价。

另一方面，与保险联系不紧密的服务。近场通信手机可以成为一个公司的标志或个人的身份证，也可以是商店里的自助结账工具。近场通信手机的应用程序可以帮助客户，例如，可以帮助消费者乘坐航班时通过自助服务终端购买保险。

## 对保险公司的价值

对保险公司来说，数字保险就代表着各类机会，可以帮助保险公司改善服务，降低成本，推进无纸化交流的使用，开拓新市场和增加利润。

数字保险能为客户关系带来价值，保险公司能够考虑到这一点非常重要。强大的对手入侵保险行业可能对维护客户关系（包括客户信心和稳定性）带来潜在的危害（例如已经在美国若干个州申请了保险服务牌照的谷歌[10]）。因为过去在位者公司的所作所为，已经清晰地展示了入侵者是如何独自霸占最终客户。这些巨无霸公司的行为并不友好，会采用侵略性甚至常常是破坏性的策略，攻击现有公司的商业模式，有时还会迫使现有公司只能提供低附加值的服务。

## 对中介的价值

数字保险的中介机构一般有代理商、经纪人、经销商、银行、旅行社、电信运营商，甚至大型互联网公司等，这些中介在数字保险的推广中发挥着重要的作用。

一方面，中介有可能通过开发应用程序或改变代理商的技术和流程，从而投资数字系统，也有可能支付潜在的成本，而这种可能性取决于对他们自身利益清晰的认识；另一方面，客户的很多获益取决于中介能够将创新转化为更好的服务、更低的价格，尤其是让保险公司获得更多收入的能力。因此，需要正确认识到中介对数字保险的价值，这是保险服务推广和实现所有利益相关者的全部潜在利益的决定性因素。

在数字保险中，中介有四大潜在价值来源，中介的角色也越来越需要从收款人转向客户保险咨询顾问，有以下三点原因。

- 中介可降低保单支付中的现金管理成本。这种成本发生在现金清点环节，清点现金过程中可能出现错误，也可能遭遇现金丢失、被盗、被劫的风险，据统计，处理现金或支票的成本占了总销售额的0.5%～15%。
- 中介可以使得流程和文件的电子化变得可能，从报价单和保单的管理到为访问服务票据的管理都可以实行电子化，中介可以通过减少纸质文件节省成本，也可以带来更安全的运营。

- 中介使得客户从代理商那里购买保险，从而节约时间，这允许中介减少服务的总耗时和减少订单丢失的风险，以及降低确保固定服务时间而产生的运营成本。与现金支付和传统的银行卡支付相比，电子支付可以将支付时间降低5～30秒，采用电子支付可以产生更大比例的实际绩效。最终，由于代理商数量的减少，成本也会降低（预计能降低1%～2%）。
- 现在任何地点、任何时间出售保险都有可能，因此创造一个能够购买保险并且支付保费的渠道，在特定情况下，还可以产生独特的消费体验，或者降低采用电子化解决方案的客户和中介的交易成本。

很不幸的是，除少数中介外，很多中介倾向于抵制或消极对待数字保险。他们试图维护现行的保险销售模式，没有形成具体的分析方案，也没有对流程受的冲击进行定量分析。他们还希望大部分客户不接受数字保险这一创新。对这些抵制数字保险的人来说，不幸的是，随着时间的流逝，这种情况不太可能发生，而且他们的业务也将处于危险的境地。

## 对信息与通信技术公司的价值

信息与通信技术公司的营收在不断减少，不论是系统集成商，电信公司，还是外包商或其他类似公司（如保险公司的信息和通信技术部门），原因就是竞争变得日趋激烈，而电信公司则面临着更低的费率，短信使用量减少等冲击。因此，信息和通信技术公司对寻找能够开辟新业务的新收入来源非常感兴趣。数字保险是这些公司提供更好产品、服务和流程的大好机会，当然，先决条件是做好产品和服务创新的准备。

## 对公共管理部门的价值

公共部门负责征收很多费用：税收、规费和罚金。数字保险可以帮助公共部门降低征收费用的成本，更能控制费用的规范缴纳。例如，由于数字保险，公共管理部门能够使用非接触 POS 机或远程控制，开始检查强制保险（如有些国家的交强险）或医院处方（在医疗保险领域）的缴费情况。

## 对社区的价值

数字保险也可以具有社会价值，并且其社会价值已经在世界上若干国家得以体现。这一点是数字保险成功的关键因素。保险公司，客户，社区是截然不同但又紧密相连的利益相关者。

数字保险和移动支付可以通过降低交易成本和增加金融产品和服务的可获得性，从而有潜力将金融服务覆盖的范围扩展到未保险的人或保险深度不够的人。[11]

## 2.7　数字保险关键成功因素

客户需求确定后，下一步就是定义成功的衡量标准，即确定成功的关键因素。分析一个已经形成的评估接受新方案的模型（技术接受模型）是非常有趣的事情。[12]最近有些研究使用这一模型研究了移动互联网相关的技术接受情况，例如，移动支付、数字保险和移动商务。[13-16]对技术接受模型的评估基于这样一个前提：新技术接受和使用的决定性因素包括以下两方面：

- 感知有用性，即反映人们认为使用一个具体的系统对他们工作绩效提高的程度。感知有用性的衡量指标包括绩效提升、生产率提高、有效性、整体有用性、能够节约时间以及更好的任务绩效。
- 感知易用性，即反映人们认为使用一个具体系统的容易程度。感知易用性的衡量指标包括使用的方便、易用、简洁、清晰和灵活。感知易用性对投保人和未投保人采用数字保险的意愿有重大而直接的影响。

这两个方面导致了使用某种技术的有利倾向，这一倾向相应地影响了技术的使用。

事实上，把基本技术接受模型运用到数字保险时，还有几个因素需要考虑。尽管数字保险有种种独特优势，例如，如何赢得客户信任这样重大的问题仍然是任何形式的数字保险都面临的巨大挑战。

一个更完整的技术接受模型应该包括七个方面（见图 2.1）：[17,18]

- 行为意向，即接受新解决方案的倾向；
- 感知经济因素，其对客户采用数字保险的服务意向有直接和显著的影响，尤其对未保险和保额不足的潜在客户的影响更甚；
- 知有用性，其对客户接受数字保险服务的意向有直接重大的影响，感知有用性由数字保险服务的便捷水平和可负担性（经济上能够负担的能力）决定；
- 感知信任，其对未投保人和投保人采用数字保险服务的意愿有直接和显著的影响；
- 未投保人和投保人的年龄和性别，都影响了客户的数字保险的感知易用性；
- 数字保险服务商的特点；
- 提供服务的其他非质量因素。

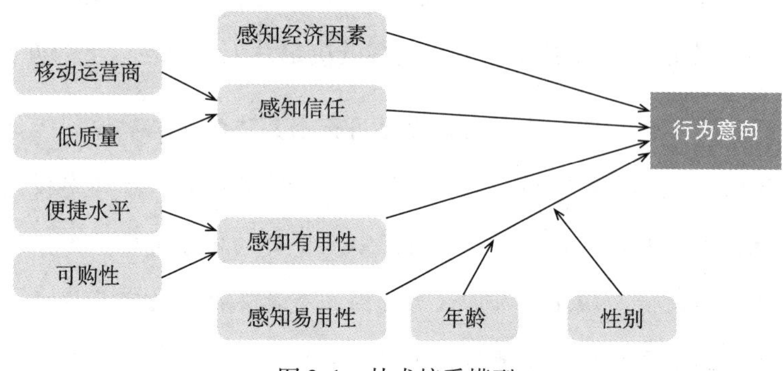


图 2.1 技术接受模型

# 2.8　数字保险的不同模式

埃森哲提出了保险公司采用数字保险的四种不同模式。[19]

- 渠道推动模式。采用增长导向和销售导向战略的保险公司会选择这种模式。这些公司希望提供个性化的产品和服务以增进和客户的关系。这一模式的关注点是通过数字保险的使用增强现有渠道和商业模式。选择这种模式的保险公司实现的价值低于专注于新互联网渠道和商业模式的同行。很多公司选择了渠道推动这一模式，尤其是欧洲的保险公司。在这些保险公司关键的销售渠道中，代理机构渠道仍然是重要的一个，在 2015 年欧洲的保险公司的代理机构渠道预计占比是 32%，2016 年稍微下降，但仍然占了 30% 的比重。
- 量身定制模式。这种模式适合重视客户关系的保险公司。他们的商业策略更加关注改善盈利能力和客户留存率。遵循这种模式的保险公司致力于成为真正的纯数字保险公司。这种公司通过数字解决方案寻求竞争差异化，以提供个性化的产品和数字解决方案的服务，例如，这种保险公司会采用在线服务，或大规模定制个人保险。
- 在线模式。采用这种模式的保险公司，会通过提供更多的直接在线服务，以降低现有代理机构和分支机构的重要性。代理机构和分支机构服务的重点是对特定的细分市场提供咨询服务和小众服务。与同量身定制模式一样，该模式适合业务战略侧重于客户保留和效益优化，更喜欢有简单客户关系的保险公司。

- 混合模式。这种模式所吸引的保险公司将数字保险视为一个新的数字业务，同时也是现有业务的补充。它们有效创造两种业务。这个模式适合高度关注增长和销售额，同时也希望建立良好的客户关系的保险公司。采用这种模式的保险公司会使用数字化解决方案增强现有渠道，同时也创造新渠道，以实现价值最大化。

# 2.9　数字保险的迭代观点

在保险公司制定数字保险战略时，考虑不同的模式至关重要。有一种有趣的做法，就是通过分析一个可能的迭代模型，将动态的方法作为实现完全的数字保险的理想路线图。这个模型应该确定一套进程，从与客户传达信息，达成交易，到最终和客户进行关于作为生活方式管理一部分的保险的潜在要求进行互动，以及如何参与非保险活动。

几位分析师已经介绍了包含金融服务可能生命周期的模型。托尔公司已经推出了最为成功的模型之一。[20]这个模型从根本上考虑了数字保险以下几个方面的迭代因素：

信息方面：

- 交易历史；
- 短信提醒；
- 代理机构定位者。

交易方面：

- 分期支付保费。

互动方面：

- 交易认证；

- 可操作的预警；
- 个人保险管理；
- 个人生活方式管理；
- 大众营销。

精心安排方面：

- 选择性加入偏好管理：营销预警，报价，忠实客户报价（如为拥有多辆汽车的家庭购买保险提供折扣）；
- 位置感知和情境感知服务；
- 跨渠道进程管理；
- 获得理赔。

除托尔公司模型里的迭代因素之外，还有一些其他迭代因素：

社交方面：

- 社交媒体融合；
- 信息交换，尤其是被保险人之间的经验交流；
- 朋友或熟人之间生活方式的对比；
- 游戏化；
- 语音识别。

多家企业：

- 保险公司与中间人，其他金融服务机构和商户建立伙伴关系；
- 目标市场营销；
- 高级保险产品和服务（如投连险）；
- 共同营销（如与商户设立的回馈计划合作）。

未来很有可能有更多的迭代因素出现。保险公司需要持续创造新服务、增加渠道、提升功能、优化流程，以及考虑如何使这些因素为客户带来价值。

# 2. 10　数字保险的营销

数字保险的营销与传统保险的营销有很大的不同，[21,22]接下来的部分将会说明数字保险营销的特殊之处。

## 数字保险的不同客户类型

数字保险快速应用正在改变保险公司的营销方式，这些变化导致客户（购买）保险以及与保险公司互动都有新的方式。在这种情况下，根据客户优先事项不同对其分类就迫在眉睫，这些优先事项可能是应用程序的性能、功能、价格等。

爱立信客户实验室发布了一份报告，将智能手机用户分成了 6 个不同的类型，每个类型的用户看重的电信运营商服务都不同。[23]这一分类是在瑞典进行的定性访谈基础上建立起来的，也可以用类似方法对数字保险客户分类。

功能、质量、成本和体验这些关键因素影响了客户体验及其与保险公司的关系。一个公司所提供功能的质量是影响客户忠诚度的最重要的因素之一。于是，保险公司提供功能的安全性、简洁性和范围在建立长期客户关系中必不可少，它们也保证了良好的客户体验，并创造新的商业前景。

在客户关系和其他服务中，体验都是最主要的因素。对很多客户来说，服务价值是决定性的因素。满足客户保险服务需求对数字保险非常重要，然而，这还不足以确保客户忠诚，还有其他因素能够显著提高客户体验进而提高忠诚度。本章前面所描述的技术接受模型也可以实现这个目标。

很多客户认为他们和保险公司的关系疏远且陌生。特别地，从未索赔过的优质客户对“偷偷”拿走他们的钱却从未给予回报（除非是理赔）的保险公司感到不满。然而，大部分客户并没有和数字保险有过不愉快的经历。由于数字保险的存在，客户就不能再和保险代理机构或保险公司员工之间面对面接触及建立人际关系。保险公司可能看起来过于关注技术。因此，改善客户和保险公司间的关系就非常必要。对忠诚客户的奖励项目和个性化优惠服务对改善这一关系大有帮助。这种方法能赋予客户更多的参与感，从而能提高客户的满意水平。

基于以上这些因素，同时参考爱立信客户实验室的调查，可以把数字保险的客户分为六类。

- 性能寻求型。这类客户看重的是保险公司提供的功能和服务的质量。他们认为，如果数字保险功能强大，他们可以通过一个具备联网设备做完所有的事情。
- 智能手机追求型。这类客户认为智能手机不仅仅是交流的工具，更代表了一种生活方式，象征着身份和地位。为取悦这种客户，保险公司必须使数字保险具有更多新奇的功能。
- VIP 客户。这类客户认为他们必须要和保险公司的客户代表直接接触。他们喜欢通过接受个性化服务和迎合他们需要的促销活动，来增加自己作为尊贵客户的满足感。
- 精打细算型客户。这种客户尤其看重保险产品和服务的定价。他们寻找便宜的交易，选择无额外费用的保险公司。相应地，保险公司应该提供一些额外的费用优惠或免费服务以吸引这类客户。

- 好奇新手型。这类客户是第一次接触数字保险，他们正在逐渐发掘这个新渠道的潜能。这类客户最为看重的是和保险公司的关系，他们希望能得到技术支持和友好的建议。网络性能、功能和应用程序易用性，以及客服中心对其使用数字保险手把手的指导，是影响保险公司和这类客户关系的其他关键因素。
- 控制权寻求型客户。这类客户试图持续监督对数字保险的使用，以避免不愉快的意外发生。

## 数字保险的营销组合

营销组合是营销专家用来定义制度和战略的一个商业工具。在确定一个产品或品牌的报价时，营销组合常常发挥重要的作用。营销组合往往被归结为 4P，即价格（price）、产品（product）、促销（promotion）和渠道（place）。[24]

- 产品是满足客户需求或解决客户需求的东西，它可以是有形的产品，也可是无形的服务，也可以两者兼有。
- 价格是客户为产品所支付货币的数量以及支付方式。
- 促销是保险公司为给相关方提供其产品和服务信息所使用的所有沟通方式。促销包括广告、公关、个人推售以及推销。
- 渠道是指将产品提供在方便客户获取和使用的地点。

在服务的营销上，在“4P”的基础上还要再增加“3P”，以展示服务与产品不同的特性。[25]

- 有形展示是产品特色内的元素——店面、员工穿的制服、广告牌、网站、广告等等。
- 人员是客户与之接触的保险公司的员工或承包商。
- 服务过程，和公司内部系统共同影响了公司的营销和运营流程。

在数字保险的例子里，分析营销组合的“7P”将会呈现何种形态是很有意思的一件事：

- 关于产品，数字保险允许保险公司将不同服务（如保单、付款、保障范围等）完美地融合在一起，允许保险公司将不同媒体结合，比如在客户申请新保单的时候拍摄支票或驾驶证的照片。
- 关于价格，数字保险能大幅降低保险服务的成本。除支付给中间人的佣金减少外，数字保险让客户无须再寻找代理机构或自动取款机。数字保险在很多方面为客户降低了成本。数字保险随处可见，大部分情况下访问不需要额外的费用。很多数字保险公司不再对移动应用下载或大部分交易收取费用。通常，保险公司愿意和客户分享成本降低的利益，如降低保费。若要在定价中采用这些措施，保险公司需要注意保护和中间商的关系。
- 在促销方面，数字保险允许保险公司发送个性化的广告宣传，例如，根据手机带有全球定位系统（global positioning system，GPS）功能，可以根据客户的位置（如在机场）推广有针对性的产品。
- 关于渠道，数字保险可以在任何地点、任何设备上、任何时间使用。

数字保险也改变和改善了另外的“3P”（有形展示、人员、服务过程）。不幸的是，很多保险公司并没有在这些重要的方面投入足够的时间和努力。

- 有形展示强调了品牌的重要性和服务接入的可用性，以及数字保险应用程序使用的简洁性。例如，很多智能手机屏幕尺寸比较小，应用程序的简洁性就对数字保险尤为重要。
- 人员是客户关系中最为重要的因素。手机在这方面能提供帮助，因为发明手机的目的就是方便语言交流，还可以进行视频交流。
- 服务过程极其重要。例如，在传统代理渠道方面，服务过程必须改变。服务过程需要为客户提供极佳的体验。

## 怎样进行数字保险营销

保险公司应该通过多种渠道进行数字保险的营销。保险公司应该和未来客户沟通，同时向现有客户宣传数字保险的益处。营销的对象还应该包括中介、客服中心、网络和移动网络渠道。应当强调数字保险多个方面的特点，例如，保单签发和续保，提出和处理理赔等。营销方法要体现出数字保险是传统代理机构渠道的良好延伸，从而让保险业务营销变得非常方便。例如，可以通过网络视频或手机视频向客户展示，如何通过手中的设备得到一份保险报价。此外，屏幕上的图标可以把客户带到保险公司的网站，从而进行保单对比或购买附加服务。

为了推广网站或移动应用程序，保险公司应该采取多种广告策略，例如，展示数字保险渠道中独特的功能和产品。

数字保险在持续增长，然而，客户教育仍是优秀保险公司面临的挑战。因此，对保险公司来说，利用其他的渠道吸引新客户和维护老客户也是不错的选择，如通过视频、网络广告以及比价平台等来推广数字保险。

## 数字保险的移动营销和网络营销

营销的本质是考虑人们的需求并根据需求进行调整，从而为客户提供满足感和良好的用户体验。移动营销和网络营销方式可以根据数字保险的目标进行相应调整。

网络营销绝不仅仅是一个理论表述，而是一种全新的、截然不同地获取客户的新方法。[26] 网络营销的第一步和传统营销相同，即分析目标客户需求。

保险公司可以将广告刊登在电视或报纸上。保险公司这样做是强行打断读者或观众正在做的事情，以传递自己的信息。客户只能被动承受这种干扰，即他们正在看的电影或进行的阅读被迫中断。

在网络营销的情况下，这种情况完全被反转，潜在客户不再是被动接受信息。如果他有保险需求，那么就会通过搜索引擎搜索。如果保险公司网站或比价平台设计恰当，客户就能通过网站上的搜索引擎找到他需要的功能。随后，客户就能进入保险公司的页面。然后，他就可以浏览和搜索所需产品或服务的详细信息，例如保障范围、价格等。在此过程中，客户还可以就此询问、交谈或发送信息以获取更多信息。

移动营销是网络营销的最新形式，[27]与传统网络营销的原理相同，这一原理应当调整以适应一个崭新的媒体——手机。

由旧营销方式到新网络营销方式的革命关键在于客户地位的变化，现在客户已经不再是（信息的）被动接受者，而成为主动获取者。

例如，保险公司应该在智能手机应用商店投放有动画效果的广告，以推广其移动数字保险服务。此外，保险公司也可以在 YouTube 上投放广告。

## 社交网络、社交媒体在数字保险营销中的作用

一定数量的保险公司在数字保险领域使用了如脸谱和推特这样的社交网络。社交网络是推广多种服务和保险业务的有力工具。社交网络尤其适合通过接触更多潜在客户以扩大客户群的中小保险公司，或试图拓展新市场、推出新产品的大型保险公司。

社交网络可以帮助保险公司通过数字保险改善客户体验。这些社交平台非常适合放松，获取最新资讯，成为某个虚拟小组的一部分以及参加其他的活动。然而，很少有保险公司使用社交平台。

例如，用于营销数字保险的一个有用社交媒体工具是 Foursquare 或类似的网站，这种应用是基于定位的社交网络。一个人的朋友可以通过此社交网络知道他某一特定时刻所处的位置。

由于使用了特定的应用程序，一个人可以在公共场所（例如，某个商户的位置）登录他的社交账户，他的朋友们通过同样的社交网络可以马上知道他所在的位置。如果他们愿意而且相距不远的话，他们就可以联系到他。

Foursquare 这样的应用可以减少社交网络和现实世界的距离。

Foursquare 或许不是把移动网络营销和数字保险完美结合的方案，但是基于位置的社交网络适合将数字保险与真实的日常生活结合起来。

一个把有定位功能的社交网络和数字保险结合的潜在方案可以按照下面的三种方式运行。

- 保险公司为数字保险客户提供代理机构或中介机构名单，如果能提供包含名单的在线地图再好不过。
- 保险公司和代理机构已经达成一致，为登录社交网络的客户提供一定的折扣优惠。
- 鼓励数字保险客户向某一代理机构咨询或寻求建议（包括在地图上选择的代理机构），并最终通过代理机构购买保险产品或服务，使用保险服务，最后在社交网络上分享他的体验及评论。如果别的朋友也是同一家保险公司的客户并因此使用同一数字保险平台，就可以看到他们的朋友分享的经验，并可以计划在将来或哪天有需要的时候就可以在同一个代理机构那里购买同样的产品和服务。

这种方式下，每一方都是赢家，有三个原因。

- 使用数字保险的客户可以在节省时间的同时得到更好的保险产品，他可以在线上从很多机会中进行自由选择。
- 保险公司可以吸引更多潜在客户，增加他们的忠诚度和他们对保险产品和服务的购买。
- 中介机构可以为自己的业务打免费广告，并招揽更多客户。

通过数字保险联系在一起的中介机构会相互竞争，例如，提供保单中的不同折扣类型和咨询服务。

这种潜在的数字保险网站和其他网站不同之处在于折扣推广的方式不同。传统折扣网站主要通过电子邮件方式向客户推广折扣信息。使用基于地理位置定位的数字保险自带社交属性，效果会更好。

## 2.11　数字保险的经济学

为评估一个数字保险的商业案例的改进之处，计算投资回报率是非常有用的。为达到这个目的，有必要对可能的收益和成本进行评估。

### 收益

向数字保险转移的好处主要来自以下领域：[28]

- 消费者在网页、社交媒体、应用程序和可穿戴健康监测设备留下了电子数据，对这些数据挖掘的能力可以帮助保险公司更好地确定目标客户，更精确地定价和承担保险责任，更有效地处理理赔；
- 当前保险流程的数字化可以直接处理报价和快速实现产品配置，并有效提升运营利润；
- 有可能跟现有客户建立联系，进行更好追加销售、交叉销售，并留住有价值的客户；
- 有机会向未投保和投保不足的人出售产品和服务。

被视为新业务线的数字保险盈利能力的关键驱动因素是平均交易数量和平均保费。

数字保险的收益根据其提供功能的不同而各不相同。本章前面有一部分介绍了适用于数字保险的改进的托尔公司迭代模型。随着模型一代代进化，数字保险的收益不断增加，有些收益则一直存在。

## 信息阶段

- 提升客户满意度。根据费哲金融服务公司的数据（数据来源于对资产规模在 20 亿 ~280 亿美元的金融公司的访谈[29]），可以得出一个很好的经验法则：可以假定一年中所有保险交易中有 20% 可以转向数字保险，从而降低保险公司的成本，在意大利金融公司的高级互联网金融服务中，金融公司的形象和客户满意度提升了 32%。[30]
- 弗雷斯特的一个消费者调查支持了数字保险（如通过移动渠道）可以降低服务成本的观点。[31] 美国移动金融服务的使用者说手机已经改变了他们对其他渠道的使用。43% 的使用者说，他们自从采用数字解决方案以来，拨打给金融机构呼叫中心的电话减少了。35% 的使用者说他们现在比使用数字解决方案前更少去代理机构那里办理业务。弗雷斯特为一个拥有 50 万零售客户的银行建立了一个模型，这个模型通过降低银行网点和呼叫中心的客流量，帮助银行每年节省了 15 万美元以上的成本。

## 交易阶段

- 数字保险客户的忠诚度更高。在刚刚提到的弗雷斯特公司的研究中，所有移动金融服务客户的流失率比其他客户的流失率要低 40%。这次客户调查也强调了数字金融服务有助于保留客户的观点。提高的客户粘性能为保险公司带来更多经常性收入。弗雷斯特的分析师认为，一个拥有 50 万零售客户的金融机构能从减少的客户流失中每年得到超过 45 万美元的收益。[32]
- 数字保险客户的利润率更高。使用移动金融服务的客户能比使用在线银行服务的客户的利润高46%。[33]

- 数字保险更有活力。

### 互动阶段

- 数字保险在客户和保险公司的互动环节中能进一步降低渠道成本。数字保险促使客户从高成本的线下渠道（如呼叫中心和中介机构渠道）转向低成本、高效率的数字渠道。保险公司为计算出节约的成本，必须要知道每一个保险产品渠道的平均交易成本，并确定这些支出是如何通过转向数字渠道而被抵消的。

### 精心策划阶段

- 数字保险能够产生更多的交易。数字保险的使用促进增值活动，例如，在旅行开始时购买旅行保险。由于简化了对数字保险服务的访问流程，数字保险客户平均交易次数和平均交易额都有所增加。
- 像账单支付这样便捷的支付方式，也通过很多方式提高了客户忠诚度。一旦朋友、家人、室友和商户使用了数字保险，他们就不会再填写并邮寄纸质支票。由于网络效应，交易量也会增加。

### 社交阶段

- 数字保险有助于扩大客户群。数字保险可以通过对保险公司的定位吸引新客户，例如，将保险公司定位为具有创新精神，与当今家庭节奏保持同步，能满足客户节省时间和忙碌的生活节奏的需求。
- 社交网络是捕捉客户行为和状态数据极好的方式。通过将数字保险和社交网络结合在一起，并利用大数据分析模型，就有可能为每一个客户制定个性化的服务。

### 多企业阶段

- 数字保险能够提供商家自助的优惠价格。
- 数字保险提供了一个通过移动渠道促进服务销售的方式。数字保险有助于其他保险产品和服务的交叉销售。弗雷斯特公司调查发现，18%的金融服务用户使用数字渠道时更有可能会购买更多的金融产品。[34]
- 与其他金融服务一样，数字保险用户的整体利润率提高了 32%，比在线客户高了 46%。[35]

### 其他益处

数字保险能够带来额外的好处。根据金戈投资（Javelin）公司的报告，自 2010 年至今，保险公司的客户去代理机构的频率已经下降了 10%。[36]金融服务公司应当推动通过网络和移动设备进行的交易支付，提出预警、建议和机会等措施都有助于这一目标的实现。

数字保险有助于降低成本。随着数字保险公司数量增多，客户去代理机构的次数也会减少。将来，客户和保险公司的接触不会超过（现在的）30%。数字保险的访问量也会上升 30%。这种变化能带大大降低成本，从每次去代理机构的 4. 25 美元下降到每次移动访问的 0. 1 美元。[37]

这意味着代理机构数量的大量缩减，其作用和定位的重要性也会显著下降。如果客户到代理机构的目的仅仅是寻求保险建议和咨询，就没有必要把代理机构放在大街上了，可以把代理机构搬到楼上；或者放到偏远的地方去，通过视频或电话就也可以提供这些服务。

数字保险能为保险公司做的远不止这些。保险公司现在需要定制和每一个客户的关系。往这个方向发展的保险公司将会获得巨大的竞争优势。从大众保险转向个性化保险是大势所趋。为实现这个目标，保险公司需要理解每一个客户的需求以及怎么满足（实际上是取悦）他们。

在个性化保险时代，保险公司承担不起现在经营状况下的高额成本。因此，将需要降低提供大量个性化保险的成本。在这里，“大量”和“个性化”看起来相互矛盾，现代的解决方案能够让它们相容。技术问题可以解决，大数据解决方案就能提供帮助。大数据分析方法是一种先进的数据分析方法，可以分析复杂多变（结构化或非结构化）的数据，或是体量非常大的数据。大数据分析方法还有可能提高数据处理的速度。关于这方面，后面会有一章详细讨论。

## 成本

保险公司的主要运营成本产生于办公楼、呼叫中心、后台员工、软件、维护和运营硬件的成本，沟通成本以及推广数字保险使用（如果使用数字保险的话）的成本。

固定成本主要产生于软件和硬件的购买和升级，以及呼叫中心和后台的建立和扩建。有供应商能够提供基于单笔交易的租用服务，现在也可以租用数字保险用的软件、硬件和资源了。

营销成本是一个半可变的成本。在某种程度上，营销成本接近于固定成本，因为很难将其和生效的或活跃的保单数量联系在一起。因为对大部分保险公司来说，数字保险概念是全新的，同时对有些人来说，人寿保险的概念也是全新的，所以数字保险的成功实施需要支出可观的营销费用和客户教育费用。客户需要感受到他们能信任保险公司，并理解如何使用保险公司的新服务。

获取一个新客户的成本主要产生于以下四方面：

- 获取和处理软件的成本；
- 向分销渠道支付的佣金费用；
- 员工工资和外包成本；
- 通信费用（如有客户关系中心）。

获取数字保险新客户的成本越高，为达到合理的投资回收期所需的交易数量就越大。

合规也能产生显著的成本（而且在持续增长），因为数字保险可能会增加所需文件数量，也会增加需要存储和汇报的信息。此外，更好的合规也可能有助于获得可靠的公司管理信息。

## 投资回报

为和大趋势保持同步、维持现状及和客户保持联系，需要跟上数字化的浪潮。虽然采用数字保险的保险公司承认这样做的重要性，它们却不是仅因为这些抽象的原因而采用数字保险。和运作良好的公司一样，这些保险公司也想从在数字保险的投资上得到可观的回报。

实际上，率先采用数字保险的保险公司的保费收入会提高 8%，追随的保险公司只能提高 4%。先行公司的综合成本率预计能改善 2.3 个百分点，而追随者的收益成本率只能改善 1.4 个百分点。[38]

但是，正如埃森哲的报告所描述的，即使是采用数字保险的公司所实现的投资回报也远远低于将价值创造进行数字化所产生的回报。[39] 这意味着，综合成本率有可能在三年内改善 4 ~7 个百分点。

有人可能认为，埃森哲公司的报告是基于保险公司已完成的项目，与预期效果相比可能保守。事实上，一定数量的保险公司已经实现和改善了这些投资回报。

全世界的保险公司很可能低估了数字数字保险对利润的影响潜力，低估金额在 150 亿 ~300 亿美元，[40] 因此保险公司数字化空间很大。

基于一定数量保险公司的经验，一个考虑周全的数字化项目能够为关键保险流程削减 65% 的成本，将周转时间节省 90%，并将客户转化率提升 20% 以上。[41]

成功的数字保险投资（通过客户影响力，成本和采用程度等指标确定）的投资回报率非常高。对于不太成功的项目，如果数字保险使用率比较低的话，其投资回报率也会低一些（甚至有可能是负的）。因此，在进行数字保险投资时，能够考虑到其带来的挑战及补救方法是非常重要的。

投资回报率不仅仅取决于产品，实际上，它也取决于数字保险的设计、项目启动、绩效、功能，同时市场营销也同样重要。

数字保险应该主要通过降低运营成本改善其经济性，从小范围来讲，也可以通过把分析技术应用到风险选择、定价、赔付率的欺诈识别等。数字保险创造价值的另外一个机会就是不断降低经销成本。

以上这些方式都是有意义的，也都是保险公司价值创造的机会。为改善保险公司盈利状况，还可以采取以下措施：[42]

- 因为保险公司之间的转化率差别非常大，提高跨渠道间的转换效率尤其是数字化报价转换的速度和效率能够显著的降低获客成本；
- 优化客户处理渠道，如通过改善客户体验，降低服务成本，利用社交媒体和远程视频交流和支持的新型服务渠道；
- 提高客户留存率，考虑到换商经济在持续增长，这是价值创造方面最大的一个好处之一。

美国的客户在官方网站上线期间和国家健康保险交易所中有不愉快的经历。这个网站很难打开，即使打开了信息也很难理解。对那些适应了网上购物简单操作的消费者，在线选择健康保险计划将会是一次充满挫折的体验。[43]

这种情况凸显了保险公司掌握数字技术的重要性，它不仅仅是针对健康保险公司，对财险公司，寿险公司也都非常重要。保险的营销已经具备了很大的规模，在美国，保险公司每年花在营销上的钱超过了 60 亿美元。政府雇员保险公司花在营销上的钱比麦当劳和可口可乐花在营销上的钱都多。[44] 即便如此，尽管零售商和有线电视公司已经在多年前转向了网络，如今很多受落后技术和组织结构困扰的保险公司已经在奋起直追。

## SWOT 分析

SWOT 是评估一个公司，产品或服务的现状和前景所使用的最好的分析方法之一，它是一种用于评估的结构化的规划思路。[45]

- 优势（strength）：与竞争对手相比有优势的某个业务或创新的特征。
- 劣势（weakness）：使分析对象处于相对劣势地位的特征。
- 机会（opportunities）：业务或创新能够用来增强优势的元素。
- 威胁（threats）：环境中可能会对业务或创新造成麻烦的元素。

识别 SWOT 至关重要，因为 SWOT 分析能为保险公司实现目标的计划提供支持。SWOT 使用者为进行有效的分析和识别出自身竞争优势，需要针对每一个栏目（优势、劣势、机会、威胁）提出能产生有效信息的问题并作出回答。

在数字保险的例子中，这样的分析有助于理解数字保险方案目标实现的可行性，也有助于识别保险公司的竞争优势。在 SWOT 分析框架下，数字保险具有以下特征（见表 2.1）。

- 数字保险的优势很明显。客户在任何地方，以任何方式都可以联系到保险公司，而且还能够根据自己的喜好决定透露隐私的级别。
- 劣势也非常清楚，互联网连接或许不可用，或者连接质量很差。虽然这一情况在不断改善，但在某些地区，互联网连接仍然是一个问题。
- 数字保险面临的机会是巨大的。年轻人是数字保险市场重要的一部分，因为年轻人不仅仅是数字化时代原住民，他们也代表了未来。如果保险公司能把他们变成忠诚客户，这种关系预计能持续很长时间。大部分数字保险客户都是重要的客户：富裕，年轻，对高利润保险产品和服务感兴趣。这些服务为保险公司节约了成本。因为数字保险用户的数量已经增加，代理机构接待的客户数量已经减少了很多。金戈（Javelin）策略研究发布了一份报告，题目为“通过移动银行启动一个全方位的措施：为获取移动银行保险 15 亿美元利润努力”，[46] 这一报告对数字保险也有参考意义。越来越多的证据表明，金融服务中更多的客户使用互联网技术改变了原来的基于代理人的分销模式。[47]
- 数字保险面临的威胁很大。设备和数据可能遗失或被盗，如果一个移动设备遗失的话，就不能立即联系公司支持部门以防止进一步的交易。延迟可能是一个问题，特别是如果保险公司的应用程序设计得还不完善，运行还不顺利的情况下。数字保险和保险公司的其他运营手段（其他渠道，应用程序等）一体化可能也是一个挑战，而且通常很难执行。

**表 2.1　数字保险的 SWOT 分析**

| 序号 | 优势 | 劣势 | 机会 | 威胁 |
| --- | --- | --- | --- | --- |
| 1 | 现有品牌 | 消费者互动的频率有限 | 新的灵活产品的发展，满足有待实现的客户需求 | 相近行业对手进入保险市场的风险 |
| 2 | 定价和风险管理的专长 | 遗留的不适应的信息和通信技术系统，操作的复杂性 | 更多的交叉销售潜能 | 颠覆性模式的出现，比如众筹保险 |
| 3 | 对理赔模式和流程详细的理解 | 在数字化消费者体验方面落后于其他行业，尤其是索赔处理方面 | 有能力管理新出现的风险类型的可能性，如网络风险 | 保险业还不适应像生态系统一样运作或和很多参与方共处 |
| 4 | 大量客户基础 | 渠道之间冲突 | 运营效率的巨大改变 | 远程信息技术条件下风险池变小 |
| 5 | 拥有线下分销渠道 | 网络覆盖范围和接入情况 | 改善提供客户的服务 | 采用某项技术上落后 |
| 6 | 高度的客户信任 | 手机屏幕尺寸 | 可能开发有吸引力的市场：年轻人、未保险人群、保额不足人群 | 客户设备遗失或被盗 |
| 7 | 任何地点都可使用 | 多种操作系统、设备和网络 |  | 延迟 |
| 8 | 无须人做中介，而是可以通过网络进行购买或获得服务的互动 |  |  | 一体化的复杂性 |

资料来源：摩根士丹利报告：《保险技术，在数字世界是进化还是革命》，2014 年 9 月 8 日，作者据此整理。

综合来说，这就是数字保险的 SWOT 分析。要采取的措施也是显而易见的：增强优势，减少劣势，追寻机会，最小化威胁。

数字保险的回报可能非常高。很有可能物超所值，下面是提出的一些建议：

- 拥有清晰的未来发展方向和目标客户的愿景；
- 对目标市场进行全面细致的 SWOT 分析；
- 制订详细的可实现的目标；
- 谨慎前进，一步一个脚印前行；可以吃完一个“大象”，但要一口一口吃。

## 挑战

除了 SWOT 分析，在启动数字保险时还有很多需要克服的挑战。本章列举出一部分。这些挑战不应当阻止数字保险进一步普及的阻碍。当然，需要采取适当措施减少这些挑战出现的可能性及造成的影响，同时也要完善预警流程。

### 一体化

和数字保险相关的一个挑战就是与保险公司现有保险系统和渠道的一体化。一体化势在必行。有意思的是，这虽然是一个技术问题，但看起来却像一个组织问题。就组织问题而言，解决方案之一（如同安联保险案例中的詹尼劳埃德公司）是类似于传统金融机构那样进行业务的完全分离，但在信息技术时代是不可能做到的。保险公司需要将数字保险功能和其他几百个功能（核心保险，财务系统，风险管理，报告和合规性，内容管理，客户关系系统等）融合在一起。在公共云上启动数字保险或许能化解某些挑战，而且在市场中能得到更快的推广。但不是所有保险公司都愿意采取这条路线。原因之一，就是近年来保险业内部并购导致了公司平均规模的扩大，这使得很多保险公司进行业务内包而非外包。

### 手机可操作性

数字保险面临的一个挑战是市场上有非常多的操作系统，手机品牌和运营商，而且没有一个是保险公司控制的。可能出现的情况是，保险公司会允许在任何时间和地点，通过任何设备都能使用数字保险。比如，保险公司具备适应不同操作系统的能力，如苹果系统，安卓系统，微软系统，掌上电脑系统，黑莓系统等等。

类似的是，市场上有大量不同类型的手机。保险公司面临的另外一个巨大的挑战是为各种类型的手机提供数字保险解决方案。有些手机支持 java ME，有些支持 SIM 应用工具包，WAP 浏览器，或仅有发送短信功能。

如果保险公司希望同一个解决方案适用于多个国家或所有运营商，那么网络方面也会面临相似的挑战。

数字保险应用程序之间还要面对互用性的挑战，因为数字保险先天就缺少通用的技术。在实践中，在某一国家内解决处于服务生命周期阶段的互用性问题显得过早。有些保险接口是确定的，例如，保险公司之间的资金流动遵守 ISO－8583 标准。随着数字保险的成熟，服务提供商之间的资金流动应当和金融服务领域一样，自然而然地采用同一个标准。相似的，还有其他接口标准，如 ISO/IEC JTC 1/SC 35 等标准。[48]

### 流动性、风险和变化

为实现组织中的流动性，必须平衡改进和与其使用相关的风险。

在过去的几年中，数字保险经历了革命性的转变，不远的将来还会发生更多的变化。重大的创新发生在无线技术发展和云结合的领域，管理大量数据的能力也允许保险公司得以广泛部署工作。云计算使得通过不同渠道将公司的应用程序和数据结合变得非常简单。[49]因此，分析决策者为延续和扩大这一增长及创新所面临的挑战和采取补救方法是非常重要的。

客户现在使用数字移动设备的原因有以下几个：成本更低，更适宜使用，而且，这些原因大多产生于客户和公司的需求。

对企业员工来说，尤其是中小型企业的员工，他们更喜欢用自己的手机，平板电脑和笔记本电脑，而不是公司为他们提供的设备。这就是所谓的“自带设备”。

根据诺华利佳（Novarica）公司对 86 个保险公司首席技术官的调查，他们非常普遍支持员工使用自己的平板电脑和手机办公，而且这一趋势在大型保险公司和中型保险公司都在扩大，但对员工使用自己的笔记本电脑办公的支持率相对较低。[50]支持“自带设备”迅速成为保险公司开展业务的标准成本。虽然这样做会带来安全管理方面的挑战，保险公司需要制定自带设备会发挥更大的作用近期规划，同时还要考虑到使用自己设备的客户也可能面临类似的安全问题。

自带设备的制度无疑增加了公司内部威胁的风险。主要挑战就是必须具备控制风险的能力，以在遵守公司制度的前提下，还要保证移动设备获取公司数据和应用程序。

保持个人权利和受管制的企业数据及应用的平衡非常重要。即使一个公司使用工具对设备进行管理，它仍然要克服一些限制和问题。相关的问题之一就是和复杂的用户群打交道。用户可能会担心公司有能力监视他们的每一步操作。某些国家的规定让这样的监控和管理系统更为困难。

当今的情况是这样：

- 移动设备面临的恶意威胁不断增加；
- 用户普遍粗心大意；
- 客户要求以更便宜的方式享受服务，内容和数据。

以上所有方面都对信息和通信技术、安全性和合规等在数字保险领域的适应和持续创新构成了挑战。数字保险的发展速度要快于其他大部分部门的反应速度。

对制度进行界定并保障实施至关重要。风险部门，法务部门，合规部门应当进行制度的界定，制度包含以下部分：

- 可接受的用途；
- 有权使用私人数据、敏感数据以及社交网络；
- 蜂窝网络；
- 移动设备；
- 数据治理；
- 员工协议。

### 风险管理

对数字保险可能的担忧是真实的，即使不存在于现实世界中，也一定存在于一些客户和经理们的心中。以理性的方式对解决这些问题的措施进行界定非常有用，风险管理在此可以发挥作用。应对措施应该以“3P”[51]为基础：预测性，前瞻性，规范性。

企业风险管理是一个旨在识别影响公司绩效的潜在事件的过程，目标是帮助在可接受的风险范围内管理威胁因素，并为公司目标的实现提供合理的保障。风险管理应该是一个持续的、普遍的、重复的过程，能对公司整体产生影响，它应当贯穿公司的每项资产、每一个业务线和所有的组织单位。

风险管理项目有如下6个阶段：[52]

1. 客户价值识别：确定目标；

2. 风险识别：识别公司内部风险；

3. 风险评估：确定发生的概率、影响以及对意识到的风险及早预警的能力；

4. 风险设定：使风险衡量和关键风险指标识别所需的内外部资源就位；

5. 风险监控：形成结构化的报告模型，以使得保险公司能够监控风险的变化，并及时发现风险的可能性，影响及预警；

6. 风险响应：风险出现时采取行动，采取补救措施，降低风险，再保险甚至接受损失。

# 2.12 技巧和经验

市场上缺少数字保险及其安全性的设计、开发、测试、部署和维护的技能，这是数字保险另一个挑战。在此极力推荐向优秀的顾问和公司咨询。

## 补救

本章前面提到的挑战有很多补救方式，关于治理的内容，下一章将会探讨安全挑战的补救措施。

一旦数字保险功能启动，出色的支持系统将提供最重要的补救措施。可以通过下面部分详细阐释的方式进行补救。

# 2.13　客户支持

## 迁移支持

一旦数字保险对保险公司的客户群开放，就会被一直使用下去，至少中长期来看会是这种情况。服务台咨询和请求帮助的情况一定会极大减少，仅仅保留其存在功能。

但是，客户可能还需要帮助。因此，有必要提供一个有功能和技术支持的中心，同时也可以有聊天，交谈和交换信息的功能。语音交谈是最好的方式，因为其他方式可能会引起误会或需要多次敲击键盘。此外，保险公司也希望使用成本更低的交流方式。

另外的可能是提供“技术管家”，这是一种行之有效的方法。这种方法已经在航空业得到了验证，航空公司已经开始在机场实行自助登机服务机，以代替人工登机或在线登机。如果某个乘客不熟悉自助登机服务机，他可能更愿意去排队而不是试图在机器上办理登机。但是，如果开始时航空公司安排工作人员邀请乘客使用自助登机服务机，并在前两三次协助乘客办理自助登机，那么下次乘客就可能直接走向自助登记服务机了。同样地，保险公司也只需要提供结构化的服务以陪伴客户转向数字保险，这些服务可以是在线的或通过电话，也可以是人工的或虚拟头像替代的（在网页应用上担任服务台功能的虚拟人）。

这种向数字保险的迁移提供了一个有意思的方案，在这种方案里，保险代理机构不再是办理所有保险交易的场所。代理机构因此应当承担更高端更专业化的职责。甚至在客户的心中也是如此，代理机构成为了一个节点和中心。这要求人力资源进行彻底的重组：一线员工应当花更多的时间在管理高附加值的更为复杂的任务上，这样代理机构才可以继续成为节点。大部分代理机构不是保险公司的一部分，这一事实可能会和它们的任务产生冲突。但是，代理机构为了生存却必须这样做。

## 呼叫中心

虽然所有系统的目标都是高质量运行，但有时质量问题还是难以避免。在这方面，IBM 的一项研究揭示了客户关系的重要性。[53] 其所做的调查显示，66% 的经理把客户关系排在了实现可持续经济价值所需重要关键源泉的第三位。

公司和客户互动的方式之一就是通过呼叫中心，受一些因素的影响，呼叫中心正在发生改变。呼叫中心变化的方式很重要，由于呼叫中心作用变化而导致的名称变化也很有意思。

呼叫中心通常被当作一个与客户互动的运营中心，互动方式多种多样，从技术和管理支持、开具发票、供应到技术支持等等。

在过去的几年中，呼叫中心的设计和组织发生了剧烈的变化。导致这种变化的原因很多，如呼叫中心的技术维护和员工开支成本高企。

呼叫中心有如下三个发展趋势。

- 呼叫中心运营的规模和业务范围扩大，因为客户对呼叫中心的高质量服务已经有了更高的期望。现在市场上重要的竞争优势是服务质量、便捷性、速度、精确性和价值。

- 多渠道的通信中心投入使用，中心多个新的渠道为客户提供多种多样的服务。例如，为最大限度地和客户接触，可以使用电话，网络，电子邮件，网络聊天和社交网络等多种渠道。
- 呼叫中心的运营也被外包到遥远的地方。先进的通信技术使得公司有能力把客户支持中心外包到国外（如印度，菲律宾或北非国家），金融业中的美国银行，法国巴黎银行，美国运通和电信运营商中的英国电信，沃达丰，意大利电信已经为呼叫中心购买了外包服务。

所以，研究呼叫中心在内容和名称上是如何做出改变的，也很有意思。

- 公司最初使用的名称是呼叫中心。其本意是为客户提供一个渠道，他们可以给公司“打电话”，描述他们的问题并得到解决问题的建议。对公司来说，这实际上是一个被动看待客户关系的方式。
- 后来，呼叫中心开始改称为联络中心。这个新名称揭示了呼叫中心一个重要的作用：他们是公司和客户之间重要的联络点。这个名称强化了一个观念：公司将呼叫中心视为公司的前台。
- 下一步是将名称改为客户服务呼叫中心，新名称引入了服务的概念。但仍然是从公司的角度看待客户关系，而且表明了对待客户的消极态度。
- 目前的趋势，是呼叫中心在同样资源配置下承担越来越多的非传统任务。虽然呼叫中心的传统角色（如信息收集和客户支持）仍很重要，战略角色（如构建客户关系和销售公司产品服务）占据主要地位已经成为了现在的趋势。呼叫中心开始被称为客户关怀中心，这意味着关怀客户非常重要。
- 在有些情况下，呼叫中心被称为客户支持中心。这个想法意味着客户需要活动支持，暗示了必须要改善呼叫中心对客户的服务态度。
- 比客户关怀中心更好的一个名称是客户关系中心。这个名称强调了一

> 个事实：呼叫中心是一个客户关系管理中最重要的点之一。它必定能为客户和公司增加价值。客户关系中心这一名词非常重要，它强调了一个事实：对客户来说，与呼叫中心的互动是很重要的体验。暗含的意思是，公司提供了一种体验，而不仅是提供产品或服务的信息。

随着时间的流逝，呼叫中心越来越成为公司中活跃的一部分。从被动呼叫中心向主动服务销售的转变极其重要。呼叫中心真正成为了和客户的关键接触点。换句话说，和客户交流的时机能够也应当是销售额外服务和产品的重要时机。

## 在线聊天

现在使用数字保险的客户和保险公司客服聊天基本上都是发送短信息，但大保险公司还没有广泛使用在线聊天和客户交流。不过，因为客户对数字保险的依赖程度不断上升，而且越来越多地使用短信息，在线聊天能同时满足这两个趋势，并为保险公司及其客户提供双赢的解决方案。[54]

在线聊天对各方都有好处，它没有电子邮件那么正式，也比电话更节省时间。对保险公司来说，在线实时聊天能让客服代表一次性处理多个客户的咨询。如果登录后有聊天框的话，保险公司就可以提供更个性化的客户体验。员工有可能通过聊天框看到客户信息，账户历史以及客户服务记录。相应地，处理客户咨询的过程会用时更少、效率更高。实时聊天有助于减少或消除在代理机构排队的时间。

和别的交流形式一样，客户在线聊天也是一个进行服务销售的渠道。通过在线聊天和客户互动的客服可以提供协助，他们也利用和客户接触的机会提供保险服务。

此外，保险公司可以把实时聊天连接到其安全的客户信息平台（如果有的话），以改善在线聊天渠道。即使在聊天结束后，安全信息平台能够为在线聊天窗口提供协助，即在线聊天结束的情况下也能完成和客户的交流。对服务评估的检查在改善客户服务体验方面能发挥重要的作用。在线聊天能够实现屏幕共享，客服代表可以据此给客户展示如何使用手机上的应用程序和网站。在线聊天发展的下一阶段就是在线视频聊天。

新的纯互联网保险公司从提供网络或手机聊天服务中受益最多。像詹妮劳埃德公司（Genialloyd）、忠利集团（Genertel）、直通（直销）保险公司（Direct Line）等在采用移动在线聊天中扮演了催化剂的角色。

在数字保险领域，虚拟化身或虚拟代理人也能够承担一些基础的聊天活动。

## 欺诈

数字保险面临最大的挑战就是欺诈。虽然外部用户可能也会有欺诈行为，但内部员工的欺诈行为尤其危险。在保险领域，有人总是试图并实施欺诈。数字保险的危险在于，借助底层技术，欺诈行为规模更大，实施也更快速。

数字保险欺诈除了导致公司资产损失和名誉受损外，还会影响会计记录的准确性。欺诈会导致财务报表中资产和支出的虚假陈述。重大欺诈还会威胁一个公司的持续运营能力。很多控制策略和流程都应当杜绝欺诈行为的发生。

## 欺诈的组成部分

最常见的欺诈行为包括三种行为：[55]

- 盗窃资产。现金由于流动性好，因此是盗窃的首要目标。由于大部分公司已经采取控制措施，盗窃现金变得非常困难而且难以隐藏，因此，大部分盗窃欺诈的目标是现金以外的其他资产，如支票、存货、设备，甚至信息。

- 资产兑换。当一个罪犯偷了现金以外的资产后，这项资产对他来说通常没有什么价值。因此，罪犯会试图将这项资产兑换成现金。
- 隐瞒盗窃行为。如果盗窃者和公司维持着一定关系的话，例如，公司的员工或中间商，他就会试图掩盖盗窃行为。这会阻碍或拖延发现盗窃行为，难以辨别出窃贼。隐瞒行为会导致盗窃行为的进一步发生，并可能导致持续的欺诈。表 2.2 列出了更全面的欺诈行为。

**表 2.2　最常见的欺诈行为**

| 欺诈类型 | 例子 |
| --- | --- |
| 盗窃现金 | 虚假索赔或过度索赔<br>盗窃支票，现金收据，零用现金<br>改变保险投资<br>伪造<br>用公司账户支付个人支出 |
| 开发票欺诈 | 提供虚假支票或夸大的发票，截留赔偿金<br>截留挪用应收款 |
| 采购欺诈 | 为从供应商拿回扣而支付过高的价格<br>从不存在的供应商采购<br>内定竞争性投标 |
| 资金挪用补空 | 账户之间进行资金转移，以掩盖现金短缺 |
| 滥用公司资源 | 用公务卡或采购订单支付个人支出<br>私用公司设备<br>未授权出售公司资产或交易 |
| 工薪犯罪 | 虚开工资单<br>高估工时<br>为虚假员工或顾问支付工资 |

资料来源：史蒂夫·阿伯莱切，杰拉德·温兹，提摩西·威廉姆斯，伯尔里奇，伊利诺伊州．欺诈：揭示商业阴暗的一面［M］．欧文专业出版社，1995，13。

## 欺诈三角

为打击欺诈行为，对其进行详细的分析非常重要。下面几页将对一个广泛使用的模型进行描述。[56]这个模型可以从三个方面进行描述：压力、机会、合理化，这三个方面可以以一个三角形的形式表现（见图2.2）。

- 压力。通常情况下，一个人欺诈的原因是承担了某种形式的压力，最常见的压力来自经济方面，即诈骗犯想得到更多钱满足个人用途。
- 机会。一个实施欺诈行为的人一定处于能提供欺诈机会的岗位上。有时，这个人有监管某个资产的权利，或者有批准某个资产交易的权利。在索赔的情况下，他可能会在第三方的支持下夸大损失。
- 合理化。另一个因素是合理化。自认为诚实的人也可能犯罪，因为他们会把自己的行为合理化。他们在实施欺诈行为时，会说服自己他们的行为是正当的。

图2.2　欺诈三角形

资料来源：克劳斯等（1999）。

一个好的控制系统应当能限制欺诈出现的机会。因此，职责的合理分离是非常重要。这意味着会对索赔进行核查，通常可以请估价师确定赔付给被保险人的金额，以及监管权分离，记录保存，交易和支付的授权等。因此，如果一个人有欺诈行为，公司也有可能察觉。但是，即使一个好的系统也可能由于共谋而被限制，管理层也可能置其不顾，或者控制出现混乱。

不论欺诈行为何时发生，欺诈三角形的三个方面都会出现。欺诈者一定会：

- 感到促使犯罪的某种压力；
- 有机会；
- 能够合理化其行为。

正如识别欺诈三角形的组成部分有助于阻止欺诈发生一样，掌握任何欺诈行为的知识也为发现并阻止欺诈行为提供了一种方法。

## 欺诈发现

前面所有的措施都为发现欺诈提供了可能。会计在履行日常职责时或许能看出欺诈，审计师在审计时也可能怀疑是否有欺诈。可以进行检测的行为包括：[57]

- 对账，定期将资产记录和手头资产核对。如果记录显示有资产遗失，审计师或会计应当向人力部门或索赔（资产）部门的高管发出警报，如果怀疑欺诈者是公司外部人员时，应当报警。
- 资产兑换，这种行为发生在窃贼将被盗资产兑换为现金的时候。很多形式的资产兑换在公司内部不容易被监测到。
- 隐瞒盗窃行为。为隐瞒盗窃行为，窃贼一定会做一些虚假动作，例如，使记录的资产和手头实际资产相等，或在骗保情况下，取得第三方或估价师的支持。因为资产被盗，欺诈者必定要篡改账户，以推迟欺诈行为暴露的时间。

很多公司也都设有安全官，职责之一就是维护公司的安全，确保公司的价值观正直。

### 安全性

安全性是主要的挑战之一，因为保险公司在数字保险领域不能控制所有的因素，如网络，设备尤其难以控制。因为很多客户都关心安全问题，所以管理安全性就非常重要。应当尽可能地解决好安全问题，有问题发生时，也必须尽可能补救。

渗透测试是测试网络和移动应用安全性稳定程度的一种非常好的方式。后面治理的那一章将详细探讨安全问题。

# 2. 14　本章小结

本章强调了战略、市场营销、经济学和挑战在数字保险中发挥了非常重要的作用。保险公司在研究任何一个方面时都要考虑到多个相关方面。

保险公司需要理解整体客户关系所受的经济冲击。数字保险尚未完全成熟，但保险公司应当将其视为成熟的业务和市场方案，并全力支持。确定脚踏实地的数字保险的愿景、战略和规划是非常重要的。

市场营销对数字保险很重要，因为它使保险公司能够追加销售，交叉销售保险和其他金融或非金融服务。数字保险提供了开发崭新市场的潜力，如未参保人群，保险渗透不足人群和移民等。还有下一代潜在的保险客户，否则他们可能不会成为任何一家保险公司的客户。

保险公司对客户的生活方式进行充分了解至关重要，如品牌、偏好、内容、社会关系和信息。

数字保险的评估也有关系。数字保险的领头羊通常最能意识到他们的策略对客户行为的影响。成果评估对一个重要创新的发展是必不可少的，这就避免了这样的风险：数字保险只会产生成本，或带来压力——必须要从数字保险定价和活动中得到收益。

保险公司可以在市场营销、技术、功能强化或流程优化方面取得成功。数字保险领域更成功的机构是那些各方面都很强的公司。数字保险公司中的领导者应当持续关注并利用数字解决方案的变化。

在保险公司数字化创新过程中，高层管理者的支持和员工的参与都极为重要。

此外，数字保险也有很多机会和挑战。它可以为所有利益相关方提供很多绝佳的增值机会，如获取更多客户，出售更多服务和降低成本。数字渠道能有效地为客户和保险公司互动和交易的方式提供便利。

数字保险突出的一个特点是它是虚拟的。因此，可以同时在多个市场使用和启动数字保险。在一个统一的欧洲或其他类似区域里，这点非常重要，而且在几个月内就能实现，这也产生了更大的规模经济。保险公司需要面临的挑战就是设计一个解决方案，以适应不同国家、语言、文化、经济、客户类型、多元化的风险以及合规性等等。全球化有助于应对这一挑战，但保险公司还需要保持控制力。数字解决方案有助于产品、流程、组织和商业模式的个性化。

最后，数字保险是如何在保险领域进行精益化和数字化最好的例子之一。鉴于经济危机还在延续，数字保险为保险公司变得更加灵活、有效、敏捷、节约和符合伦理提供了一个大好的机会。这是数字保险的治理那一章（第5章）的主题。

第1章 保险行业的创新
第2章 数字保险的管理
第3章 数字保险的基础解决方案
第4章 数字保险的高级解决方案
第5章 数字保险的治理
第6章 数字保险的监管框架
第7章 全球的数字保险
第8章 数字保险发展的未来
第9章 结论
注释
参考文献
词汇表
第3章


# 数字保险的基础解决方案

## 3.1 引　言

保险业正在不断发展。客户对其的认知逐步加深，需求也在逐渐增多。整个信息和通信技术部门需要更加以客户为导向，与内外部客户建立更深入的联系，加快产品投放市场的速度，并为合作做好准备。

新的监管规则不断出现，资本市场持续变化、收购兼并正在日益增长。[1]结果是，为了服务好用户，保险公司面临着拥有新解决方案的传统和新兴竞争对手带来的更激烈的竞争局面。这些因素降低保费收入，减少服务客户的资源。

为了使保费收入最大化，一些成功的保险公司优化了它们的分销网络，并尽可能直接与客户联系，同时保留旧的分销网络。这种方法有助于启用和激励多样化的渠道，并缩短产品上市时间。

为了降低运营成本，成功的保险公司追求程序整合、流程精简。这有助于减少浪费，同时实现在正确的时间给正确的人正确的信息。

为了更好地运营，保险公司必须更好地与客户建立联系，从而提供更优质的服务。这种方法可确保一个公司不会让这些来之不易的客户流失给更具吸引力的竞争对手。保险公司需要意识到，如今客户能够更轻松地更换他们的保险公司。为了取得成功，保险公司必须在用户体验中提供“客户惊喜”而不仅仅是做好金融服务。

关注“客户惊喜”能使保险公司获得：

- 在多渠道环境下增加客户关注度，通过使用正确的渠道和正确的定价将正确的产品投放给正确的客户。
- 使各业务线的核心保险流程实现流水线化，从而降低运营成本。
- 在支持共同风险和金融决策时，能全面管理风险和合规从而实现实时洞悉。这种在统一背景下的统筹整合，在控制成本和管理变化和风险上，提供了竞争优势。它改善了数据质量，使量的整合和质的整合贯穿整个系统、会计原则和风险管理方式。适当水平的整合，保险公司能有效纳入额外的评估准则，风险管理模型，或其他所需的分析应用。

了解什么可能让客户满意，不仅满足他们的基本需求，同时通过正确的渠道交付正确的产品，快速响应，能够赢得客户忠诚度并提高运营效率。为了实现这些目标，必须使用完善的信息和通信解决方案来取悦客户。

本章具体分析一些保险中信息通信系统的基础解决方案，用以应对一些基本的挑战，也是介绍数字保险时需要提到的内容。[2]之后的章节会给出更加先进和有效的解决方案。

# 3.2　企业架构

企业架构被清晰界定为一种能指导企业分析、设计、规划和执行的实践，通过实时的整体管理方式，成功实现发展和企业战略执行。

成功的企业架构需要有敏锐的商业远见和明智的解决方案，才能使保险公司在应对即期和棘手挑战的情况下实现它们的中长期战略目标。所以，企业架构非常重要。

仅仅靠技术无法使一个组织形成企业架构，也无法形成完备的数据库。技术是一个催化剂，但是企业架构需要强大的利益相关者的所有权意识，对并购的运用，了解商业领域知识和流程。保险解决方案应该使用模块化架构建设，那样在维护阶段可简化变数，拓展系统功能。

启用数字保险最好的方式就是为每个公司制定自己的企业架构。如此一来，通过对企业实际功能的分析，尽可能考虑到相关的模型显得尤为重要。[3] 图 3.1 提供了一个关于保险公司的架构模型。这样的解决方案组合为数字保险解决方案形成一个全方位的环境。一个更详细的模型在文献中可找到。[4-6]

可以深入研究架构模型。可用图 3.2 的保单管理程序举例说明。

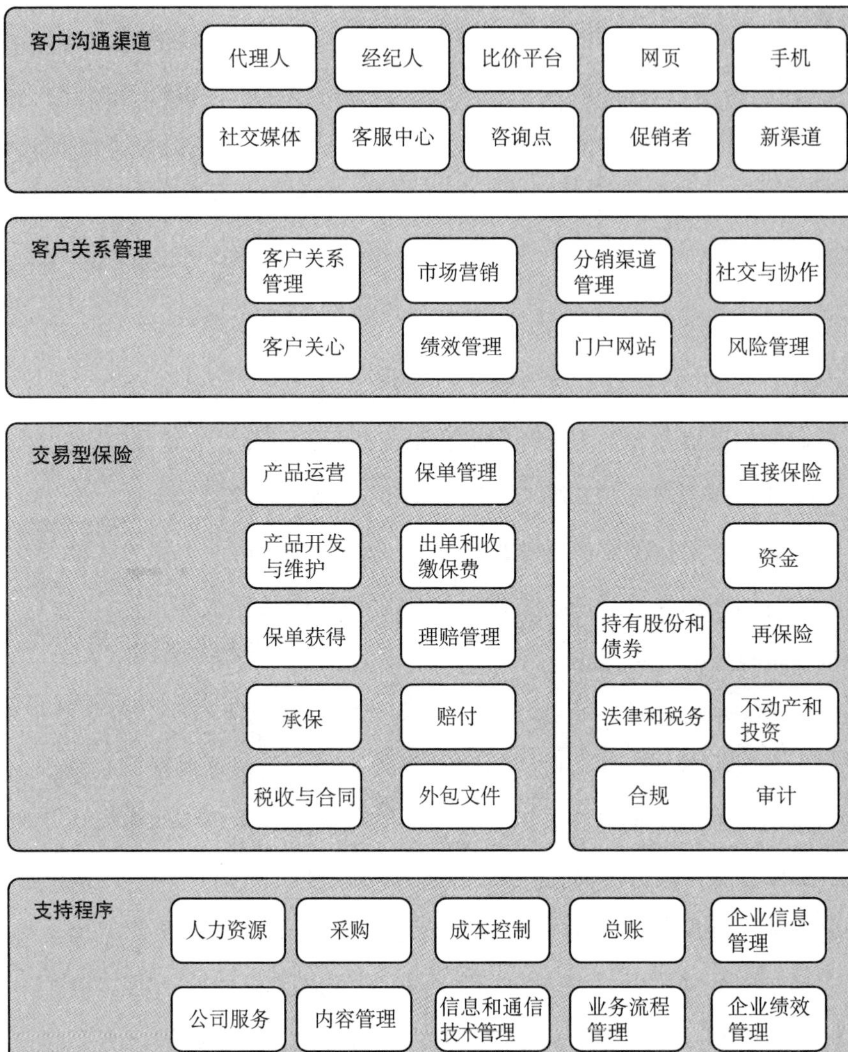

客户沟通渠道

代理人 经纪人 比价平台 网页 手机

社交媒体 客服中心 咨询点 促销者 新渠道

客户关系管理

客户关系管理 市场营销 分销渠道管理 社交与协作

客户关心 绩效管理 门户网站 风险管理

交易型保险

产品运营 保单管理

产品开发与维护 出单和收缴保费

保单获得 理赔管理

承保 赔付

税收与合同 外包文件

直接保险

资金

持有股份和债券 再保险

法律和税务 不动产和投资

合规 审计

支持程序

人力资源 采购 成本控制 总账 企业信息管理

公司服务 内容管理 信息和通信技术管理 业务流程管理 企业绩效管理

图 3.1 保险公司架构模型

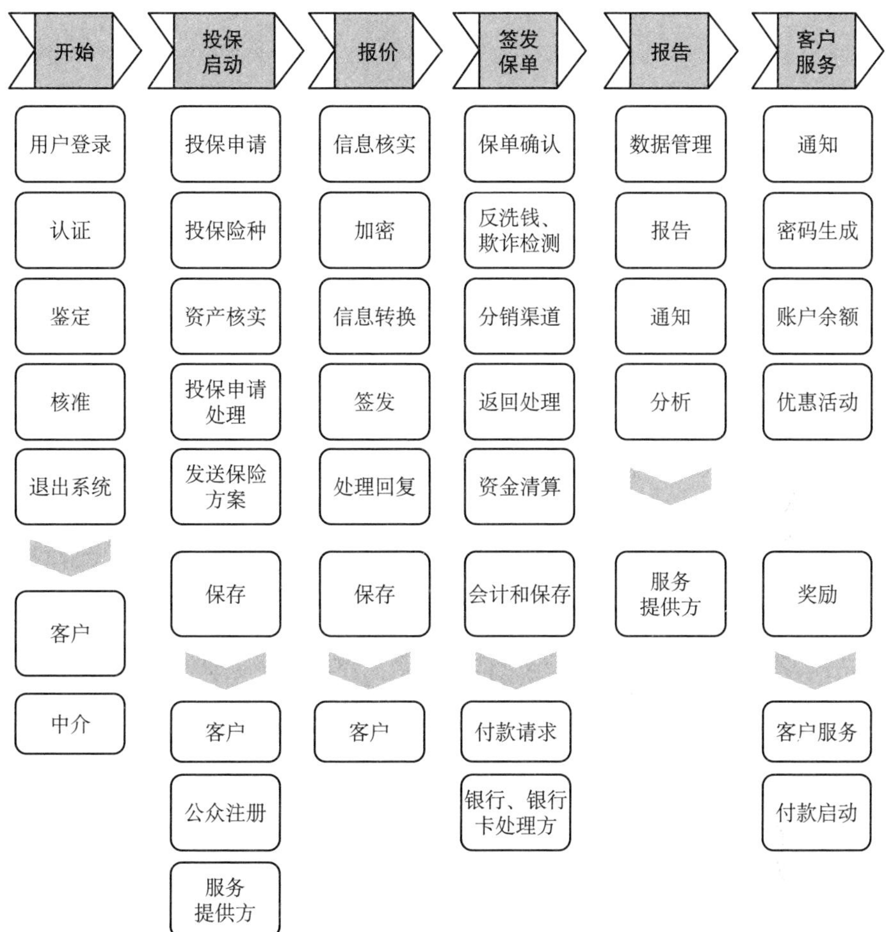


图 3.2　保单管理程序模型举例

# 3.3 保险公司的流程

在数字解决方案中，用以分析大量交易、系统、处理、程序、界面和数据库的方式之一就是将它们归类整理至一个简单明了的逻辑流程中。每一个独立的业务流程都被恰如其分地包含在这个简单明了的逻辑流程中。

不管公司的系统配置或者组织结构如何，在数字保险解决方案中每个独立的流程包含相关的逻辑步骤，这些步骤都必须在一个保险业务中完成。

保险公司的主要流程是：

- 保单和保险合同管理模块（包括能支持销售代理和中介高效、经济地完成工作的功能）；
- 理赔和损失奖励法规和报告；
- 准备金估计、再估计和报表；
- 再保险和共同保险；
- 资金；
- 投资；
- 人力资源和工资；
- 采购。

同时还有两个支持流程：

- 会计和财务报表流程，后台流程不像其他流程，它们通常不是直接地支持客户交易，而是给不同层次的管理者、投资者和监管部门提供信息；
- 创新流程决定着保险公司的改革，特别是在产品和服务上。

每个流程有七个特征：

- 活动、子流程和功能；
- 工作流程或活动顺序；
- 记录事件的交易记录；
- 形成交易执行的文档；
- 用以保存或进一步处理的数据库或档案库；
- 与内部流程或外部实体交换数据的界面；
- 执行活动的资源。

一项活动是一个主要的流程任务，或者是一个保险信息和沟通系统的要素，它能处理（逻辑上）相关的交易。尽管每个保险公司都有其独特的活动，每家公司必须在界定好每个流程的情况下执行活动。每个活动涉及了交易的流程，包括监督、控制和复查等部分，它们都能用上述所列的“八加二”的流程来概括。

这个流程概念更加关注的是通过系统的数据流，而不是交易对特定账目的影响。它强调了多个流程间的相互关系，披露单个事件对保险信息与沟通系统的多种要素的影响。[7]

再者，对交易流程而言，一些流程通常实际控制着保险公司的资产。例如，资金流程负责现金和现金等价物，而投资流程负责证券和非证券投资。

对保险流程这种描述不是为了将正常的组织结构典型化。保险公司经常建立独立的组织单元或是将一个具体流程或附属流程活动外包。尽管如此，执行活动取决于它们所属的流程，而不取决于执行它们的部门是哪个。

接下来的章节会根据在一个公司里经典的总体流程框架来分析这些流程：

- 从需求到订单，包括从客户询价到下单；
- 从订单到付款，包括从订单签署到订单完成和付款；
- 从记录到生成报表，包括行政和管理控制活动；
- 从采购到支付，涵盖整个采购周期。

由于第二个总体流程与资源需求相关，因此需要特别注意。

## 从需求到订单

为满足高度变化和琢磨不定的客户需求，保险公司需了解和预测客户需求。同时，也需要创造和推出个性化、易消费，同时适用直接和间接渠道的产品。

保险公司应该向其他行业水平看齐，使其服务标准化和规范化。客户期望从他们的保险公司那获得如同银行、零售商或者是消费品公司所提供的用户体验（甚至更好的服务）。

（潜在）客户需了解他们的保单和他们承担的风险。他们想要简单、高质量的产品和服务——以及一个他们可以信任的，负责而可靠的保险公司。

客户同时也想要通过他们选择的渠道，用快速和简单的互动，和他们的保险公司保持联系——随时随地，在任何设备上。

客户期望通过卓越的、个性化的体验，以及实时反馈，能帮助他们解决问题。他们同样也期望保险公司能有一个 360 度全方位视角，以及精准推荐满足客户个人需求的个性化产品和服务的能力。

客户参与信息、客户关系管理和销售能力提升，包括激励和佣金管理，是保险公司需提升的主要方面。他们必须围绕整个交易来管理保单，从而获得一个基于客户的 360 度全方位视角。因此需要一个系统能提供一个“点对点”的解决方案来服务以下五个流程。

- 市场营销，用以帮助公司针对目标客户获得一个实时的、360 度全方位的了解。而此系统使市场营销得以实现对客户需求的有效反馈，有更好的可见性，对活动、优惠和产品流程可全面支持，包括产品特点、适用性和定价。

- 产品和保险方案管理流程，用来提供流水化的定价管理流程和对新旧产品的灵活维护。这个流程也应该提供工具包，用以设计和投放个性化保险方案给客户，同时支持在多条业务线中使用单一解决方案。
- 渠道管理，这涉及建立持续性的，以及能跨渠道的同样方式给客户提供所需的、灵活的、直观的互动。
- 销售，包含了客户获取信息方式的流程化操作以及在任何渠道都能取悦客户的服务流程。
- 销售人员优化，或者是支持销售队伍专业化，使他们的员工或中介获取、拓展和保留可盈利的客户，加快购买决策的时间，并且识别出能提升销售效果和效率的机会。

对越来越多的个人和企业来说，保险越来越成为一种商品。对保险公司来说，努力创造和维持竞争优势将成为他们的一个难题。应对之策是保险公司必须能快速反应并采取行动，提供大量定制化的产品给目标客户和潜在客户。

从需求到订单的流程，其代表性功能包括提出保险方案、报价和评级。报价和评级交易是保单管理系统的基础，用来支持保单签发、变更和处理。在保单报价过程中需要提供一些细节信息，例如，对保障范围或额外被保险人的详细描述。随着比价网站在保险市场开始应用，潜在客户得以在短时间内把各个公司的保险方案进行快速比较，因此从需求到订单流程变得更加复杂了。这个流程从被限时保存的匿名保险方案开始，并可被潜在客户访问。如果保险方案被接受，方案就转换成一个正式报价，保险公司必须在规定时间内遵守这个报价。在此期间，客户可以选择接受或拒绝。如果报价被接受，客户必须提供相关的文件以及支付保费（部分要求依保险产品而定）。在最后合同签订阶段，报价就成为有效保单或合同。

从需求到订单流程中关键的原始文件是保单申请。应用于此流程的数据存在于报价的主数据库、潜在客户数据库、销售推广（主要是代理）数据库、产品清单和定价数据库，其中任何一个都可能被用于管理信息报告。报价单（和其他不同版本）需要保存于报价主数据库中一段时间，具体时间由公司制度或者监管界定。

保费流程涉及很多部门：销售部门、生产部门、承保部门、保单服务部门、财务清算部门，以及中介机构。

**默里团队保险服务有限公司（Murray Group Insurance Service，Inc.）**

默里团队保险服务有限公司位于纽约奥尔巴尼市，是一个家族性的独立保险代理商。

它是一家老牌代理商：有唯一的地理坐标，坐落于一个中等城镇的一个主要街区；拥有签署大量个人保单的悠久历史。[8]他们推广了好几年的在线代理。目前，从网络资源中获取的内包、主动联系的新业务利润占所有利润的15%，并且还在增长中。该公司追踪了所有线上推广的活动的投资回报率，发现回报可观。

## 从订单到付款

为了竞争，保险公司必须使操作流水线化，及时向目标客户投放相关产品和服务。他们需要确保在保单管理和理赔过程中有良好的用户体验，并且时刻保持对可能风险和错误的警觉与了解。

理赔流程不仅是一个保险公司最大的花费和支出，也是向客户展示信誉的决定性时刻。它会影响客户对公司的忠诚度和去留问题，或许他会告诉所有朋友：他为什么放弃这家公司而不选择引荐这家公司。

保险公司必须使转让给再保险和共同保险的风险和投资组合透明化，实时管理他们的投资组合。

随着客户期望的持续上升，许多保险公司现将客户服务、出账单和支付视为销售和推广的一个抓手，而不是简单的操作或资金处理。保险公司应在所有营销通道中把使用高效的计费和支付方式作为取悦客户的一个亮点，并推出一个“以客户为中心”的方案。

因此，有必要提供一种有竞争力的“点对点”的解决方案来简化保险操作流程，使产品能快速推向市场。

参考框架由以下几道流程构成：

- 保单管理流程，以简化与客户的关系；
- 经纪人和佣金管理，用以协助管理与（不同水平佣金的）中介的关系，例如代理商、雇佣代理人，或是客户服务中心的员工等；
- 计费与付款，在所有产品和业务线中，通过整合性的、以客户为中心的账单与收据的精细管理，实现有效的成本控制；
- 理赔，通过集成的完整理赔流程帮助减少损失调整支出，并提高客户忠诚度和留存率；
- 服务，用以建立长期客户的忠诚度，通过协调一致的客户体验，确保每次客户接触都与之前的客户联系相关，从而创造出有意义的互动。事实上，既然服务可以拓展和客户的关系，服务应该是销售流程的一部分（所谓的服务到销售路径）；
- 保险诈骗管理，通过识别保险欺诈等情况，以及避免对错误的、有欺诈嫌疑的索赔要求赔付的情况，协助保险公司将综合赔付率最优化；
- 诉讼流程的法律支持，作为一个收取费用的附加服务提供给客户；
- 再保险和共同保险流程，以管理再保险和共同保险合同，同时通过订立合同和授权管理透明化来完善此流程，它们能帮助保险公司增加被转让给再保险和共同保险的业务量并管理风险敞口。

由于这些流程的重要性和独特性，接下来的章节会对其中某些流程进行更详细的描述。

### 保单流程

一个保险公司在保单流程中收集大量的原始数据，并产生很多收入。保单处理流程中的代表性活动有保费处理、保费收集、主数据库维护和会计准备。

这些活动彼此间相对独立。保单管理系统支持签发、变更和处理的保险流程。在保单报价过程中需要提供一些细节信息，例如，一个完整的保单处理流程中对保障范围或额外被保险人的详细描述。然而，一个保单要被接受，可能需要其他（管理和技术）层面的介入，这对保单流程的执行非常必要。

保费收集和主数据库维护是保单签发的副产品，也是保费流程的其中一步。保单交易会导致主数据库的变化，然后影响保单的记账准备和财务记录。

在保单流程中的主要原始文件包括保险单、保费通知和再保险与共同保险的协议/合同。

保单流程相关的数据存在于保单或合同主数据库、客户数据库、销售推广（主要是代理人和经纪人）数据、产品目录、定价数据库、保单统计数据库、佣金率表、保单申请数据库、技术性账户数据库等。

很多保险部门的最重要的保单流程数据，指保险单、批单和账务处理，同时包括保费数据转换为现金流程、报表流程、总账、统计数据库和任何一个可能被用来支持管理信息报表的数据库。

保单处理涉及很多功能性部门：产品生产、承保、保单服务、出账和中介机构或直销机构。在流程上观察保单签署业务，由组织架构带来的人为障碍，不应该通过公司和中介阻碍追踪和记账资金流动。

### 损失、准备金、再保险和共同保险流程

从需求到订单流程同时包括损失和损失调整开支、准备金报告、再保险和共同保险流程。

高质量的服务是保险公司管理的一个关键因素。损失和损失调整流程活

动履行了保险合同中的保险人义务。公司的名誉和持续良好的资金状况取决于损失调整流程下客户投保和理赔时获得的满意度。赔付意味着保险公司最大的开支，因此需要大量的监督、控制和审计工作来做保证。

除了提供优质服务，能为最终赔付的理赔管理好准备金，对保险公司的利润和生存也至关重要。保险公司必须管理好准备金，从而符合法律和监管相关的会计准则。

损失和损失调整开支流程包含对运作而言必要的记录、积累、估计损失和损失调整支出的准备金和赔付。代表性活动包括理赔的原始报表、理赔的流程、理赔的赔付、救助金的收取、代位清偿、偿还和再保险或共同保险赔付，以及建立损失与损失支出的准备金。在这个流程中的关键性原始文件是索赔通知、索赔公文数据库、索赔范围表、损失证明、核准付款文件、理赔补偿和修正备注，以及再保险工作表。损失和损失开支流程最重要的数据库包含索赔申请（同时包括意外事故和损失表）。

- 已报告的索赔，保单主数据库，索赔主数据库，以及保单条款、承保范围信息和理赔主数据库中可能的再保险/共同保险。
- 保单流程的界面、索赔补偿的现金收支界面和财务流程界面。另外，此流程能为损失和损失开支条款生成账目。

### 准备金流程

准备金流程包括为保险公司建立负债的步骤。在这个流程中的代表性活动是准备金标准的界定、对原始数据的挑选、已核准的负债决定方式的挑选以及准备金的计算。原始文件对准备金流程来讲不是非常关键。数据可能来自损失因素表、损失支出调整因素表、其他支出记录、税单、许可、费用以及预付保费计算中用到的不同比例的因素。准备金流程的数据库是索赔历史和保费历史主数据库。准备金和保费、损失和损失支出、支付、采购开支、工资单之间的界面为准备金提供数据。在一些公司中，准备金流程同时也生成总账记录和管理控制所需信息。

### 再保险和共同保险流程

再保险和共同保险流程有多种功能，其中最重要的功能是来提高保险人的资金稳定性。可用以下方式来区分这两类保险。

- 再保险，指承保人（或被保人）希望和其他的承保人分享保单中的某些权责。当原承保人写下全额保单，从另一个或更多承保人那里购买了一定金额的再保险，分出部分保险责任。
- 共同保险，指两个（或多个）承保人通过独立的保险单按比例地投保一个规定的业务。风险将按约定比例分担给各自的保险金额。当然，对一个承保人来说，承担比其他人更多的权责，或者说分担高比例权责和保费是有可能的。

再保险和共同保险活动的数量和性质因公司而异，这取决于所提供的保险范围、性质、承保风险的大小、管理策略、公司规模和全球影响力，对再保险而言，尽管再保险活动偶尔会和保费、损失和损失开支、准备金和财务报表流程一同处理，但再保险和共同保险流程的关键在于管理与其他保险公司的关系。这意味着，对再保险而言，支付保费的时候，要考虑再保险转让、佣金、理赔时处理再保险的追偿以及再保险报告。

这些流程中关键性原始文件包括合同或协议、业务报表、损失通知和定期报表。

流程的主数据库是保费、损失和历史主数据库。再保险流程的主要界面是与财务流程之间的现金支付、购入和分出再保险的准备金往来，再保险记录到资金合规报告，以及风险流程。这需要有满足合规要求和索赔管理系统的界面。

如果两个公司是不同国家的，能管理这些流程的应用程序应该是多货币、在多个国家合规的，通常情况下用英语。

### 对外传播

所有这些系统都会产生与客户的交流沟通和各类报告。这些内容需要被保存、刻印（物理上或是逻辑上比如电子文件），并且能够投递给不同的组织。

传统的对账单、业务报表和其他沟通方式使用纸质的形式提供。现在越来越多是以电子形式呈现。因此，客户应该至少能够在一段合理的时间内（一般至少 90 天），在网上看到对账单。

社交网络应用于几个创新性的服务，如实时协助（特别是推特上），竞赛和促销，一些保险业务（如捐赠），或者为某个具体项目保险账户的开始。[9] 有时候，对账单必须用一种以上的语言、货币和媒体来展示。

### 其他功能

在很多国家，有很多有趣的数字保险服务案例，它们拓展了保险范围，出现了许多现有记录上没有的服务项目，例如：

- 养老金管理申请计划（中国工商银行）；
- 保单提案（法国巴黎银行）；
- 博物馆和展览馆信息服务或新闻（德国德意志银行）；
- 待售零售地产信息搜索（荷兰国际直销银行）；
- 环境可持续捐赠（西班牙 La Caixa 银行）。

## 从记录到报告流程

除了保费、损失和损失调整支出、准备金报告、再保险和共同保险等流程之外，保险信息与沟通解决方案还包括从记录到报告的流程。

这些流程的目的是使财务高管很好地履行职能：如果有必要，在关注企业重大目标和谨慎执行过程中，尽可能做到适当管理和价值创造、发挥企业家精神的良好平衡。

对公司财务制度而言，成本压力和用以支持公司生长的资金需求是另外的驱动力。首席执行官期盼他们在资金运作中或多或少有所作为。这里特别强调在可扩展流程化架构上的投资，它可以灵活地支持业务量的增长和减少。财务部门需要证明自己能够与业务部门合作，创造更多的价值，同时对合规要求做出回应。

使用软件管理资金的解决方案，使保险公司可以最优化合规的努力和风险管理，实现财务目标，创造可持续的价值，并且用更低成本提供更优质的服务。

为了能更好执行策略，高管们使用解决方案来调整计划和分配资源，用以应对快速变化的市场。他们确定并调整策略，模型化成本驱动因素，改善财务预测，分析和报告大量数据。

有了全局视野，管理者可以简化预算流程、抓住增长机会，缩小预测目标与关键绩效指标之间的差异，并创建定制的业务流程来实现目标。预期的结果是提高盈利能力，并且使得策略与组织愿景更加匹配。

信息和通信技术帮助保险公司处理风险管理、均衡投资，以及和一系列“点对点”解决方案的配合：

- 财务规划、资金管理分析以及运营绩效，从而深入了解成本核算，完善资金计划，进行更准确的预测和管理控制；
- 财务变动和资金到账应该能迅速反映在会计系统上，能准确地、合规且低成本地在最后期限披露财务信息；
- 治理、风险和合规活动有助于保险公司监督关键风险指标和合规效果、业务流程与信息和通信技术解决方案，实现风险和合规平衡的战略和财务目标；
- 偿付能力管理有助于通过分析，实现数据质量和透明度提升，确保满足偿二代和其他规则。

传统上来讲，保险公司已经投资在房地产、债券或股票上。其管理要求具体的解决方案（本书并未涉及）。

### 资金和投资流程

资金流程协调资金的接受和使用，其活动主要包括银行服务和分析，现金管理和分配以及股票发行和退市。

资金流程，特别是现金和资产管理（也包括投资记账和风险管理业务），必须满足合规的要求，将所有资产置于同一平台之上，增加透明度。投资流程不是后台操作业务。事实上，一些投资（在某些案例甚至是独立的）与保单相关，如在投连险中。

关键性原始文件包括现金、股权证明、借记凭证、贷记凭证和利息与分红账单。

数据库可能包括一个股票持有者的主账号，商业票据持有者清单和投资利息和分红清单，贷款合规清单，给隶属机构和其他金融机构的贷款记录，现金收支余额，货币市场和商业票据业务，长期债券明细分类账务，股东明细分类账户和公司间账务。

资金流程负责日常现金管理的报告，也连接投资、保费、损失和损失调整开支、工资单、税务、采购开支到公司运营的周转资金，资金报表流程到生成账单和管理报告。

投资流程不仅利用在公司运营中生成的资金来产生收入，也用来对冲外部风险。在该流程中至关重要的活动是投资交易的核准、本金和资本的处理、对冲处理、证券保管。

投资过程的原始文件包括购买—销售建议、购买—销售确认书、证券保管收据、抵押贷款服务报告、支付记录和发票。这些文件生成主数据库，投资管理数据库、投资记录。与资金流程的界面，用以解释投资活动收支；与财务和管理报表流程连接，用以生成账单和管理报告。

### 管理报告

此外，保险信息通信系统还包含财务报表和管理控制流程。一般保险公司的财务报表流程不同于其他业务流程。它从其他流程中获得账单和运营信息，并对信息进行分析、评估、总结、核对、调整以及重新分类，以便向监管机构、管理层和公司外部的其他相关部门提供报告。

预算流程体现了一个保险公司的主要计划和控制流程，也需要纳入信息和通信系统。

预算流程对准时提供财务结果细节十分重要。它包括监控财务结果、计算差异。管理报告和精算通过每个负责中心（如各部门）或者是产品中心来完成。

### 工资和人力资源

工资核算流程主要围绕支付员工工资和对这类开销记账的活动展开。工资流程包括雇佣、考勤和工时报告、工资记账、工资调整、出差和生活开销以及个人税务。重要原始文件有人员活动通知，时间表和特殊支付授权。员工主数据库包括工资流程的原始数据库，也有可能包含工时数据库、税务表和税务扣除数据库。工资流程的输出包括支付票据，工资登记和相关报表，所需的政府和监管表格，总账登记，预算报告和税务文档，交付于员工或内部相关部门进行提升盈利能力的服务。

人力资源系统同样用来支持员工管理。它由评估流程数据、在企业的个人简历和能力信息、教育和培训历史以及任何对管理员工必要的员工信息组成。

## 从采购到支付

从采购到支付流程用以支持采购公司运营所需的商品和服务。主要由以下四部分组成。

- 基础供给管理应用，帮助采购部门征求和管理供应商信息、风险和运营情况。它们可以包括财务运营数据、社交关系分析、新闻报道和公开信息，如发布文件，内部生成数据，审计记录和运营数据，它们在从采购到支付流程管理下会产生相关信息。
- 电子采购应用，帮助组织征求，评价数据（要求资讯）和建议。电子采购应用支持投标，但结果一般应该是一个长期合约。它一般不包括价格或估价（询价），这类活动通常是面对面解决。一些解决方案能处理大规模、复杂的投标活动，其中包含多个供应商的数千个订单。
- 合同管理解决方案协助组织文档记录和管理供应合同和订单。
- 自动化预算分析被用于采购和库存，完成计量卖家预算、清单目录、购买货品，以及辨识减少成本和供应商整合的机会。

重要的原始文件是采购要求、信息、询价和报价、购买订单、合同、供应商发票、借记贷记凭证、支付要求和开支表。

采购流程中用到的数据库包括供应商主数据库（内含供应商等级评定）、公开的支付开销数据库和市场（如果在公司用到）、非流动资产存货清单总账、合同档案。

关于供应商第三方的信息可以通过网页服务，网站快照或人工输入收集。流程输出记录包括供应商文件、现金支出、总账记录、成本会计和预算报告。

## 支持系统

### 企业门户网站和应用程序

门户解决方案开始是为了让保险销售推广赚钱更加容易。长期以来，这个解决方案主要是代理商门户网站。保险公司投资它们，是为了减少初期保险销售的难度。

很多门户供应商为了服务大范围的利益相关者，已经拓展了规模，从潜在客户到保单持有者再到中介商和供应商。[10]数据交换和转换依然是核心能力。一些供应商也提供工作管理和协作工具，这样保险公司可以用单一平台支持多种系统。

门户需要具备一定数量的重要功能：[11]

- 主页；
- 登录/保留区的安全保障；
- 内容管理；
- 定制化服务；
- 搜索功能；
- 协作和社交；
- 积极主动性；
- 动态特征；
- 响应度；
- 方便使用；
- 吸引力；
- 可扩展性/嵌入式应用；
- 可拓展性；
- 管理工具；
- 联系与帮助。

从技术性角度来看，门户也可以是复杂的。[12]传统的门户内容、业务应用和分析应该很容易集成。门户内容也应该向移动用户开放。内部或外部风格设计者要用始终如一的形象帮公司实现品牌化。

现在的客户需要的不仅仅是产品和服务。基于全球化的视角，他们想要与众不同的体验，这就是所谓的“体验经济”，这个观点要求有一定特色。客户需要的不仅仅是产品，他们还需要服务，总体价值驱动业务，通过突破性的解决方案实现创新显得尤为重要。企业必须为客户定义一个新的充满机会的世界。创新包括把不同的个体、学科、想法、文化联系起来。产品和服务的设计应该是有代入感的设计。[13]最后，一种精益化和数字化的方式至关重要。

设计一个门户或应用程序，能让客户在网页或智能手机上获得一种“体验感”非常重要，[14]这一点并不容易，因为保险代理商并没有把客户当作首要的服务对象，没有相关人士来提供这个服务，只有客户和他们的设备。事实上，设备功能越来越丰富。例如，手机更像移动计算机，而不仅仅是手持电话机，应该利用这些功能给客户提供丰富而愉快的体验，对金融服务而言，它一定是“幸福平静的体验感”。

的确，客户对确保安全的交易相关体验感兴趣。安全保障在客户与保险公司关系中是至关重要的。因此，发展数字保险的关键在于优先考虑它对客户和保险公司的安全性。想尽办法确认联系的对方是一个确实拥有对应账户的客户非常重要。提供一个安全可靠的联结也是至关重要的，这很可能意味着加密传输。

在一个交易中，最大限度地保障隐私是必要的。在这个方面，数字保险是有优势的，因为当客户或潜在客户在使用设备时，并不是向保险公司的一个人员公开他的业务信息。客户想要再三确认除了保险公司之外没人可以获得他的私人数据和交易信息，安全性和隐私性是数字保险毋庸置疑的特征。人们对安全性的追求从来没有满足的时候。

根据史蒂夫·乔布斯的例子，简易化操作是特别重要的。乔布斯提到的要求：“我想要一个只有一个键的电脑。”这句话的意思是“我想要只需单击就可以完成的交易”。例如，只要能确保客户在交易输入数据信息时不会出错，点击两次也是可以接受的。但是两次以上就难以接受了。类似的，信息或说明也应该特别简洁。

然而，客户可能需要帮助。（保险公司）必须提供帮助功能，尽可能在服务桌面上提供包括线上对话、线上连线或交换留言等服务。线上连线对话是首选，因为其他几种形式容易造成误会或者要求太多地输入。保险公司可能希望实现低成本沟通。

令人满意的体验可能还意味着比单一交易（提供报价或者签发保单等）提供更多的服务。客户应该可以进行支付、续保、终止、索赔等操作。

应用程序的设计应该美观大方，提升其可用性和功能很重要。交易应该符合各种标准，同时也要把保险公司的品牌和特色考虑进去。

赛讯资讯公司曾做了一项调查，他们询问了 17 个相关问题，关于客户近期使用或将来计划通过网站或手机实现自助购买人寿保险的情况。调查询问了近期客户服务量，以客户为中心的网站和应用程序使用情况，网站和手机应用功能以及未来在两种渠道上的发展计划。[15]

本次调查部分结果如下。寿险公司实施客户自助服务的第一个理由是为了让代理人开心，第二个理由是可以提高效率，第三个理由是寿险公司将满足保单持有者需求，附带提高了质量。令人惊讶的是，提升客户服务和保留客户资源排在了最末。

## 业务数据仓库

保险公司在业务活动中产生了大量数据。分析和解释这些数据对保持和提高保险公司竞争优势相当重要。数据仓库和商业智能单元需要提供工具和功能，从而使保险公司能优化流程，并对市场需求能在线上快速反应。

数据库需要整合、转换和加强来自运营应用程序和外部数据来源的相关交易信息。商业智能需要提供一个高效率的基础设施，以帮助分析和解释这些数据。通过这样的方式，决策者应该有能力在分析数据基础上，制定全局策略并且实施目标导向活动。

数据仓库和商业智能有五个特征：[16]

- 数据建模，数据提取，数据深度处理以及数据仓库管理流程监控，例如，用于重复数据删除。

- 从所有资源里整合、转换、合并、清除和保存数据，同时也检索数据以进行分析、解释和深度处理。
- 线上分析处理解决方案，是一系列用来交互和快速分析大批量数据的关键技术。这不仅能做到用非常复杂的功能和服务来分析数据，也可以为商业智能整合计划与分析处理设计提供服务。
- 归类工具与服务的使用可以支持保险公司发展商业智能项目和流程，在系统领域供应数据，在保险公司系统的大环境和生态系统中实施测试和追踪和监控。
- 举例来说，一个开放性架构的基础原理的作用，可以从多个数据源中抽样数据或者可以用多种前端工具分析这些数据。

**埃尔戈（Ergo）集团**

为了更加高效地管理营销活动，欧洲主要保险集团之一的埃尔戈（Ergo）集团决定将人寿保险和财产与意外保险档案的信息整合。[17] 埃尔戈（Ergo）集团从它自身的客户关系管理系统和保险信息交叉确认系统开始。它包括基于三个主要部分实施的解决方案：客户关系管理、数据库处理和商业智能。

客户关系管理部分，是为保险公司定制的，提供了一个全方位的关于客户或潜在客户产品需求和潜在市场的视角。同时也帮助埃尔戈（Ergo）集团管理市场推广活动，优化通过联络中心所提供的服务。

注册信息对客户管理系统来说是一个核心，可依照标准和重复信息来确认个人信息的质量。再者，如果符合尊重个人隐私的标准，那这个部分可能是埃尔戈集团公司所有档案的主要注册系统。

商业智能部分包含数据挖掘模块，通过清晰辨别可能影响优质客户管理的变量、优化确定活动目标的流程，来帮助市场推广活动。最终，应用程序提供关键业绩指标，报告集团投资组合的具体特点和动态进展。

## 业务流程管理和整合

所有组织都面临着管理复杂、低效、费时、费力、费资源的流程的挑战。一个程序规范的软件可以帮助保险公司改善这些流程的管理。例如，简化工作流程或者实现跨应用、跨组织的流程，或者执行其他功能，例如以下这些：

- 流程分析需要辨别出各种潜在瓶颈，也需要通过强有力的监控和分析实现流程的透明化，先进的应用程序也有一些模拟操作功能，可以模拟“如果这样……则”的分析；
- 协作模型流程能使通信技术部门基于用户友好的业务流程模型和符号标准为新程序设计代码，并与目前使用的程序融合，这样也可能利用合并决策制定工具来帮助分配程序专家团队，从而使他们可以从整体上合作协调同时设计程序模型；
- 执行模型以帮助企业高效地管理流程模型，从最初高水平的定义，到所有技术性执行细节的具体化，一直到流程部署和执行；
- 交易功能可以被重复利用，从服务可行的申请流程到从以服务为向导的框架中获得利润，该架构基于独立运行的松散耦合服务之间的交互；
- 用户友好的界面为客户直接提供应用程序和多渠道来源的信息资讯，包括手机和平板渠道。

为了充分研究业务流程的设计，信息和通信技术系统应该为程序整合提供工具，使保险公司基于这些工具，可以通过已部署的应用程序可靠地交换信息，这些工具主要包括以下四个功能。

- 标准化的高效的门户服务站，这些是为了能通过中间层而不是高成本的点到点连接模式来可靠地交换所有部署的应用程序的信息。门户服务站可以用一种可替代的方式，减少应用程序和数据库之间的联系，由于一旦将一个应用程序和门户服务站连接，其他和门户服务站连接的应用程序都可以与之进行交流；

- 可用打包的接合器，或连接器，或网页服务来整合应用程序。他们可以执行企业到企业的要求，允许企业从传统电子数据交换系统转移至行业标准，合作交换流程，或者利用安全认证的“http：//”来直接在互联网上交互。目标是让企业实现信息整合，以及与交易伙伴、客户和供货商线上完成交易，允许和所有业务伙伴交换电子化数据，无须考虑他们的技术能力。保险公司应该能够通过使用这些工具来和任何一个业务伙伴进行联系，通过连接它们曾经访问过网上业务和先前建立的业务合作的文案资料。全局服务解决方案免去了使用耗成本的点到点整合方式；
- 交易规则管理系统用来支持保险公司软件系统，用来明确、布置、执行、监控和保留应用程序中决策逻辑的多样性和复杂性。这个逻辑是指交易规则，包括保险条款、保险要求和条件陈述。这些用来明确战略性行动，这些行动需要在应用程序和系统中用来完成一个活动；
- 交易规则管理系统十分重要，因为它允许保单条款和保障范围的更新直接指派给用户部门而不是给信息和通信技术部门的专业人员。

# 3.4 保险公司的企业内部网和外部网

从创新角度来看，数字保险相当重要，因为它支持新产品、新流程、新组织，甚至是新商业模式。然而，数字保险也可能被用来改善保险公司自己的内部效率、经济性和伦理道德（合规性）。

企业内部网络和外部网络应用在这方面就是一个实例。保险公司已经使用企业内部网络很长时间了，主要用来改善内部沟通和合作。内部网络服务保险公司内部员工，外部网络与合作伙伴连接。以保险为例，外部网络特别重要，因为它将代理人、经纪人和其他类型的中介与保险公司相连。所以，本章同时讨论内部网和外部网。

解析数字保险在哪些方面可能会替代或者补充保险公司内部应用是很有趣的。最近一项 ABI 研究室和意大利米兰理工大学管理学院合作开展的研究揭示了意大利企业内部网络会如何朝着移动化方向发展。[18] 1/3 的意大利金融机构计划增加内部网络的投资。一半以上的将保持预算不变，只有一小部分金融机构计划减少对内部网络的投资。

企业内部网已经被广泛运用于金融机构，用于内部沟通（80%被调查的机构）、合规性（54%）、客户服务（60%）、金融交易（50%）、信贷（46%）和人力资源管理（60%）方面。根据米兰理工大学的调查，在 2014 年超过 50%的调查样本金融机构的内部网络不仅承担了战略性角色，而且进一步发展了对所有这些功能的支持。56% 的金融机构可能会将它们与商业功能结合起来。这是一个很特别的方面，随着时间的推移将变得越来越重要。保险公司的客户正在越来越多地使用移动端设备和功能。因此，对保险公司来说，使用更多的数字解决方案（如手机）让内部员工与外部客户和合作伙伴联系是有意义的。自带设备方式——员工工作时使用个人设备而非公司提供设备的方式，将逐渐得到推广。

数字化解决方案也让越来越多的“移动端”出现在了工作区域。对保险公司销售人员和代理人来说，这当然是正确的。对于保险公司的其他职能，无论是否与客户建立关系，它都将变得越来越重要。

米兰理工大学调查证明了该行业对移动端发展的关注：在调查中，超过 80% 的金融机构在提高从任何设备、任何地点和任何时间访问企业内部网的可能性。金融机构致力于改善社交性和合作性商业环境的整合的比例从 14% 增加到 36%。将来可能将内部网络与个人设备整合的比例有望从 7% 增长到 14%。

金融机构同样也把移动化扩展到其他内部流程，例如采购，也发展到外部网络，从而支持与中介和供应商的关系网络。这非常有趣，因为一些保险公司对他们的核心业务更加关注。因此，与第三方的关系维持变得越来越重要。

**AXA**

AXA 在法国为它的销售人员配备最先进的平板。[19] 作为公司数字化策略的一部分，AXA 在 2012 年开启了 i – Nov 项目，致力于为销售人员提供平板和 Salesforce. com 的云服务。这些销售工具覆盖了所有业务流程。这实现了通过手机设备，能立即用数字签名签发承保合同。AXA 的创新显示移动化方案和云计算可以整合承保流程，用一种单一、简易使用的工具，提高了销售部门的生产力。

# 3.5 数字保险基础设施管理

由于保险公司的性质，在下列领域的数字保险基础设施的建设要求特别严格，具体如下：

- 新应用程序的执行和漏洞修复——在数字环境中发生的任何变化都需要特别关注；
- 多种环境——需要妥善管理的环境、平台、应用程序和访问设备越来越多样化；
- 整合——通常，保险公司会运行大量应用程序，通过中间件，需要确保核心应用程序与其他应用程序的整合；
- 可扩展性、工作负载管理与绩效——由于保险公司业务的动态性，系统负载可能在整个过程中有巨大差异，因此需要一个高度伸缩性和灵敏度的数字保险基础设施；
- 操作和监控——运行关键应用程序时，通常在基础设施级别执行以更好地支持所需的许多操作任务，但是，它们不能相互干扰；
- 业务持续性和灾备恢复——应用程序需要对客户、员工和合作伙伴全天候开放，以确保企业业绩上升和持续运营，如果保险公司是一个全球单一实体并且直接对接客户，这一点尤为重要，因此，需要通过这种方式提前将信息进行适当的存档管理，以防万一；

- 安全性——客户、公司和其他敏感数据的保护对所有类型的业务都至关重要，而且必须时刻确保做到这一点。

接下来的段落会更详细地介绍这些流程的细节。

### 新应用程序的执行或漏洞修复

当运行应用程序或者修复漏洞时，应仔细分析对基础设施的要求。如果必要，应根据参考架构确定保险公司架构。例如，保险公司需要选择服务器平台。公司需要为产品、早期产品、培训、发展和测试系统定义一个整合的环境，以确保提供给客户和合作伙伴的服务质量。

特别重要的是用户接受度测试和产品接受度测试。后者很少做，但不可或缺。在直接保险中，应用程序直接由客户使用。客户不会接受有瑕疵或不良的应用程序。

### 整合

应用程序整合是数字保险策略的关键部分。而且，保险公司需要处理很多不同应用程序并无缝整合。解决方案必须是开放的。

使用公开的应用程序标准实现技术性整合，是系统基础设施的重要方面。服务导向的框架是一个框架概念，指一种叫“服务”的应用程序模型，它用来支持业务流程，也实现灵活的应用程序整合，对标准化整合有重要影响，同时也促进信息和通信技术与业务流程的融合。

### 可扩展性、工作负载管理以及绩效

在数字保险领域，核心应用程序总扮演着中心角色。一个应用程序使用得越多，对较好地、可预测地和可靠地处理交易与满足报告要求就越重要。这就要求可扩展性和工作负载管理，以便遵守服务水平协议。

### 操作和监控

为了成功运行一个保险应用程序，对操作者和系统管理员来说，执行不同的任务是必要的。自动化是非常重要的一方面，可以降低运行成本，确保操作质量和可复制性。端到端监控是运行最优化的基础。基础设施管理下的应用程序整合产生了共同基础设施方案，例如，系统准备、克隆、复制和更新。这使得保险应用程序的灵敏度满足业务需求。

在数字保险领域，应用程序性能管理包括监督和管理软件应用程序的表现和可获得性。它能努力发现和确定应用程序执行中的问题，从而使得服务保持在期望水平。对保险公司来讲，它使数字保险运用转换为价值。

### 多种环境能力

多种环境能力是解决方案的一种需求，从而能使保险公司用它们应用程序的一个简单代码运行来尽可能多地应对不同用户的需求。这些数字保险用户因语言、民族、知识水平、社会角色等而不同，或者因他们正使用的与系统连接的设备而不同。后一种情况特别适用于直接与消费者联系的直接保险，因此必须适应不同客户使用的设备或网络类型。

### 业务持续性和灾备恢复

传统意义上，在大多数行业部门中，大企业相较于小企业而言，在业务持续性要求上更加严格。例如，很多年前，银行服务的可持续性就已变得尤为重要。随着互联网使用的普及和全天候待命的需求，行业格局发生了巨大的变化。客户已习惯全天候可提供的服务。例如，保险公司的客户希望他们随时能从他们的设备中获得保险服务。一般来说，客户可直接获得的应用程序越多，业务持续性就越相关。以直接保险为例，客户关系管理，客户服务以及销售渠道管理的功能相关性就会很强。如果保险公司（或者他们的外包方）引入单一全球性应用，业务持续性的需求对他们来讲甚至更为重要，因为任何时间总会有一些程序被世界某个角落的客户、员工或合作伙伴使用，而他们也需要这么一个应用来完成他们的任务。

保险公司业务的特征是数据量大。例如，各种类型的保险产品要求历史交易和合约信息能被保存很长时间，这期间，通常会产生大量的交易和分析数据。这意味着需要处理和保护大量复杂数据，以满足内部特别是外部监管报告的要求。在这些情况下，有效管理一个规模不断增长的数据库至关重要。使用中心化解决方案可以帮助减少管理成本和控制数据保存管理。

保险公司运行方案需要业务持续性。这个必须在基础设施部门基础上运行，而基础设施部门基于：

- 高度可获得性，通过开发服务器和子系统冗余，以及与服务器故障转移紧密整合的 24 ×7 ×365 在线系统；
- 持续运作，用一种无间断的方式组织所有计划的运行中断来进行系统保存，或者甚至当产品系统依然运行时也可能进行如此操作，同时实现容量定制包括无中断支援和联合恢复；
- 事故恢复，包括防止意外运行中断（例如事故、网络或站点中断）的工具和程序；
- 及时一致重启或恢复任意一点的逻辑损坏的数据库。

在业务持续性中两个参数很重要：

- 恢复点目标，涉及存在风险的大量数据，它是通过系统在两个数据保护事件之间处理的数据量来衡量的，它是事故恢复中可能丢失的数据数量的一个指标；
- 恢复时目标，涉及从数据丢失事件中恢复、重新返回服务所需时间，指系统数据无法使用或不可获得导致无法运行的最长时间。

### 安全性

作为最后但最重要的一点，保险公司需要特别注意保护客户和公司的敏感数据。这对业务来说至关重要，也是一个法律要求。访问信息必须仅限于获得授权人。追踪和控制要强制执行，出于审计目的，所有成功和非成功信息接触要被追踪。由于法律原因，能接触到敏感数据的人员和系统管理者必须清晰界定。

另一个防止泄露数据的方法是数据加密。一个安全可靠的数字保险平台对保险业务流程至关重要。关于数据治理的那个章节在这方面提供更多细节。

# 3.6 本章小结

在过去几十年，对结构化信息的自动化管理已经有了惊人的发展。简而言之，每十年都能有创新性的改变：

- 20 世纪 60 年代，电脑被引进各个组织机构；
- 20 世纪 70 年代，大型电脑大力发展；
- 20 世纪 80 年代，个人电脑兴起；
- 20 世纪 90 年代，转向客户端服务器系统；
- 21 世纪，互联网大力发展；
- 2010 年以来，手机处于爆发式增长中。

不是所有保险公司都利用这些创新来改善自己对客户的附加值。保险公司的基本流程可以从这些创新中受益匪浅。

本章提到的模型侧重于如何提供解决方案来支持保险基本流程，从而帮助保险公司管理它们。下一章展现了新的、令人兴奋的机遇。它们相当有趣，但是在转向先进解决方案之前，所有保险公司都应该做好基础工作，并实施本章中描述的应用。

关于实践性和理论性的意义，我们的方式致力于为保险公司管理连接各个流程和数字化工具。由于不同水平的视角，本书认为被提议的模型可以应用于几种现实世界的场景。整合流程和它们的数字化可以帮助从业者更好利用其内容和信息资产，并为改善业务流程而积累组织知识。

本章提到的框架，根据他们的组成部分，为评估和组织流程提供了一个起点，然后在各组织间分享内容。从学术性观点来看，所建议的模型可以被研究者和从业者应用和改善，从而提高它的普遍性和扩大应用范围。此外，流程整合（包括精益六西格玛、持续流程和应用改善等）在保险数字化过程中扮演至关重要的角色。

潜在客户的特征不断变化，对保险公司的生存与发展越来越具有战略性意义。保险行业与时俱进十分重要，必须确保客户乐意与它们打交道。数字保险与人们生活的一部分相连，并且有效、高效、经济、规范、安全和多渠道地服务客户。在如今的全球化经济中，客户和工作人员经常都是在路上，解决方案必须确保这些人在下班时间依然保持高效率。

保险行业领导者持续提升服务标准，以满足客户、企业或个人对数字化的期望。客户必须继续敦促他们的保险合作伙伴推进计划中的举措，这是非常重要的。艾特集团，将下列金融服务推荐给它的客户和合作伙伴：[20]

- 与金融机构合作，使得他们更好地了解客户需求和痛点；
- 询问安全问题，确保使用数字保险方案更加舒适；
- 促使合作的保险公司继续改善报价的实用性和简易性，以匹配通过数字解决方案引领创新的中介和其他供应商的用户界面；
- 促进数字保险给客户提供优惠。一份盖洛普调查的研究显示，如果可以享受优惠，一半以上的客户就很可能愿意大量使用数字渠道，比如保单成本的降低或者人寿保证金增加0.25%左右的利率水平，相反，盖洛普调查显示，用莫名其妙的惩罚来推动客户对数字保险的转移，会导致严重的后果，比如客户的流失[21]；
- 一开始就对适应多种渠道的线上线下等多种策略保持清醒的认识。快速在渠道中定位保险公司乐意去发展的新客户。

接下来的章节分析新解决方案支持数字保险的现状、机遇和挑战。

# 数字保险的高级解决方案

# 4.1 引　言

基于信息和通信技术的解决方案对保险公司很重要。但是，相比银行，许多保险公司在信息系统上的投入较少。然而，这种情况正在发生变化，因为数字保险对保险公司越来越重要。这里有几个需要关注的重点：

- 顾客；
- 技术；
- 设计。

本章重点讨论技术解决方案对保险公司管理的贡献。接下来的章节会讨论顾客和设计问题。但要注意的是一个集成的创新解决方案才是至关重要的。

保险公司需要努力为客户和公司本身不断创造价值，并以此形成竞争优势。因此需要关注“4P”：

- 产品和服务（products and services）；
- 流程（processes）；
- 人员（people）；
- 平台（platforms）。

一个有效的途径就是精益化和数字化的方法。[1] 为了改进流程，减少流程进行的时间，同时减少浪费，必须要理解流程，并能够正确量化流程。

理论上，改善保险公司流程相对简单，原因有以下两个方面：

- 传统的保险公司过去一直缺乏效率；
- 传统的保险公司本质上是管理信息。

所以保险公司需要精益化和数字化的时候，几乎在每个部门都可以贯彻实施。

- 在产品创新方面。保险公司主要工作是管理信息，实现精益创新相对容易且成本较低。更多数字化营销能够增加与现有顾客联系的机会，使公司能够更好地追加销售、实现交叉销售和留住有价值的客户。挖掘消费者在网页上、社交媒体上、驾驶应用程序，甚至可穿戴设备上留下的数据的能力，可以帮助保险公司精准定位客户，更精确定价，更多地承保保单，并更有效地管理索赔。
- 询价可以直达客户。这时候，速度至关重要。如果客户需要保单，他们倾向于越快越好。风险当然需要管理，但是在客户满意和降低风险之间需要取得适当的平衡。
- 应该有持续的运营。简洁和速度是非常重要的。需要精简代理机构，或者转向线上保险，或全部转向移动保险。安全性当然是非常重要的考虑，但不应为了保证安全而过度延迟操作速度（因噎废食）。在这方面数字化可以提供很大的帮助。在这种情况下，中台就会减轻前台的负担。仅仅是对现有保险流程的简单数字化（例如，允许报价直接进入处理流程，或允许快速产品配置）就会大大提高运营效率。
- 应当尽可能减少后台，应该外包。并且在任何情况下都应该高度自动化。

根据《哈佛商业评论》所做的一个调查，精心设计的数字化项目可以使保险公司核心流程的成本降低 65%，主要流程处理时间降低 90%，并将转化率上升 20%。[2]

尽管所有保险公司都意识到数字化将影响他们的业务，但很少保险公司能正确评价这种影响的速度和深度。麦肯锡公司曾经调查了欧美 30 家领先的产险和寿险公司，其中 39% 不能准确阐明一个清晰的客户导向的数字化战略。[3] 目前大多数保险公司将其数字化工作重点放在营销（83%）和销售（78%）阶段，集中于客户决策的早期阶段。但对现有客户服务的数字化转型（售前和售后）方面则远远落后。[4] 只有 50% 的公司为长期的数字化目标划拨预算，只有 30% 公司制订了支持数字化的多年投资计划。

- 从产品供应方面来说，新保险公司面临两个挑战：赶上老牌企业，在现有细分市场上提供最好的产品。
- 创新，以新的流程、组织和商业模式提供市场上没有的产品和服务。

复杂之处在于，数字保险中保险公司与客户的实体接触渠道往往比较少，并且在大多数情况下，数字保险公司倾向于虚拟化。这与传统保险公司通过代理人或直销方式触达客户截然不同，因此，数字保险需要动态组织和实时响应，一种可能的高级解决方案就是外包，启动成本小并且可扩展。如果有合适的合作伙伴和合作条件将数字保险的业务外包，保险公司可以采用激励措施调动其积极性，从而带来额外的保险业务，这也有助于核心保险业务。

本章不会考虑所有可能和可预见的进展。将集中讨论如下几个最有趣的方面：

- 移动性；
- 云计算；
- 大数据分析；
- 内容管理体系。

本章先讨论顾客更容易看到的解决方案（也是最主要的驱动力之一），再讨论其他解决方案。

即使金融危机还在许多经济体中肆虐，而移动设备仍在以令人难以置信的速度扩张。智能手机和平板电脑的使用正在扩大。手机的总用户数已经超过了世界人口数量。移动设备对保险产品的销售产生了重要影响，在某些情况下，它是理想的解决方案，例如对于旅行保险来说，选择数字保险更方便。

有两种解决方案正在影响保险公司对数字保险的使用：云计算和大数据技术。

第一个有趣的解决方案是云计算，就是信息通信技术资源通过网络按需使用，按需付费。云计算把组织从固定的数据中心中解放出来。因此，云计算能够与移动设备和基于网络的解决方案很好结合。同时也使得再保险和共同保险业务变得更容易操作。

大数据分析是对保险公司极为重要的（第二个）解决方案，主要体现在两个方面，即营销支持和风险管理。

这两个技术可以让信息和通信技术从记录体系变成参与体系，即信息和通信技术可以从记录数据的档案馆变成保险公司决策运营的支持体系，[5] 例如，是否接受临时再保险，根据新的风险决定保费等。

本章最后讨论了一个重要方面，即内容管理体系。对非结构化信息的管理越来越重要和紧迫。所以本章最后讨论了一个以统一方式管理这些内容的模型。

## 4.2　保险信息和通信系统的变化情况

对保险公司来说，未来尤其具有挑战性。因为某些原因，保险公司在数字化方面明显落后。比起其他金融机构（例如银行，尤其是那些创新的银行），保险公司在自动化管理方面显得比较保守。

西方国家的人口增速正在放缓，例如，根据美国人口普查局的数据，截至 2014 年 7 月 1 日的 12 个月内，美国人口只增长了 0.71%，[6] 诸如西欧等其他西方国家，人口实际上在减少。还有诸如持续的全球社会经济危机；长期工资停滞、婴儿潮一代退休、房地产市场低迷、千禧一代共享经济的兴起，以及汽车保险等一些保险产品的商品化等因素，都会限制保险公司未来增长的潜力。所以行业的紧迫目标就是接触更多潜在客户，吸引新客户，让现有客户满意，同时寻找向上销售、交叉销售和降低成本的方法。这就迫使保险公司加快数字化转型，重新审视市场进入方式，以及日益数字化的客户体验的类型和频率。保险公司未来将加快创新，特别是通过新渠道寻找新的客户。

就金融机构而言，零售银行往往在数字保险方案方面的前瞻性和创新方面更加胜出。保险公司在数字化保险方面很可能也是从零售领域开始，即从事个险的保险公司往往比从事公司保险业务的更加注重数字保险。所以，即便再保险公司很大程度上也受益于数字化转型，但其数字化转型相对较慢。

数字保险将在以下领域产生影响。

- 就信息和通信技术应用而言，会有更多并购。最近几年已经有了许多保险公司的并购。意大利市场上有两百多家保险公司（很多是中小型的），预计这种并购的趋势将会继续。随着欧盟的影响日渐增强，和新市场的开发，这种趋势将会继续。到目前为止，保险公司的并购主要停留在公司层面，但现在公司需要整合其和被收购公司的信息和通信系统，因为它们中间有重叠。
- 保险公司应用程序的现代化。很多情况下，保险公司的应用程序，不管是寿险、产险和意外险，还是在索赔管理中，都可以追溯到20世纪。赛讯公司的一项调查显示，不同国家的情况不大一样。[7]美国保险公司认为现存系统是数字化转型的主要障碍，96%的公司认为“现存技术限制”是数字化增长的最大障碍，全球的比例是80%。在拉丁美洲的情况也是如此，因为最近几年的并购活动使得系统越来越复杂。所以81%拉丁美洲被调查的保险公司特别强调需要新技术来启动数字化战略（相比之下，这一比例在全球只有72%），最需要的就是大数据分析技术。该公司做的另外一个调查显示，全球对保单管理和其他核心系统的支出正在加速，[8]包括2013年产险和意外险公司对大量软件的采购。对核心系统的投资占了软件支出的48%，相比上一年的27%，主要有以下几个原因：
    - 来自网络和移动应用程序的信息密度大，信息动态度高的要求，使得现有软件处理时容易力不从心。若没有一个虚拟化和高度自动化的环境，现有的应用程序没法处理信息密度大，高度灵敏和灵活的需求。需要有适当的软件来处理网络和移动平台上不断增加的信息流量。
    - 现有系统通常孤立对待客户。在架构系统时没有考虑将互动交流和信息记录整合起来，所以也不可能有以用户为中心的客户体验。
    - 升级或维护的宕机时间在立即响应的文化下越来越不可接受。客户希望任何时间都能接入系统，即使在晚上或者在周末的时间也能顺利访问系统。结果就是对持续及时服务的需求不断增加，所以系统升级的无缝连接变得更加重要。

- 传统系统往往完全不足以应对当今的挑战，因此需要调整或替换很多应用程序。这项工作意义重大，但是有几个困难，一个困难是调整和替换很多应用程序的工作需要的资金量巨大，另一个困难是耗时较多，期间又不能停止对现有系统的升级和改造。旧系统的现代化已经成了一场动态竞赛。

- 另一个保险公司亟待解决的问题是引入新的综合渠道。在有些领域，例如机动车强制责任险，该产品已经标准化，因此保险险种选择也少，所以终端客户直接在线购买的趋势非常强烈。除了网络，还有手机。移动保险正成为许多零售保险公司的选择。由于需要管理多渠道环境，这些新渠道带来了重大挑战。在这方面，很少有保险公司有具体的经验。保险公司传统上依赖间接渠道，如代理人，经纪人和其他金融机构，现在保险公司需要变化，并确保不同渠道有效且相互一致。

保险技术公司诺华利佳调查了 88 家金融服务机构的首席信息官。近一半的受访者表示，他们正在为客户试用移动功能。[9] 这些首席信息官中只有不到 10% 声称在产品中有大范围的移动部署。这意味着，尽管移动设备的迅速普及，但移动保险解决方案现在才开始缓慢发展。

自动化程度的日益提高将提供越来越多的数据。问题/机会在于如何处理这些数据，这些数据是保险公司的一项重要资产。大数据分析这一解决方案可以极大地帮助管理这些数据的使用。

这种类型的应用程序可能有助于管理风险，因此可以根据所涉及的具体情况、有效的风险缓解以及改进的欺诈预防和检测等方面的功能，为定制和灵活的定价提供相当大的支持。

这些数据也可用于制定更有效的营销和销售策略，以便在市场上发挥最有效的作用。

简而言之，大数据分析将朝着三个方向发展：

- 将通过历史分析来了解过去销售的模式和特点；
- 将有预测分析，以判断趋势，并依次判断来确定最佳策略；
- 运营分析（或分析 3.0）将支持运营决策，例如针对特定客户的定价，它可用于客户服务，以选择最合适的代理，帮助代理商为客户提供最合适的解决方案，并支持代理商如何最好地交叉销售和向上销售，这样，就可能增加客户的满意度、保留率和转换率。

在一项针对行业高管的调查中，78%的高管认为大数据分析是保险行业最大的颠覆者，对保险行业影响最大，只有40%的高管认为加强监管对保险行业非常重要。[10]

因为在任何地方都有越来越多的人需要访问这些数据：在客户所在的地方，或在路上，或在一些会议室。所以，云计算似乎是一个非常有趣的数据解决方案。

最后要说的是，一些（大）数据是非结构化的，因此需要管理内容中所有的类型。

本章将重点研究这些方面。

# 4.3　客户的心声

上一章介绍了当今大多数保险公司使用的大量数据保险应用程序。2013 年初，思科在金融机构中进行了一项全球调查，其中包括来自 10 个国家和地区的 1 514 名客户和 405 名保险专业人士的回应。[11] 该报告研究了客户对他们如何以及何时在多个渠道进行金融服务的看法，这些活动包括从账户监控到获得财务咨询。大多数（69%）的美国客户欢迎更多的个人金融服务，以帮助简化他们在多个渠道的财务管理，包括线上、手机、电话、视频会议和保险机构。

客户希望从他们的保险公司获得更加无缝和个性化的客户体验。在与保险或财务顾问进行互动时，全球客户认为个人金融服务最重要的属性有以下三点：

- 可获得性（63%）；
- 能力（65%）；
- 效率（68%）。

客户愿意交换关于他们的财务习惯的更多细节。他们希望金融机构更积极地帮助他们找到最好的保险产品和保险险种。为了做到这一点，客户最重视的三个方面的调查结果如下：

- 83% 的客户希望有更多措施防止身份信息被盗；
- 78% 的客户希望更多提供个性化服务；
- 56% 的客户希望更简单地进行财务管理。

54% 的全球客户表示希望自动化系统提供财务咨询或建议。大多数人（71%）表示，除了面对面的财务对话之外，他们对越来越多地使用虚拟通信感到满意。来自新兴经济体的客户表示，他们倾向于按需获得专业知识，例如，在全球范围内，有 48% 的人选择与某个特定的人交谈获得专业知识。而 52% 的人选择通过虚拟通信按需获得专业知识，显然，后一种选择在新兴经济体中更受青睐。

客户希望从购买产品的金融机构得到个性化的服务：

- 77% 的客户希望获得更多的防止信息盗窃的安全措施；
- 73% 的客户希望通过金融服务能够得到增加储蓄的建议；
- 67% 的客户要求进行更多的金融教育；
- 47% 希望通过与其他客户相比，从而评估他们的财务状况和风险。

思科的调查还考察了金融服务提供个人理财服务的能力：

- 46% 的美国客户认为，他们的金融服务机构拥有一些信息，能够为他们提供个人服务；
- 58% 的美国金融机构认为，他们掌握一些客户的信息，可以提供更多个性化的服务。

关于客户与金融机构分享私人信息的意愿，其结果如下：

- 53% 的美国客户会接受为他们的金融机构提供指纹或其他生物识别，以验证交易，以保护他们免遭诸如身份盗窃等危险；
- 在全球范围内，61% 的客户将共享生物特征数据，其中日本客户共享生物特征数据的可能性最小，仅仅为 33%，而中国客户共享生物信息的可能性最大，为 94%；

- 60% 的美国客户将提供额外的个人信息，以便更轻松地管理财务。

相对于保险公司分享他们的个人信息，客户表现如下：

- 57% 的美国客户不希望金融机构在金融机构之外分享他们的个人信息，即使这种共享很可能会提高其他领域对他的服务质量；
- 在俄罗斯和德国，有 72% 的客户不愿让金融服务提供商共享个人信息。

全球大多数客户实际上可以与他们的金融服务联系在一起，并且愿意与金融服务人员举行虚拟会议：

- 63% 的美国客户乐于使用数字解决方案（如短信、电子邮件或视频）与他们的金融服务提供商交流，而不是拜访他们；
- 在全球范围内，70% 的客户和 92% 的金融服务机构都在使用数字解决方案进行舒适地交流。

就用于通信的媒介而言，计算机比智能手机更适合进行视频连接：

- 21% 的美国消费者喜欢用智能手机进行金融服务视频对话；
- 大多数客户（79%）喜欢使用笔记本电脑或台式电脑进行金融服务视频对话；
- 真实的面对面会议仍然重要，特别是在吸引新客户方面：如果提供最好和更安全的服务，46% 的美国客户愿意用数字化解决方案与金融服务商打交道。法国客户几乎最不可能进行数字解决化方案提供的虚拟会议，只有 44% 的法国客户愿意用数字化解决方案与金融服务商打交道；中国客户最愿意用数字化解决方案与金融服务商打交道，愿意采用的中国客户比例高达 91%。

## 4.4 移动设备

自2013年底以来，全球移动电话数量已经超过了全球总人口。[12]美国联邦储备委员会在2012年3月的发布的一份报告指出，在2011年，21%的移动电话用户使用过移动银行服务。[13]48%的智能手机用户在2012年使用过移动银行服务（比2011年增长了42%），而21%的移动银行用户通过移动设备存支票（比上一年翻了一番）。智能手机用户的增长可能会放缓，但移动金融（包括数字保险）却方兴未艾。

1/3的移动用户表示，他们可能会考虑尝试移动金融。有些客户对执行基本交易很感兴趣，例如，查询他们的保单报价或者报告索赔。有些保险公司（如安联和安盛）甚至创建了一些数字解决方案的孵化器，以识别新兴的移动解决方案和能够更快地将其创新推向市场的初创企业。[14]压力主要来自于：

- 顾客要求越来越高；
- 公司向客户提供价值的机会减少。

美国公司在与客户（通过移动设备）实现数字化互动方面表现积极，可以从以下一份调查发现：[15]

- 76%的受访者表示美国保险公司允许客户在网上进行交易和购买保险，而在全球这一比例只有66%；

- 50% 的受访者表示美国保险公司允许客户在线提交和处理索赔，而全球的这一比例仅为 39%；
- 57% 的受访者表示美国保险公司允许在线客户参与产品研发和市场研究，全球的这一比例仅为 34%；
- 44% 的受访者表示美国保险公司允许客户通过数字手段记录索赔提交，而全球这一比例为 29%。

网上保险和移动保险目前已经渗透到社交媒介。例如，87% 的美国保险公司都在脸谱网站上开通账号，而全球这一比例只有 71%。

有些国家的基础设施不够完善，或者触达（物理的）金融机构有难度（比如肯尼亚、澳大利亚、北欧国家等），从而使得数字保险的应用更加广泛。例如，在肯尼亚，目前有 1 700 万人使用移动银行的服务进行个人对个人的转账。[16]

数字保险对更年轻、更精通技术的客户群有吸引力（尽管年纪大的人中用数字保险的人也越来越多）。[17] 实际上，现在把这一代人称为“M 一代”，M 代表移动。智能手机爱好者被称为“智能手机控”。[18]

使用手机进行保险交易有几个原因，其中最主要的一个原因是方便，因为移动设备全天候伴随顾客。另一个主要原因是成本较低，因为用电话交流成本较低。而对于一些电信合同，所有流量都包含在费用中。

从保险公司的角度来看，使用数字保险最大的好处是能节约成本，因为数字保险方案能使它们更加精益，更加简练，更加数字化。

客户使用数字保险的主要关注的是安全性和可操作性（因为有不同的操作系统 iOS、安卓、黑莓、视窗等）。有几种方法可以解决这些问题，例如，一个好的顾问可以提供很大的帮助。云计算是能够弥补其中一些缺点的绝佳方式，尤其是确保可用性和可靠性对于客户对数字保险创新满意度至关重要。

对客户和保险公司来说，数字保险是一种有趣的方式。对保险公司来说，推出数字保险（解决方案）需要时间。首先，有必要进行初步可行性研究。其次，要开发应用程序并投入市场进行试点。需要做完备的测试，以确保客户能够接受应用程序。最后，需要有一个出色的营销活动来推广这个应用程序。对一家保险公司而言，这意味着决定开展数字保险项目大约一年后实施应用。其他保险公司可能希望率先开展应用，并获得先发优势以占领市场。例如，从荷兰国际银行的例子可以看出，作为市场上最早的吃螃蟹者能够占据更大的市场份额，由于网络天然没有国界，所以它甚至能在传统领域之外取得成功①。因此，现在是启动或改进数字保险的时候了。

数字保险的推出和完善对保险公司来说非常重要，因为这个渠道的作用日益凸显。保险公司要有正确方法。

保险公司正在推广通过任何移动设备都能够让客户触及保险业务的方法。数字保险应该能实现大规模定制化。由于大数据分析之类的新解决方案不断出现，这个任务不再那么困难。本章同样讨论了这个方面。

结构化和非结构化的数据，内部和外部的数据，每个组织能够获得的数据数量呈指数级增长。如今的数据来源不同且不相关，例如数据客户在呼叫中心、电传设备、社交媒介、代理商谈话、智能设备、电子邮件、传真、日常商业活动等渠道中相互交流。高德纳公司预测从 2011 ~ 2016 年②，可获得数据量将增长 8 倍。[19]

尤其是手机的使用，极大丰富了数据来源，特别是在新兴经济体，手机的使用越来越多地延伸到电话交易和保险之外。在这些国家，移动数据可以提供关于哪些类型的保险公司的产品是最适合客户的信息或在附近的咨询机构是否可用的信息。[20]

## 架构设计

数字保险解决方案必须包含一些消费者认为必不可少的功能。本节分析

① 译者注：指荷兰国际银行在主要国家的零售银行都通过网络银行的顺利开办而取得成功，而网络银行并非局限于荷兰本土。

② 原著于 2016 年出版，作者原文是以 2016 年为当下而写。

了几个主要方面：

- 品牌；
- 移动端；
- 设备；
- 身份验证、欺诈防范；
- 功能的丰富性；
- 易用性；
- 预警；
- 对销售人员的支持；
- 动态显示；
- 个性化；
- 应用分布；
- 电话功能。

### 品牌

品牌是一个重要方面。数字保险解决方案是保险公司面对客户时的“形象”，因此它必须是有吸引力且有效的。

与此相关联，需要通过提供更多更好的服务来与顾客通过移动设备进行交流。保险公司必须由多渠道策略（多管齐下）确保有形渠道（代理人、经纪人等）和虚拟无形渠道（电话、网页、移动设备等）的一致性，促使这两个渠道相互扶持，公司形象可以得到相互强化和整合。

### 移动端

用户有很多通过移动设备接触数字保险的途径。

- 短信是客户进行简单数字保险交易的最早手段模式之一。功能手机用户可以操作一些基本的保险交易，例如，收到预警或者检查保单状态。有些公司甚至通过短信提供报价（包括一些基本信息）。

- 基于网络的解决方案提供移动互联网。通过无线应用协议或移动优化网站（例如，一个微站点），使用智能手机的浏览器提供，这本质上是模仿用户在计算机上使用数字保险的过程。用户往往因不同的移动设备而异。移动网络通常是保险公司实施数字保险的最轻松途径。它的功能比较广泛，但安全性不高，有时候在智能手机的小屏幕上登录和查看交易结果很不方便，用平板电脑就比较容易。
- 客户下载的应用程序，或者其他简单的应用程序，已简化了手机用户的体验。目前的主要限制是某些应用程序只能应用于特定的移动设备、特定的操作系统和特定的网络环境。应用程序可以从很多应用商店下载，例如，从苹果系统，安卓系统的应用商店里下载。保险应用程序可以通过安全和经过认证的方式下载。在下载后，就可以获得很好的用户体验。智能手机用户往往更喜欢这些种类丰富的应用程序。

每种方式都有优点和缺点。[21]杰夫林研究公司的安全报告评估了移动金融服务公司在使用三种不同渠道时面临的具体安全问题：移动网络浏览器、应用程序和短信。[22]

- 第一个广泛使用的渠道是移动网络浏览器。44%金融机构的客户使用移动浏览器，客户认为它最安全，拥有智能手机的保险公司则将浏览器看作其在线解决方案的延伸。
- 第二个广泛使用的渠道是应用程序。有25%的客户在使用应用程序。这种架构对保险公司来说更加安全。并且应用程序有望完全取代在线保险，成为客户接触保险公司的主要渠道。
- 第三个广泛使用的渠道是短信。19%的客户使用短信和保险公司沟通，但这个比例呈现下降趋势。相对来说，短信是最不安全的渠道，仅仅用于简单交易。

目前的趋势是向具有丰富的用户应用程序方向发展，因为使用应用程序能保证：

- 最佳用户体验；
- 最高安全等级；
- 最快交易速度。

今天，大多数保险公司提供“三网融合”的保险产品。这种方法能综合三种渠道的访问模式，给客户更大的自由度，以便客户可以挑选最适合他们需求的服务。

## 设备

有些客户（尤其是公司）用数字保险比较少的原因之一是手机外形尺寸不合适。手机的小屏幕并不是读取和写入企业人员每天查看的大量商业日常所用信息的最佳设备。平板电脑的兴起可能是这种问题的一个解决方案。另外，移动设备除了处理付款和提供现金报告等功能外，公司业务客户的移动应用程序还应该能够提供简化他们与保险公司关系的解决方案。

就企业数字保险而言，平板电脑能够给予经理人员实施大数据分析的能力，以支持其公司保险的行为。例如，数字保险应用程序应该提供有关保单状态、不同货币和语言账户余额的关键指标，以及保险公司已经在网络环境中为其业务客户提供的许多功能和关键指标。

人们期望的是，企业人员能够使用平板电脑上的数字保险功能进行需要更大显示屏的复杂交易。企业人员和个人将使用智能手机进行快速审批、接收警报或类似的简单交易。

## 身份认证、欺诈防范

确保最高级别的安全性对于任何数字保险产品的成功都至关重要。对于客户来说，他们对安全性的需求越来越高。他们需要在访问他们的账户时能安全地验证个人身份。一种方法是使用令牌进行身份验证。令牌已成为大型企业安全的行业标准，但其缺点是需要用户随时携带令牌；另一种方法是要求客户以他们授权的电话号码进行回拨。生物识别技术、语音模式，甚至面部认证都比令牌和其他安全方法更方便，因为用户无须携带设备或密码就能证明自己的身份，生物识别技术也是一种适合移动解决方案的自然技术。

第 5 章更详细地讨论了这个问题。

### 功能的丰富性

一体化、安全性和可用性是迄今为止推出数字保险最重要的挑战。（当然）还有其他挑战。提供尽可能多的功能很重要，数字保险用户可能需要很多功能，设计者可能希望尽可能地将客户远离代理商或联络中心，功能更多，同时还要简单化，这确实是挑战。

保险公司希望数字保险能够销售更多服务，并获得更多的客户或收入，而不仅仅蚕食现有客户。若手机上的功能越丰富、越便捷，这些条件就能帮助保险公司应对这些挑战。

弗雷斯特公司对美国的移动应用程序做了一个调查，[23]部分结果如下。

- 政府雇员保险公司拿下金奖。该公司以 76 分（总分 100 分）的成绩赢得了“可以放在口袋或钱包中的金融机构”的称号。银奖颁给了利宝保险公司，该公司得分为 73 分，这个高分主要要归功于它的索赔功能非常强大，显然索赔是消费者最需要的帮助之一。
- 移动保险销售业绩由直营保险公司主导。
- 保单信息和管理对所有的保险公司来说都是他们的长处。
- 索赔是大多数保险公司的弱点。参保客户的真正需要是索赔体验。移动位置的即时性和普及性，使这些便利的设备成为了提出和管理索赔的理想手段。弗雷斯特公司评估发现，许多应用程序用起来不方便或缺乏一些重要的功能。

### 易用性

数字保险的一个挑战是应用程序的易用性。数字保险不应该成为保险公司服务台过多呼叫的来源。使用数字保险过于复杂这种问题不应成为客户放弃此渠道进行保险交易的原因。

丰富的客户应用程序能够提供高质量的用户体验。没有它会造成客户不良体验，甚至降低其感知的安全性。设计一个移动应用程序不仅仅是设计一个更小的屏幕。它不同于设计网站或在线应用程序。随着具有附加功能和独特硬件特性的移动设备进入市场，这些差异迅速增加。

为了提高客户数字保险体验的价值，设计人员必须符合以下可用性原则。[24]

- 数字保险解决方案必须具有直观且友好的用户界面。用户必须能够快速访问所需的信息，无须浏览多个屏幕或被迫点按太多键的情况下能够进行正确的交易。
- 数字保险的零售端应该和保险企业端的工作团队之间进行相关交流。从消费者用户那里获得的许多经验教训，也可以转移到数字保险企业端的商业解决方案。
- 开发人员应该专注于在登录页面上提供最关键的用户信息。因此，在登录阶段，用户应该能够看到一个总结他们与保险公司所有关系的快照，包括可能的投资和健康账户。用户还应该能够轻松地将账户余额进行分组，以便查看其总体状态、保单、索赔等。通过这种方式，他们可以根据他们的特定需求进行定制，快速查看最相关的数据。
- 由于用户差异很大，设计人员应确保会有一些纠错功能来保护客户和保险公司。为了最大限度地增加用户的数量和用户的种类，设计师应该给用户提供定制其应用程序的可能性，从而增加灵活性。

遵循史蒂夫·乔布斯的理念，简单使用数字保险非常重要。他的要求是，只需按一下按钮即可完成所需的所有操作，在这种情况下，将其转换为“我想通过一键点击进行交易”。[25]例如，客户可能会接受两次点击，以确保他们在键入事务中的数据时没有出错。然而，不应超过两次点击。同样，标签、信息或说明应极其清晰明了、简明扼要和尽可能采用多种语言。

### 预警

预警对所有保险交易至关重要，特别是对未决交易尤其重要。客户在个人电脑上已经习惯了这一点，因此他们希望警报能够及时传送到移动设备上，这一点更为重要，因为移动设备始终与客户在一起。

保险公司的客户应该能够收到有关其保单交易的通知。他们应该可以随时通过手机接收的信息来跟踪他们的保单。同时，这一基本功能应为客户提供适用于所有数字保险的预警功能。该服务应根据客户偏好或设置生成推送预警信息。

预警类型可以是以下一个或多个。

- 预定警报是由用户或保险公司，在预定时间内定期运行、以便传达有价值的保险信息。例如，保单到期的预定警报或需要额外的索赔文件等。
- 当账户或交易高于或低于预定金额时，触发阈值警报。这可能包括索赔、汇总交易、特殊的个人交易。
- 在事件发生时会触发安全性和基于事件的警报，例如，密码或凭据更改。
- 可操作警报，使用户可以采取行动或指示保险公司代表他们采取行动。可操作的警报应该利用所有移动接入模式。例如，可以存在短信提示，其中用户用包含一个或多个关键字的短信（例如“是”）进行响应，或者推送通知自动提示用户登录他/她的数字保险应用程序。
- 基于服务的警报可能是促销警报，以通知客户优质的新产品供应或可能存在的威胁。

### 对销售人员的支持

手机可以用于客户的访问，也可以提高员工和中介的工作效率。保险公司正在寻求改善他们的代理和客户之间的门户网站，以提供更丰富的体验。由于需要通过面对面销售以扩大覆盖面，作为战略销售渠道的移动应用程序似乎是与潜在客户进行连接的最方便的方式，并且缩短了交易时间。保险公司不仅可以在移动设备上为代理人赋能和配备先进的解决方案，还可以应对当前公司面临的挑战。

- 由于信息在后台或者代理机构来回传输核对，从而导致实时信息延迟发送，致使客户流失。
- 由于依赖代理机构或互联网连接而导致索取主要信息、安排会议、提供替代方案报价以及收取付款和文件的费时过程，产生相当大的工作和时间的损失。
- 由于附近没有代理机构或可以上网的地方，从而增加了周转时间。

为了解决上述痛点，移动设备提供了一个基于向代理商提供下一代平板电脑这一方案的强大解决方案。实现的主要目标是：

- 向代理商提供有关潜在客户管理、财务需求分析和适销对路的实时信息；
- 支持上述的报价和效益说明、产品选择、电子签名、一揽子信息和案例跟踪、服务角色和完整的离线功能，以便为端到端销售流程提供一站式购买；
- 使整个过程无纸化，包括付款和表单填写，以减少周转时间，从而确保交易的完成。

基于平板电脑销售点支持的应用程序应具备以下特征：

- 安卓系统，苹果的 iOS 系统和视窗端口均支持的混合应用；
- 与核心保险应用集成；
- 可在线工作和脱机工作，以消除对网络连接的依赖；
- 使用设备的界面直观，使用该程序后获得的体验优于代理商门户解决方案。

该领域内推出的新应用程序应确保提高代理生产率，应该支持让客户获得更好体验和满意服务。

### 动态显示

移动数字保险应用程序需要动态地了解所使用的移动设备的功能。它应该自动选择演示屏幕和最终用户的功能，这些功能可以在横屏或竖屏的特定设备上有效地呈现，它还需要生成特定的屏幕，有滚动功能，也有警示器等相关按钮，以创造最佳的用户体验。

### 个性化

移动应用程序应该支持个性化，例如：

- 首选语言和/或货币；
- 日期/时间格式；
- 金额格式；
- 默认交易；
- 标准受益人名单；
- 预警。

### 应用分布

由于保险公司与其客户之间的联系的特点，让客户定期访问保险公司网站或连接到网站以定期升级其数字保险应用程序是不切实际的。目前期望的是，移动应用程序自动检查升级和下载并应用必要的修补程序（所谓的“无线更新”）。然而，在实现这种方法时可能存在许多问题，例如，其他相关组件的升级和同步。在任何情况下，更新应用程序的最终决定应留给客户。

### 视频通话功能

许多交互作用点直接影响移动设计。包括：

- 手势检测（缩放、移动、拖动等）；
- 触摸检测（允许直接交互准则）；
- 屏幕、软件，或物理键盘；
- 位置感知信息和反馈；
- （视频）相机的利用率。

**忠利集团（Generali）和欧比斯手机公司（Obis）**

忠利集团已经与欧比斯手机公司达成协议，以利用移动渠道触达 20 个不断增长的市场。

该协议的内容是在由欧比斯开发的创新手机基础上，开发了针对忠利集团定制的创新应用程序，这些应用程序的开发是考虑到手机出售的每个市场的特殊性。

这个例子说明了手机在保险界变得多么重要，也是利用生态系统模型的契机。

# 4.5 大数据分析

大数据分析是允许组织创建、操作、存储、检索和管理相对大量的数据以获取组织信息的解决方案、流程和过程。最终的目的是帮助决策。

本书使用术语“大数据分析”，因为大量的数据本身并无用。而相对大量数据（大数据）和分析能力（分析）的组合，却可以带来巨大的收益。

大数据分析更完整的定义是：

- 提取、转换、加载和存储的大量数据；
- 检索和审视（或挖掘）这些数据；
- 获取适当的信息；
- 辨别隐藏的模式、未知相关性以及类似的决策支持。

主要目的是获得竞争优势、更好的战略和运营业务决策，有效的营销，增加客户满意度，规避风险。

保险公司的数据中有15%～20%是以结构化形式提供的，而其余的信息则以非结构化的格式提供，如文档，pdf文件，电子邮件等。[26]虽然管理铺天盖地的数据流是具有挑战性的，但保险公司可以从获取、存储、搜索、汇总和分析各类数据中得到实实在在的好处，如提高生产力、加强竞争优势并增强客户体验。然而，这个价值不一定单纯的来自管理大数据分析。它来自于从中收获的可操作见解。保险公司可以通过应用科学有效地挖掘数据，并利用它们为客户洞察、支持和提供新产品或服务，从而获取目标驱动的商业价值，获得明显的竞争优势，并在信息时代保持领先地位。

大数据分析已经存在了多年，但现在可以在更大的范围内更快速、更便宜（例如，使用 Hadoop 之类的技术）、更大规模地应用，并且更容易访问。分析是在数据中发现和传播有价值的模式。它在信息记录丰富的地方尤其有价值。分析依赖于同时应用统计学、计算机编程和运筹学来量化性能。数据可视化对于从数据中获取价值尤其重要。

这些挑战是现代分析信息系统中大部分创新的灵感来源，支持相对较新的自动化分析概念，如复杂事件处理、全文搜索和分析、语义，甚至是提供信息以支持成功决策的新思路。

大数据分析操作可以在本地处理。随着机构数据迁移到云计算，企业数据也将如此。此外，基于云端的架构将变得更重要，因为单个实体（即设备和资源）会生成连续的数据流，这些数据流可以收集、存储、处理、分析和报告。

这类方案的数量、速度和功能已经将经济环境转变为复杂的数据经济。只需按一下按钮，它就可以执行复杂的全局事务命令。从高频交易到电子商务，再到移动电话，世界各地的计算机正在产生大量数据。与个人一样，机构可能面临信息超载，这限制了技术的实现。

据估计，全球每天产生超过 2.5 万亿字节的数据。更重要的是，当今世界上 90% 的现有可处理数据都是在过去两年中创造出来的。术语“可处理”可以定义为“能够处理的、适合处理的”（由其他计算机应用）。[27]

这些数据提供了大量的信息，超出以往任何时候的信息量——从社交媒体到电子商务交易记录，再到手机和全球定位系统信号。

然而，由于大部分数据都是非结构化的，并且需要独特的专业知识来理解、组织和分析，所以大部分信息都处于闲置状态。好消息是，有越来越多的大数据分析解决方案可以发现数据背后隐藏的信息，从而帮助机构使用和货币化这种有价值的数据商品，并从中获利。这种大数据方案也可以帮助分析客户的交易流程，反过来促使这种交易更有效、更高效、更经济，同时能满足伦理要求。

研究发现，大数据分析能够通过提高来自交易流的利润来产生利润。[28]在组织和分析时，它可以突出流程，并提供对趋势、目的地、价值、数量和费用方面独特的见解，最终为机构提供机会。[29]

大数据分析并不是一个全新的概念。例如，谷歌建立的目的是帮助人们搜索数百万个网站和数以兆计字节的数据，以准确提供近乎瞬时的结果。[30]这种几乎可以称为魔术的能力，是通过使用各种大数据分析方法和解决方案来完成的。在过去的十年中，金融、制造业、零售和科技等各种行业已经开始使用大型数据分析来改进流程，或者更好地了解客户、向客户提供服务。

在当今不断变化的经济环境中，所有行业都面临着重新思考传统价值的趋势。大数据分析正在成为一种前沿的选择。这是一种创新的方式，可以访问和可视化关键信息，使其更有效、更高效、更经济，更合乎伦理（这是符合标准的）。通过解锁机构中可用的数据，人们能够更好地了解增长的机会、节约成本，而且更加合规，从而更好地为各方面的成功做好准备。

大数据分析的优势具有双重性，它不仅提供关于业务和市场的关键信息，而且还提供了对内部流程的了解，以及如何改进内部流程以反映不断变化的（外部）经济环境。在某些方面，大数据分析的行为就像一个全球定位系统，它为达到公司的目标，提供了下一个最佳步骤的支持。这种可见性将使机构能够填补空白，提高效率，并最终做出更好的决策。这也将有助于建立以客户为中心的战略，提升整体客户体验。

随着数字解决方案继续推动更快、更互联的机构，大数据分析将成为越来越有价值的工具。通过这些未开发的信息，组织将能够以新颖有洞察力的方式了解他们的业务和客户，从而使他们能够开发新的产品或服务、流程、组织和商业模式，进而有效地创造利润和额外的商业机会，增强客户体验和价值主张。

对于大多数机构来说，使用大数据分析来帮助决策制定是一种新的方法。现在，只有一些保险公司开始明白数据作为资产的重要性，信息可以提供什么价值，并能获得何种新的见解。进入大数据分析领域可能看起来像潜入一些未知的水域。大数据分析也是保险公司的未来。只有利用这一点才能保持相关性，并利用越来越多的数据来为公司带来好处。

## 大数据分析的好处

大数据分析是组织中的下一个大问题。大数据分析在 21 世纪初就出现了。首个运用大数据分析的组织是线上和初创公司。像谷歌、电子港湾、领英和脸谱这样的公司从一开始就建立在大数据分析的基础上。

与许多新的数字解决方案一样，大数据分析可以大幅降低成本、大幅缩减执行计算任务所需时间，并提供新产品和新服务。

大数据分析类似于“小数据”，但规模更大。拥有更多数据需要不同的途径：

- 方法、工具和架构；
- 解决新问题或旧问题的更好方法。

大数据分析从存储和处理不能用传统计算技术分析的大量数字信息中产生价值。

大数据分析的使用对于越来越多大量可处理的数据是有意义的：

- 沃尔玛每小时处理超过一百万的客户交易；
- 脸谱在短时间内就能从用户群处理 400 多亿张照片；
- 解码人类基因组原本需要十年时间才能处理，现在可以在不到一周的时间内完成。

大数据分析兴起的原因有：

- 可加工数据量的增长；
- 存储容量的增加；
- 可用性较大的处理能力；
- 数据的可用性（不同数据类型）。

大数据分析的特点是：

- 由机器自动生成（例如嵌入车辆的传感器）；
- 通常使用全新的数据源（例如使用 Web）；
- 使用不是专为计算机设计的数据（例如文本流）；
- 如果无法处理数据，存储数据就毫无意义。

大数据分析是以下事件流程的结果：

- 交易；
- 从传感器获取数据；
- 社交网络互动。

应该使用的数据是：

- 由同一家公司生产；
- 由用户、客户、中介和金融机构产生；
- 和来自社交媒体的潜在客户和客户。

## 大数据的特征

大数据分析在现有环境中提供了机会。这也为保险公司的利益相关者创造了新的机会。通过以传统方式处理结构化内容，这些机会是不可能实现的。大数据分析有三个特点：所谓的“3V”。

① 规模——Volume。数据量相对较大，“相对”一词是基于公司大小而言的：一个小公司认为的大数据的规模是比大公司认为的大数据规模要小一

些。大数据分析是指大量且呈现指数级增长的数据不断涌入和流出每个保险公司，并在内部或外部生成。当然，“大”这个词应该与特定的公司相关。这些例子可以在多种来源中找到，包括：

- 呼叫中心中的结构化颗粒呼叫明细记录；
- 来自远程信息处理设备的详细传感器数据，如个人电脑、手机、POS机、射频识别设备等；
- 外部信息，包括开放数据、营销研究和其他行为数据；
- 社会媒体的非结构化数据，不同类型的报告等。

② 速度——Velocity。保险公司必须能够尽快处理、访问、分析和报告大量信息，以便及时作出决策，特别是在运营环境中。保险公司也需要：[31]

- 减少延时优化透明度、交叉销售和在不同的渠道增加销售；
- 提供快速的企业内部网和外联网文件搜索，研究不同事件和决策的影响；
- 减少数据仓库环境中报告的业务交付时间，这是需要快速处理数据的解决方案，因此不能“老化”；
- 使用每秒数百万次活动的点击流和广告曝光来捕获用户行为；
- 利用机器对数十亿台设备之间的数据交换进行处理；
- 利用基础设施和传感器实时生成大量日志数据。

③ 种类——Variety。数据可能来自不同数据源，超出了通常的数据处理结构化环境。这些数据源包括手机、在线、社交媒体、代理生成数据、文本、音频、视频、日志文件等等。大数据分析不只是数字、数据和字符串。大数据分析还包括文档、地理空间数据、3D 数据、音频、照片和视频，以及非结构化文本，包括日志文件和社交媒体。非结构化数据超过结构化数据。处理各种各样的信息并不容易。传统的数据库系统被设计用来处理较小的结构化数据量，使用较少的更新，并具有可预测的、一致的数据结构。一般来说，可以将大数据分析分类为：

- 结构化，大多数传统数据源是结构化的；
- 半结构化，混合结构化和非结构化数据，大数据分析的许多来源都是半结构化的；
- 非结构化数据集，如视频数据和音频数据。

非结构化数据类型的分析是一个挑战。非结构化数据与结构化数据不同之处在于它们的格式差别很大。它们不能存储在传统的关系数据库中，因而需要在数据转换方面进行大量的工作。非结构化数据的来源，例如，电子邮件、单词文档、pdf、地理空间数据等，正在成为保险公司大数据分析的相关来源。

另外3个V在大数据分析中也是很重要的。

① 可靠性——Veracity。应该关注数据的可靠性。这指的是数据的混乱度或可信性。大量数据的形式、质量和准确度都不太可控。数据的质量、可靠性、可得性和一致性对于寻求从数据中提取有意义信息来支持其决策过程的保险公司来说是一个关键问题。后果是不同的。可靠性在大数据分析中的影响远远大于小数据。在某些情况下，例如，在语音到文本的转换或社交网络对话中，高质量数据会产生有意义的信息。当保险公司试图分析隐性现象，如情绪分析，数据质量尤其重要。

② 脆弱性——Vulnerability。必须关注数据的脆弱性。由于各种大数据分析的存在，确保非结构化或者结构化数据的数据隐私可能是一个挑战。后面的章节将详细讨论这方面的内容。

③ 价值——Value。大数据分析使用应为客户增加价值。以客户为中心的保险公司可以从数据分析中获得宝贵的见解。价值是指将数据转化为有助于决策的信息的能力。重要的是保险公司收集和利用数据的尝试须提供理由。我们很容易陷入一时的风潮，推出大数据分析计划，却不清楚这一方法可能带来的商业价值。为了让保险公司从大数据分析中获得真正的价值，他们必须在产品、流程、组织和业务模式上进行创新。对客户来说，价值是这些特

性中最重要的。如果客户在与保险公司的关系中发现价值，该公司也将获取价值。

在存储大数据分析过程中遵循正确的流程非常重要：

- 选择数据源进行分析；
- 定义数据模型：键值、图形和文档；
- 分析数据的特征；
- 消除冗余或重复或有用的数据；
- 大数据分析加载概况、存储和检索概述。

在存储大数据分析方面存在一些重要的操作：

- 根据数据的特点选择正确的数据存储；
- 将代码转换为数据；
- 实施多语言数据存储解决方案；
- 调整业务目标到适当的数据存储；
- 集成不同的数据存储；
- 将数据映射到编程框架；
- 从存储中连接和提取数据；
- 转换数据进行处理；
- 监督工作流程进度。

处理大数据分析时，请思考以下问题：

- 为什么公司应该使用大数据分析？
- 哪些类型的解决方案更好地使用？
- 数据存储在哪里？它是集中式、分布式还是云存储？
- 处理完成的地方：大型机、分布式服务器或云端？
- 数据如何存储和索引？是在高性能模式数据库还是传统的存储方式？
- 数据上执行哪些操作？顺序的、分析的还是语义处理？

- 使用大数据分析有哪些挑战？
- 谁又是有能力使用可用数据解决正确问题的人才？

## 数据分析3.0和数字保险

在《哈佛商业评论》的一篇文章中，汤姆·达文波特提出了随着时间推移的数据分析发展模式：[32]

- 数据分析1.0是大数据分析之前的商业智能，主要目的是分析内部的小问题，可用的数据量很小；
- 数据分析2.0由于大数据分析的兴起向前迈进了一大步，除了历史分析，它还可以用于预测分析；
- 新一波的数据分析3.0将数据收集和分析方法应用到公司的运营和服务中，将数据智能嵌入客户购买的产品和服务中，这是一个新的解决方案。

达文波特的一份声明[33]很有趣："数据分析3.0最重要的特点是，不仅是在线公司，而且几乎任何行业的任何类型的公司都可以参与到特定的经济中来。"

表4.1显示了根据达文波特对每一代分析特征的综合。[34]

**表4.1　三代数据分析的特征**

| 重大事件 | 1.0传统数据 | 2.0大数据 | 3.0数据经济 |
|---|---|---|---|
| 时代文化 | 20世纪70年代中期到2000年<br>竞争力不在数据分析上 | 2001~2020年<br>重点关注数据产品和服务 | 2021年以后<br>所有决策由数据驱动（或至少受到影响）的灵活模式 |
| 数据分析的类型 | 95%叙述性报告，5%规定的预测 | 85%叙述性报告，15%规定的预测（可视化） | 90%以上规定的预测，自动报告 |

续表

| 重大事件 | 1.0 传统数据 | 2.0 大数据 | 3.0 数据经济 |
| --- | --- | --- | --- |
| 周期 | 几月 | 一次解析一周 | 每秒百万次解析 |
| 数据类型 | 内部数据；结构化 | 大量数据；非结构化；多源传感器数据激增 | 内外部数据无缝结合分析嵌入在操作和决策过程中在决策点可用工具 |
| 技术 | 基本的商业智能报告工具，一揽子显示；<br>数据存储在企业数据库 | 新技术：Hadoop，商品服务器，内存，开源；主数据管理<br>出现数据质量标准 | 新的数据架构，超越数据库；新的应用程序架构<br>特定的应用程序，手机；数据字典；完整的数据治理 |
| 体制 | 分析人员与业务人员以及信息和通信系统人员、后台统计人员分离 | 一些首席数据官出现在一些超前的公司<br>数据科学家正在崛起人才短缺；教育项目开始 | 集中的团队，团队成员之间的专业职能，有专项资金<br>出现首席分析员；有培训和教育计划 |

资料来源：由达文波特改编。

数据分析3.0的发展催生了新的架构。在许多大型机构中使用数字方案并没有被放弃。同时，使用云端的大数据分析专业解决方案，并使用开源和廉价技术（如Hadoop），这也是可取的。

在保险中使用数据分析3.0的一个例子是大众私人保险：一种低成本、以客户为中心的保险：

- 成本低，因为可以使用大数据分析解决方案处理大量数据的成本较低；
- 由于功能强大的数据分析功能，每个客户都能对其进行个性化设计。

这就要求：

- 通过客户的访问、交易以及可获取的社交网络数据，在其允许的条件下记录客户行为；
- 处理所有这些数据，建立可以为市场营销、投资或风险规避提供有用信息的模型；

- 为客户提供建议或采取实际行动，这样能为他们增值。

对数字保险来说，类似这样的数据使用方法很有效。移动设备还将添加客户的位置信息。如果客户在商场，设备可能会向其提供最近的代理商或者邻近的信息。

从隐私的角度来看，有必要获得客户的许可才能追踪其活动。在某些情况下，例如，如果客户有可用资金，他会注重关于如何将可用资金用于投连险产品的建议。接受保险公司发送到客户设备的建议甚至不需要在手机上按键，而只需设备的“双震音”即可。

对经常变动的公司或机构的保险来说，类似的功能十分有效。保险公司应按要求向相关公司财务部门发送警报，告知其需要更新保单或更换到不同的保险险种。这将有助于财务部门正确投保公司险别。对中小型保险公司来说，这种服务将受到特别的关注，因为这些公司的经理没有时间遵循流动性或没有所需的专业技能使保险险种最优化。

## 大数据分析创造价值

据麦肯锡称，大数据分析可以通过五种方式为客户和组织创造价值：[35]

- 提高透明度，使利益相关者更容易获取数据；
- 以数字形式创建和存储更多的交易数据，使组织可以实时或近实时收集准确、详细的业绩数据，从而实现概念验证，以确定需求并提高业绩，特别是提供为客户增值的新产品和服务；
- 为保险公司提供改善客户细分的手段，然后更好地开发和定制产品、服务、流程和促销活动，以适应每个特定的细分市场（限于每个特定客户，即所谓的一对一关系或广泛的个性化保险）；
- 包括高级分析，提供可操作的客户需求分析，最大限度地减少风险并改善决策；

- 对于希望创建新业务模式并改进产品和服务、流程和组织方式的组织很有用。

处于行业领先地位的保险公司应该以至少 12 种不同的方式利用大数据分析,[36]他们每一个都会以一种或多种方式为客户和保险公司增值。

- 客户渠道应从信息的角度进行组合。通过与间接客户关系(如社交媒体、博客、日志文件等)组合并建立透明的直接客户关系(电子邮件、呼叫中心、代理、门户网站、短信、报告等),可以获得对每个客户 360 度全方位的评估。这有助于创建个性化和持续的沟通响应,使市场营销能够获得更好的品牌价值并获得竞争优势,同时由于处理和沟通成本的降低,报价进一步降低。
- 呼叫中心和中台工作负担应优化。从呼叫中心交换机(呼叫详细记录)分析网络数据并将其与交易相结合有助于了解执行的人员和活动以及其有效性。它可以用于为员工和中介提供培训指南,或者只是用来调整计算机电话集成系统。对大量和原始的电信和处理数据的时间调用模式分析也可以优化人员配置。
- 保险公司可以使用数据来查找规范性和预测性信息。可以研究大数据分析如何通过感知数据和近实时响应来改善用户体验。规范性分析可以就交易方面的风险行为提供警报。
- 更大力度实现对潜在客户交叉销售和向上销售。通过在近实时的环境下分析文本和语音,保险公司获得了新的机会,即通过提供交叉销售、向上销售功能,或者仅仅是卖保险给未投保的人,就将呼叫中心从成本中心转变成服务到销售中心。
- 应对社交媒体采用自然语言处理技术和文本分析,以及对呼叫中心对话的语音分析。即使没有向公司明确披露,数字保险也可以改善保险公司的情绪分析,以更好地满足客户服务,改进目标,即便是这个目标没有向保险公司明确披露。

- 使用社交媒体推出新产品和服务，市场营销可以利用社交媒体推出新产品和服务。与耗费大量资金的纸质、电视和网络宣传方式相比，使用社交媒体让他们可以合算且有效地向特定地区的客户推送。这样才能创新商业模式。保险公司可以尝试在不同的细分市场，将其战略升级到更高（区域、国家乃至国际）水平。
- 通过关闭定价风险、交易和财务影响之间的循环，风险负责人可以评估现有客户的损失和欺诈倾向，以便为新的预期，特别是对财产和意外伤害保险更好地精算风险。这有助于最大限度地降低风险，并在很大程度上恰当地精算风险。它也可以帮助改进实时风险决策。
- 应利用外部数据进行更准确的定价。使用实时位置和业务特征，数据可以根据客户使用投保货物的方式、时间和地点，对客户风险进行更恰当的定价。
- 应增强搜索功能。遗憾的是，没有多少保险公司在使用大数据分析来发现搜索其内部网或外部网内容的创新方法，以便在非结构化文档中提供快速搜索功能。这些可以由其财务部门以及在呼叫中心方案中使用，以提供实时建议。
- 应创建全面的客户满意度调查和反馈机制。大多数金融服务机构使用相对较小的客户样本量进行客户调查。大数据分析使保险公司可以通过快速且合算的方式对整个客户群进行调查（可能通过社交媒体做出预期）并处理调查结果。因此，他们可以从客户服务响应中获得更准确的信息。

**澳大利亚伍尔沃斯公司（Woolworths Australia）**

澳大利亚伍尔沃斯公司使用零售购物模式预测财务风险。[37]研究发现，从车险风险方面来看，喝大量牛奶和吃大量红肉的客户比喝酒、吃意大利面、晚上加油的客户控制风险的程度明显更好。

## 驾驭和收获用于数字保险的大数据分析

大数据分析平台不能代替现有的传统数据管理和分析平台。它们只是对现有环境和功能的补充、扩展和改进。大数据分析包括两个过程：利用，涉及数据的收集、提取、转换、加载、运营和管理；收获，这是将科学应用于数据所需的技能和解决方案，以从数据中获得可操作的和有意义的信息来推进行动并帮助决策。

驾驭和收获大数据分析过程互为补充。它们是大数据分析起始的两个方面。

### 驾驭大数据分析

在最基本的层面上，驾驭大数据分析过程包括：

- 收集数据；
- 提取、转换和加载数据；
- 管理数据；
- 建立一个不仅可以创建大数据分析，还能维持它的生态系统。

在过去，数据利用过程比现在要容易得多，但使用这些数据的好处更为有限。而今天的复杂性来自：

- 额外的数据来源，如社交媒体或公开数据的组合；
- 为保险公司提供对这些数据的访问以及分析能力的复杂解决方案；
- 数据的多样性，据高德纳咨询公司估计，所有产生的数据中有 80% ~ 90% 是非结构化的，[38] 保险公司可以利用文本、音频、视频、调整器记录、点击流和日志文件等非结构化数据，并将其与其他结构化数据（如货币兑换、投资表现、人口统计数据和地理数据、竞争对手信息等）结合起来。

## 收获大数据分析

大数据分析收获可以通过两种方式分类。大数据分析使用描述性和预测性模型从数据中获取有价值的知识。它使用这种数据洞察来推荐采取何种行动或指导决策和沟通。后者被称为可运营的大数据分析。

数据不能以原始形式使用。必须先将它们处理成可使用的形式，然后才能对其进行解释和进一步使用。

收获过程利用解决方案和算法，使保险公司能够：

- 分析；
- 提供可操作的数据洞察；
- 支持流程智能化；
- 从大数据分析中获得真正的价值。

另一个新出现的挑战是动态的监管需求。例如，在保险行业，偿付能力Ⅱ和资本充足率的需求有可能迫使更小的保险公司采用内部风险模型。在这种情况下，云计算和开源解决方案可以帮助小型保险公司采用风险分析，并通过应用预测分析来支持代理级别监控。一旦大规模数据分析由于合规性原因被引入，它也可用于市场营销和降低风险。

组织可能通常将分析应用于保险公司的数据，用来描述、预测和改善业务绩效。具体来说，分析领域包括：

- 企业决策管理；
- 营销优化和营销组合分析；
- 网站流量分析；
- 销售队伍规模化和优化；
- 价格和促销建模；
- 预测科学；
- 风险分析；

- 欺诈分析。

统计、数据挖掘、计量经济学、业务分析、可视化技术等的技能设置都有很高的要求，因为它们为从数据采集中得出有用的信息提供了坚实的基础。学术机构已经开始尝试填补供需缺口，提供各种教学计划，以准备下一代挖掘可操作信息所需的技能，例如培训数据分析师。

赛讯咨询公司调查了许多保险公司。[39]欧洲的保险公司提到公司结构或文化限制（90%）、技能缺乏（70%）和渠道冲突（67%）是执行数字保险战略的前三大挑战。虽然公司结构或文化也是全球最大的挑战（虽然低于68%），但技能缺乏（50%）和渠道冲突（46%）更少地被视为全球的挑战。后两者却使欧洲的产险公司受到格外的挑战：79% 和 74% 的受访者提及了这两个挑战，而相应的寿险公司只有 66% 提及。欧洲的保险公司最需要大数据分析和提供解决方案的能力，这表明拥有这些技能的人将在应聘时更具有竞争力。

虽然成功利用和收获数据的能力对于大数据分析战略至关重要，但收获过程更能使保险公司在分析和流程管理的帮助下从数据中提取实际价值。按照目标明确的“自上而下”的方法创建可操作的信息，定义案例和假设显得尤为重要。

虽然这是一个目标明确的方法，但很多时候，保险公司需要做一些初步的工作，以便进行探索性数据分析，来找出可以利用大数据分析的案例。这种初始的自下而上的方法是确定和优先使用案例以支持大数据分析概念验证的先决条件。

当可操作的信息可以在实现战略目标，特别是在寻找为客户增值并消除内部流程损耗的方法方面，而产生积极影响时，实际价值就会得以显现。

分析过程可应用于收获不同领域的数据。本章后面的部分将更详细地考察以下领域：

- 市场营销；

- 风险和欺诈；
- 投资组合分析；
- 运营。

**美国进步保险公司（Progressive USA）**

美国进步保险公司已经卖出了超过一百万份监控驾驶行为的快照保单，收集的数据有助于调整定价。[40]收集数据在目前的环境中具有巨大的潜力，人们在他们访问的网站、搜索的字词和社交媒体上的帖子中留下了大量的信息。几家公司已经在社交媒体上挖掘数据，为（现实或虚拟的）保险代理人提供关于他们的客户的生活事件（搬家、工作变化、汽车、房地产投资、新生儿等）的实时信息；同样地，使用数据来遏制欺诈性索赔。

### 营销优化

大数据分析支持战略营销决策（例如决定整体营销花费，如何在整个品牌组合中分配预算，以及营销组合）。它还可以在获得客户需求分布或集群，或在特定市场上推广特定产品方面，支持更多的战术性运作。归功于移动设备，这将有助于在合适的时间、正确的位置，以最合适的媒介和讯息将最佳消息推送给最具潜力的客户。

营销从创意过程演变成高度依赖数据驱动的过程。营销组织可以使用大数据分析：

- 确定何地、何时、面向谁，以及如何进行营销活动；
- 决定所举办的活动或付诸努力的成果；
- 指导投资和客户定位的决策；
- 对大量的客户购买、调查和面板数据使用人口研究、客户细分、联合分析和其他技术，来了解和交流营销策略。

网站分析允许营销人员收集有关网站上互动的会话级别信息。这些互动为大数据分析提供了追踪访问源和搜索关键字、IP 地址和现有客户或潜在客户的活动的信息。通过这些信息，营销人员可以改进营销活动、网站创意内容、目标市场和信息架构。

与经常在营销中使用的大数据分析相关的分析解决方案包括：

- 在线广告系列；
- 在数字媒体或混合媒体背景下，营销组合建模或归因建模；
- 定价和促销分析；
- 客户分析，例如客户细分；
- 网站分析和网站优化；
- 销售队伍优化。

所有这些解决方案现在经常与更传统的营销分析技术相结合。

### 风险和欺诈分析

使用风险评分旨在预测个人的犯罪行为（所谓的客户情报）。评分在处理投保申请时用于评估申请人的保险价值，并确定费率。保险公司使用预测模型来减少个人客户风险评分的不确定性。大数据分析还可以帮助预防和检测欺诈。

### 投资组合分析

业务分析可以支持组合分析。在这种情况下，保险公司收集了一系列不同价值和不同风险的账户。根据投保人的社会地位（富人、中产阶级、穷人等）、地理位置、净资产和许多其他因素，账户可能会有所不同。保险公司必须平衡每笔保险交易的回报与损失风险。

如何从整体上评估投资组合很重要。风险最低的保险客户往往是富人。但是富人的数量非常有限。而且他们不一定需要保险公司的保险。然而，有许多低收入者需要保险，风险却更大。必须找到平衡点，以做到回报最大化并使风险最小化。大数据分析解决方案可能会将时间序列分析与许多其他方法结合起来，以便决定什么时候接受这些不同细分市场的投保，或者决定保费高低并向某细分市场内的成员收取，以弥补该市场带来的损失。

**忠利集团（Generali）**

忠利集团是意大利的一家保险集团，它在精算部门使用大数据分析来监控投资组合的业绩并改善其汽车产品评级系统。[41]公司的营业部门和情报收集部门使用数据分析来衡量和改善呼叫中心的表现。忠利集团分析大量数据，并使用大数据分析来简化业务运作，做出准确的决策，并提高投资回报。这种方式支撑起了它的业务战略和竞争地位，并改善其管理架构。

### 运营分析

运营分析包括但不限于（其中一些操作重叠）：

- 在客户互动时发生的许多事情；
- 广告投放、网页个性化等；
- 即时欺诈或风险评估；
- 价格自动重置；
- 风险自动分析；
- 可能被称为“下一个最佳活动”的很多活动。

简单来说，运营分析是作为业务流程的一部分而即时完成的。相比之下，调查分析是以研究的速度完成的，而不是以运营业务流程的速度。[42]这种形式也存在局限性，例如，当某种分析结论的需要非常紧迫，就来不及通过调查来分析的，而调查的性质并非如此。

**尤尼普赛保险公司（Uniposai）**

意大利的尤尼普赛保险公司的在线索赔管理已经有几年的历史了。它经历了以下四个阶段。[43]

第一阶段是通过一个能够连接在这个领域工作的所有参与者的平台将索赔部门的前端引入网络。

第二阶段可以定义为“在线演化”，它引入了更为复杂的支持功能，实时监控索赔管理（在速度、处理数量、平均成本等方面的商业智能）的绩效指标。为了支持管理层建立的组织过程，为无纸化、自动到期管理、索赔虚拟机、电子文件、工作流程、高级数据管理、无线设备互动等，开发了项目。与此同时，它使得转向日益迫切地与所有和结算网络交互的中间网络，如专业受托人、车身维修、零配件零售商、医疗保健等，形成运营协同效应成为可能，并转移到有可能实现自动防欺诈活动的平台。

第三阶段可以称为高度在线集成。它是尤尼普赛保险公司开发的一个项目，叫作可操作的财务报告索赔的商业智能（以下简称商业智能）。商业智能不再只起统计作用，它成为在不同索赔处理背景下分析流程的关键要素，特别是过渡到第三阶段是由以下事实决定的：在线应用除了直接管理其相关数据结构中的操作环境的数据之外，还关注了影响管理会计和财务报告的事件。这样就可以及时监控账户。因此，根据所涉及的各类用户要求的详细程度，综合报告涉及到的不同背景的指标是相关的。该报告可通过特定的界面提供，这使得它可以以直观有效的可视化形式输出。

第四阶段允许索赔数据与偿付能力Ⅱ的要求相结合。它支持与不直接和索赔相关的系统整合集成。

以这种方式，商业智能可以在索赔领域满足保险公司对一种工具和单一数据来源的所有需求。同时，解决方案重视数据质量要求和内部制度、技术架构相符合。使用可获得的海量历史数据，平台的灵活性允许对数据的整合制定规则并监控数据。索赔解决方案成为重要工具的同时也考虑到了偿付能力Ⅱ的相关法规。

在尤尼普赛的母公司层面，商业智能的参考数据库每年有超过7 000万次的档案存档，总计数万亿字节。这些事件只是影响账户和预算的操作。为了获得存储的元素总数，添加至少具有相似维度的典型指标很有必要。商业智能支持的主要干预领域是索赔管理、运营、控制和精算损失评估。它也可以协助其他领域，如风险管理。

## 大数据分析与数字保险

很多案例和经济理论都指出，以数据驱动来制定决策和生产效率间存在潜在的联系。通过分析大量的企业样本，有一项研究发现数据驱动决策与更高效的生产率、更高的市场价值有关；另有证据显示数据驱动决策在一定程度上和企业的盈利能力（净资产收益率，即资产利用率）有关。[44]

一个关于大数据分析和数字保险间关系的调查显示了很多有意思的结论。[45]新进客户量和客户流失量是大多数保险公司关注的重要问题。而一些研究和模型已经证明，一直以来客户的流失都是损害企业价值的一大问题。现今一些保险公司已经意识到了大数据分析对于解决这一问题的重要性。但关于如何更好地理解客户，很多公司仍不能有效地利用他们现有数据去验证客户忠诚度或降低客户流失率。这个调查显示了：

- 约44%的金融服务提供商表示自己没有好的资源路径去获得并利用大数据分析；
- 68%的金融服务提供商表示提供一对一和定制化的产品将会成为主动运用大数据分析的一个重要商业驱动因素；
- 76%的金融服务提供商认为增强客户参与度、留存率和忠诚度也是运用大数据分析的商业驱动因素；

- 71% 的受调查者意识到，为了增加他们的产品辨识度，他们需要寻求大数据分析的帮助，以便更好地认识和理解自己的客户，这便是客户智能；
- 55% 的金融机构认为若能实时观测到所需的商业数据，会使自身产生独特的竞争优势，因为拥有大量加工过的数据的实用性是值得期待的。

保险公司能够并且需要为他们的客户提供出色的服务。保险公司需要转变以前那种只关注自身保险产品的观念，现在还需要更多关注用户体验。因为更多地关注客户体验可以增加公司价值，同时，也可以为客户和中间商提供更好的体验。保险公司应该能够使客户在任何设备上使用他们的应用程序、随时随地方便且安全地使用客户已经习惯的服务项目。数字保险将会成为保险公司的一个“品牌”而不只是一种网上直销方式。

保险公司正处在一个避免流失客户的关键点上。各个保险公司都拥有很重要的数据，这些数据可以帮助机构自身更好地理解客户的需求和关注点。保险公司需要迅速地找到方法去获取和使用数据来满足自身的利益所需，也需要找到使自身客户能够更好地控制和使用金融服务的路径。举例来说，通过选择性加入计划，保险公司可以明显地提高客户留存率，还可以提高来自每一位客户的利润率。这样，这些保险公司就可以在保险行业竞争中获得更多的满意客户。

**群众保险公司（Bought By Many）**

群众保险公司，是一家为其成员提供免费服务的机构，它的总部设在英国，该公司帮助人们改变传统购买保险的方式，利用新的方式购买适合自己的保险产品。群众保险公司的口号是“保险创造社交”。[46]公司使用社交媒体和搜索引擎去组合需要特定保险的人群，如为患有特殊疾病的人群提供旅游保险。群众保险公司通过可使用公开可用的数据来做调查，公司正在创建每个人群组合的“社会指纹”，以帮助识别个体的保险需求。该公司打算使用这些能获取的社会公众大数据来提升每个个体的保险体验。

该公司还希望能够利用大数据分析客户的索赔体验和客户的索赔需求。他们可以使用这些数据来分析哪一类人群会获得较好或者很差的索赔体验、哪一类人群更易或者更不会去索赔。保险公司可以利用这些信息去控制定价。如果保险公司可以通过可获得的公众数据去做客户分析和分类，将会非常具有竞争力。

## 大数据分析的特性

### 实施

大数据分析解决方案包含了新一代的软件和架构设计，旨在从相对大量的数据和结构化及非结构化的信息中，来挖掘如何为客户和企业提供更有价值的信息。这些都需要通过捕捉、发现和分析动态数据来达成。

诺华利佳公司，是一家将从大数据分析的潜在价值中获取利润的组织。根据他的观点，能够从大数据分析的潜在价值中获利的组织，将是那些在商业引领者和有深刻远见的人群中创造文化的组织。[47] 所有还未建立这种文化的保险公司都应该在此刻着手去创造他们自身的文化。

综上所述，能达到掌握主动权的关键是从小的概念验证开始的。概念验证，举例来说，企业可以通过来自传统数据仓库环境下的结构化数据，加速其长期的提取、转换和加载，来运用大数据分析解决方案。这可以克服无法满足部分客户服务等级协议要求的弱点。

对于保险公司而言，拓展商用案例去满足整条商业线的策略性目标是很重要的。此时，获得行政人员的强大支持是必要的。这不仅对于融资，而且对于整个组织内部传达和交流目标、需求、解决方案都是必需的。

虽然建立大数据分析的初始范围局限于人群、解决方案、技术、小型基础建设，其架构仍需从长远角度考虑。信息和通信技术与商业之间良好的合作对于迭代经验和可付诸行动的想法是很重要的，这样才能对准确的数据进行处理，并获得其价值。此时保险公司可以用增加的成功案例去获取更多的资金，运用到以后的案例研究中。

保险公司为了辨别和了解在不同情境下如何运用大数据分析来帮助自身的业务，他们需要运用精确和数字化方法去提升既有的流程。对于数据，必须能够：

- 充分考虑数据的“多样性”；
- 数据拥有“精确性”；
- 提升数据“量”；
- 增加对实时数据需求的“周转率”；
- 避免数据的“损耗”；
- 给客户和组织带来目标驱动的“价值”。

那些建立了自身文化的保险公司知道如何运用大数据分析的巨大力量，并能够从中挖掘有价值的信息。这将给这些公司带来巨大的竞争力优势，并给他们的品牌带来积极的影响。一些大数据分析成功应用的案例如表 4.2 所示。

**表 4.2　成功运用大数据分析的例子**

| 保险公司名 | 项目 |
| --- | --- |
| 好事达金融 | 使用年金余额来最小化风险 |
| 英国安盛 | 运用内外部数据来定位风险，管理风险点，甚至应对灾难 |
| 思纳保险 | 利用大数据分析防治欺诈 |
| 赛琳纳保险公司 | 掌握了机器学习技术来预测分析 |
| 田纳西农业保险公司 | 在员工补偿保险中运用大数据预测的方法 |
| 麦克斯泰德保险公司 | 在英国市场将大数据分析作为一个有竞争力的解决方案 |

资料来源：案例均来自于近几年赛讯现代保险公司的决赛参赛者和获奖者。

## 大数据分析对信息和通信技术的影响

大数据分析对信息和通信技术机构来说，既是机遇，也是挑战。

为了充分利用大数据分析，保险公司需要努力做到：

- 确定数据来源；
- 收集数据并创建组织架构来掌握主动权；
- 组织、处理和提供价值；
- 使用并扩展结论。

还需要有专业的人才：

- 企业软件设计师；
- 商业分析师；
- 数据专家。

大数据分析有望在信息通信技术领域产生多于440万个工作机会，其中190万会产生在未来几年的美国。接下来几年，印度自身至少将需求10万量级的数据专家以及数据分析师、数据经理来支持大数据分析的发展步伐。[48]

## 大数据分析面对的挑战

在大数据分析的发展过程中，会面对很多的挑战：

- 对组织和机构的利润评价；
- 对数据质量的要求（详见第5章）；
- 对组织本身的影响。

## 大数据分析带来的好处

调查表明很多机构建立了以客户为中心的目标，正运用大数据分析来挖掘内部数据，建立更好的信息生态系统。大数据已然在价值 640 亿美元的数据库和数据分析市场占据了重要一席。大数据在 20 世纪 80 年代、互联网蓬勃发展的 20 世纪 90 年代和社交网络崛起的现如今都在企业软件方面提供了大量的商业机会。

大数据分析的潜在价值是巨大的。据估计如果合理使用数据：

- 对美国的健康医疗将创造每年 3 000 亿美元的潜在价值；
- 每年将有 6 000 亿美元的消费者剩余来自个人数据分析；
- 有 60% 可能性增加零售者的营运利润。

大数据分析未来的前途是一片大好的。据预测：

- 软件公司将有 150 亿美元专门用于研究数据管理和分析上；
- 这个产业本身价值已超过了 1 000 亿美元并且以每年 10% 的速度在增值，这个速度大概是软件产业发展速度的 2 倍；
- 在 2012 年 2 月，开放源码的分析公司魏克本公司公布了第一个对大数据分析的市场预测：2012 年会有 51 亿美元的利润，并持续增长，在 2017 年将会有 534 亿美元的利润；①
- 麦肯锡全球预测数据规模将以每年 40% 的速度增长，并且在 2009 ~ 2020 年增长 44 倍。①

## 大数据分析对各机构组织的影响

大数据分析将给经理和员工的工作方式和职责带来永久性的变化。[49] 举

① 原著于 2016 年出版，作者原文是以 2016 年为当下而写。

例来说，如果定价是自动化的，就很难将业务上的盈利和损失责任仅仅归因于定价部门的经理。任何设计和运用大数据分析的人员此时都对此负有责任。正是因为经理层承担的责任逐渐转变了，组织内部就需要重新界定各个职位的责任，以便更好地适应大数据分析解决方案下对严重索赔情况的预测。自动定价系统可以迅速地对无数的索赔记录进行比较，减少人为干预的需要。在这种情形下，保险公司的索赔处理人员将不再需要处理所有索赔事件。这些索赔人员将只需要集中精力关注那些最为复杂和严重的索赔。此时工作重心倾斜是必然的，因为对职位的再设计会消耗大量时间，而且只有当自动解决方案和新的角色职能已经发展起来并经过测试，可以应对来自不稳定市场的任何突发情况后，才会对工作进行重新设计。

**埃克斯勒集团（XL Group）**

埃克斯勒集团，是一家总部位于爱尔兰的全球化保险公司。该公司认为在成本还未确定时，就需为做风险评估和保单定价的保险商提出一套先进的分析解决方案。[50]埃克斯勒组成了一个以保险精算师为主的专业团队，综合运用内外部数据，来开发和实现可预测的、多元化的数据分析。4年后，它在原来采取预测模型的业务里，发现其每一元保费的对应索赔显著下降。这是重要利润稳定的来源，主要归因于采用大数据分析这种新的风险识别方法。

# 4.6　云计算

云计算可以通过任何固定或者移动设备来连接大量分散在互联网中的软硬件。[51]云计算被认为是数字化解决方案中一个破坏性的创新和跳跃式的发展（见图 4.1）。[52]以消费者关系管理的应用为例，可以从目录中选择客户关系管理应用程序，并在完成特定配置和构建界面后立即使用。

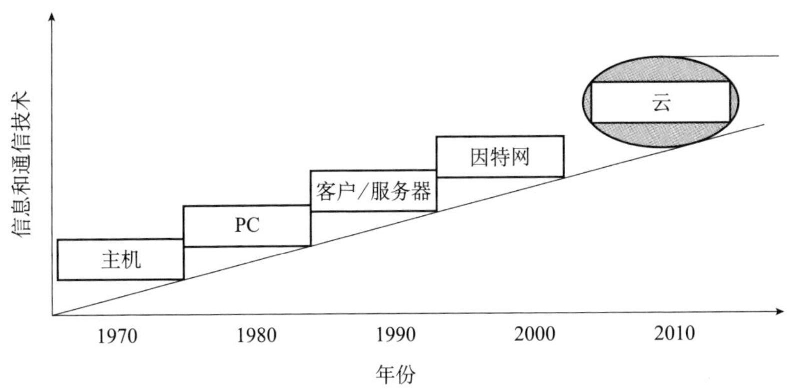


图 4.1　信息和通信技术解决方案的进化

这部分内容将阐明云计算模型的基础概况：

- 基本原理；
- 产品；
- 优势；

- 挑战，特别是安全性方面存在的挑战；
- 云计算领域的供应商；
- 云计算对中小企业和初创公司的重要性。

信息和通信技术，特别是那些作为云计算模型基础的技术，提供了创新的解决方案来有效并安全地处理多样化的任务。他们可能会给隐私信息带来挑战和风险，这些都是需要考虑的重要因素。在公司上云之前，对数据、文件的运行和存储，或者说对采用新的组织内部模型而言，获取具体问题的回应并为机构的业务活动仔细挑选可靠的解决方案是很重要的。

习惯上说互联网就代表了云。这也是这个新兴的计算模式被称为云计算的原因。

云计算使得需求和存储于大规模可扩展数据中心的共享资源成为可能。人们可以在任何电信网络和任何有互联网连接的设备上获取这些数据。

新模型的主要特征是它使信息和通信技术从内部成本中心转移到迅速的、有回馈的、按需消费的外部服务上，这不仅用于业务解决方案，还是管理组织和便于创新的一种方式。云计算服务的供应商注重于信息和通信技术基础设施的建设和提供给客户的服务上。客户一般只需要支付他们所消费的服务。客户的群体组织可以获得收益，因为资源的分享大幅度削减了运营费用且并不需要任何投入。

## 云计算的定义

“云计算”，或者简单地称为“云”，是在一定的、一般位于机构外的计算机基础设施、平台或应用的管理下，用于计算所获得的资源的模型。资源的获取一般通过互联网等通信网络来获得（见图 4.2）。

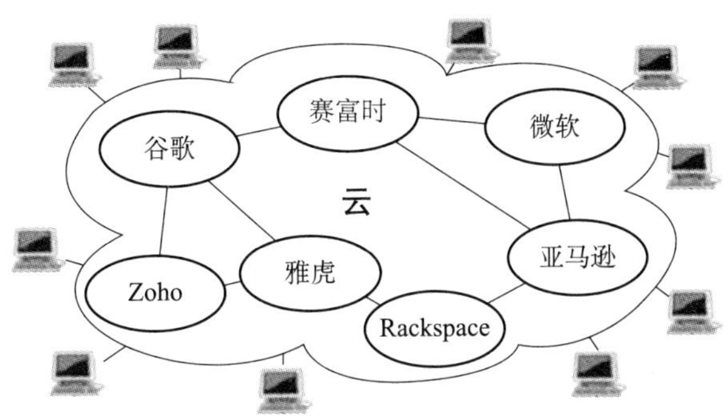


图4.2　一些云计算的例子

美国国家标准与技术研究院将云计算定义为“使得可以普遍使用的、便捷的、即期网络连接到可配置计算资源（如网络、服务器、存储、应用、服务）共享池中的模型，这些资源是付出最小的管理的努力或者说最少的服务供应商的干涉就可以分配和发布的。”[53]经常使用云计算的个体甚至并不需要了解云计算是什么。一些知名的邮件服务商（如Outlook、Gmail）和数据存储商（如Dropbox）都“在云上”。甚至很多智能手机的应用功能都是基于云，如定位周边超市、商场的手机应用；在线游戏、在线音乐等手机应用都是基于云计算。

云计算有很多类型，可以以不同方式来分类。特别地，云计算的模型由以下几点构成（见图4.3）：

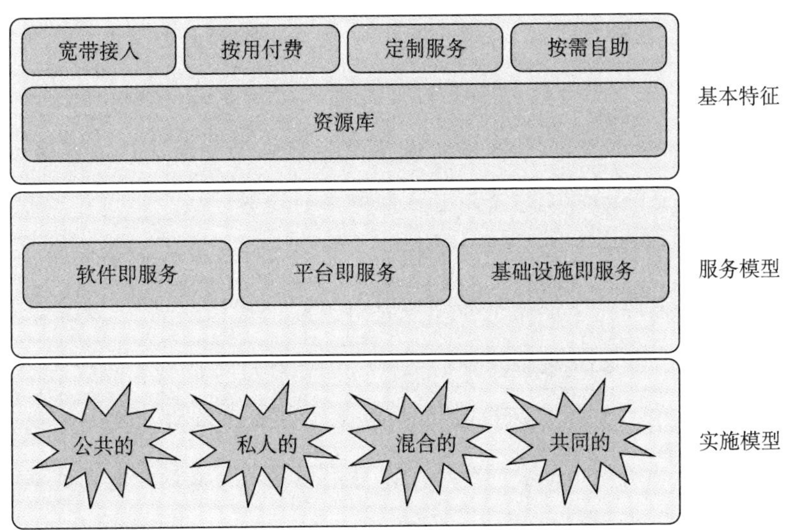


图4.3　云定义Nist模型

- 5大基本特征；
- 3种服务模型；
- 4类实操模型。

## 基本特征

一个云计算解决方案，一定满足了一些非常具体的功能：

- 通过网络访问（因特网为最优）；
- 根据需求调节容量；
- 自助服务；
- 按使用量付费；
- 多户共享；
- 虚拟化。

可以详细说明以下几点。

- 通过网络访问（因特网为最优）。得益于宽带连接的发展，现如今几乎所有的机构和组织都已经连上了互联网。
- 根据需求调节容量。容量的大小可根据业务需求来制定，也可以说富有"弹性"是云计算具有的重要特征之一。这就意味着，客户可以自由地调节资源的使用量，而不用专门去调整合同。从理论上来讲，云计算是一种有无限资源且立即可用的模型。
- 按使用量付费。一个组织对服务的需求不可能是一成不变的。有些需求量的高峰是可以预测的（如每月月底的需求高峰），而有些是不可预期的，是需要根据特定的业务需求和对产品服务之需来定的。在这种情况下，云计算的弹性（灵活度）就显得很有意义了，它允许在正确的时间使用必要的资源。根据消耗量所形成的付费形式是非常实用的。对资源的计算方式使得对信息和通信技术的使用类似于电、水、气的使用。

- 多户共享。多户共享是一种结构原理，一个简单的例子就如计算机资源可以被很多的组织和指定的客户使用。这个原理是云计算的基础，因为它使得众多客户和组织间可以共享资源，享受更实惠的服务。
- 自助服务。云计算解决方案是“现成”的。他们可以随时被取得和使用。所以在一定程度上，通过改变参数配置，云计算方案是可以实现自助管理和自助服务。客户通常可以通过网络浏览器、智能手机应用和云服务商提供的固定设备来连接到参数配置上。
- 虚拟化。虚拟化由“非物质化”的资源构成，如服务器，等价于可以由软件实现的抽象资源。物质资源（如处理器、存储器、存贮库等类似的设备）在很多虚拟主机间共享。

## 服务模型

云计算将信息和通信技术基础组件应用到具体服务中来。这便引出了3个基础的交付模型，他们的缩写分别是：IaaS、PaaS和SaaS。这些模型定义了策略性和组织化的解决方案，可以使得经销商获得有竞争力的收益，也可以称是云计算的商业模型（见图4.4和见表4.3）

**表4.3　服务模型的例子**

| IaaS | PaaS | SaaS |
|---|---|---|
| 基础设施即服务 | 平台即服务 | 软件即服务 |
| 实用的计算数据中心<br>按需提供硬件资源 | 主应用程序环境为建造<br>和部署云应用程序 | 通常可以通过浏览器<br>实现的应用程序 |
| 例子：HP Adaptive | 例子：Salesforce. com | 例子：Google Apps |
| Rackspace | Microsoft Azure | Salesforce. com |
| Amazon E2C $ S3 | Telecom Italia Nuvola Italiana | Office 365 |

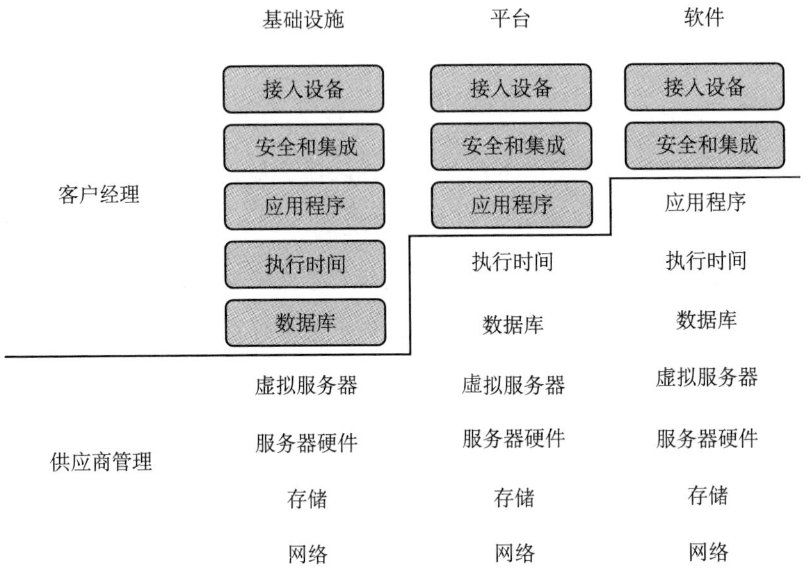


图 4.4　传统的信息和通信技术基础设施和云计算在管理职责方面的比较

- 基础设施即服务——IaaS（云设施使得资源的可获取服务成为了可能）。云计算服务的供应商根据一个叫“按使用量支付”的模型，来提供硬件的解决方案和基础软件（如内存空间，操作系统，虚拟程序和类似的资源）。远程虚拟服务器可以被认为是云计算基础设施的一个例子，公司可以通过这个服务器来替代或增加在组织内已被呈现的系统资源。这些服务商一般是专业化的市场参与者，他们运作有技术含量的设施，这些设施经常分布在不同的地理领域。IaaS 的例子有 S3（简单存储服务）和 EC2（弹性云计算），由亚马逊网络服务专门提供存储空间和运行系统。
- 平台即服务——PaaS（通过互联网提供平台软件的服务）。服务商们根据客户的需求为软件的开发提供先进的技术方案。通常情况下，这种服务提供给需要建立自身应用解决方案（如金融、会计、物流等管理类的应用）的组织，来满足组织自身的需求或提供服务给第三方。在平台即服务的情形下，服务商根据清楚界定的使用者需求来提供内部的解决方案或附加的特定软硬件。平台即服务作为软件发展环境的例子有 Google App Engine，Microsoft Azure 和 Force. com 等。

- 软件即服务——SaaS（应用软件传导作为云计算模型服务的一种）。供应商们通过互联网给终端的使用者提供了很多可获得的应用服务。例如，大家日常都会用到的邮件服务。这些服务在网端提供，如处理电子表格或文档修改，协议管理，访问电脑文档的规则制定，合同列表，分享日程，也包括先进的电子邮件服务或时间报告功能。软件即服务的例子有 Google Docs，Google Mail（Gmail），Sales Cloud2（Salesforce. com）和 Zoho CRM。软件即服务，虽然它在云计算出现前已经是互联网软件的提供者了，但在接触到云计算以后，软件即服务达到了其服务质量的最高等级。

## 部署模型

四种云计算模型的部署（见图 4. 5）。

- 私有云这种计算机基础设施（电脑网络连接到提供者的服务商），主要为了满足单个组织或企业的需求，一般放置于自身管理范围内或可信任的第三方供应商（以传统的服务器托管模式）处，这样数据的所有者就可以完全控制其资源。
- 公共云，包括专门服务于使用者与公司的由供应商掌握的资源；或在多架构环境下的机构系统，共享互联网的计算、处理、存储数据能力。
- 混合云，其特点是除了从公共云处获得的服务外，其解决方案包含了对企业预置设施所得的服务的使用。
- 社区云的资源被多个组织共享，以造福特定的社群（社区）使用者，例如，中小企业的集群。

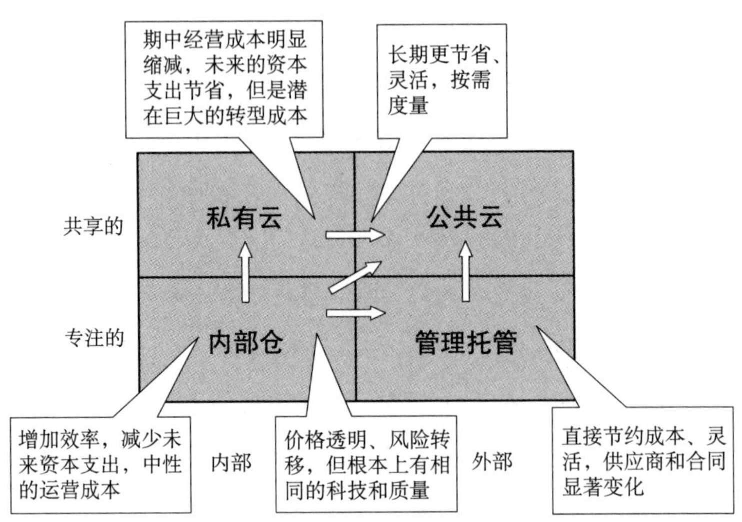


图 4.5　迁移到云的好处

资料来源：赫尔："革命性的信息通信也是一种服务，"引自《里士满信息通信经理论坛》，2012 年 5 月 17 日。

客户组织使用云计算提供服务的，需要连接互联网和当地信息和通信技术基础设施以获得更多边缘服务。其中，连接的质量水平需要确定，因为这决定了服务的使用效果。客户使用云计算服务导致了投资成本（或资本费用，也称为资本支出）的大量减少，因为客户不再需要考虑信息和通信技术基础设施（购买新的设备，软件许可证，软硬件升级等）的成本：云计算所需的申请、平台和信息和通信技术设施都已经被服务提供者管理配置好了。相较于自己投资基础设施的企业，使用云计算服务的企业可以节约 35% ~65% 的费用。[54] 这些节约的财力可以使用在业务上，也可以用来组织创新。

## 云计算的优势

使用云计算的主要优势有：

- 集中处理的效率高（也引起了规模经济效应）；

- 大幅减少了访问新服务或者资源的时间和成本；
- 显著减少了因使用新的应用而产生的风险，如预算超支（这个问题在超半数的情形下都出现了[55]），显著减少了因技术退化、系统老化、使用应用失败（比人们猜测的发生可能性少一些）的风险；
- 大量减少了激活新的解决方案或新的计算资源的时间；
- 可以满足于短短几周内在平台上建设出新的解决方案的能力（平台即服务）；
- 持续处理数据的能力（基础设施即服务）允许任何组织利用传统的设置，可以及时获取所需的资源；
- 提供了一个灵活的、可测量的服务，云计算不需要在合同中写明条款便可方便地增加或减少相应的服务，这种灵活性对现今的环境来说是很重要的；
- 能更好地融合业务线的需求。

正是因为云计算的发展，信息和通信技术的作用也在不断增强，在无法控制情形下收取佣金的可能性越来越小。同时，各业务部门的合作与融合上也有了巨大提升。

**内森怀特公司（Nationwide）**

在过去的 80 年里，内森怀特公司从一家小型的汽车保险公司成长成美国最大的保险和金融服务公司之一，并拥有 38 000 名员工。其总部位于俄亥俄州的哥伦布市，是《财富》杂志评出的全美 500 家最大企业之一，是公共退休保险计划的最大提供者以及汽车保险的第七大提供者。之前这家公司分散的 3 000 多服务器，耗费高且效率低。为了提升其业务的灵活性并阻止花费的继续提升，该公司展开了其虚拟之旅，最终通向了云计算。[56]他们用 Linux 虚拟服务器在主机上跑，联合了之前分散的服务器，创建了一个多平台的私有云来优化所有不同的工作。这项云部署减少了 80% 的能量消耗、对冷却和空间的需求，并且在前三年预计将减少 1 500 万美元的花费。

## 风险测量

组织选择合适的云计算类型和服务模型是十分重要的。如果一个公司决定选择公共云，就需要向客户清楚说明几乎所有的进程都是外包的并且数据“远离”客户的直接控制范围，云的概念可以说是“虚拟的”。事实上，云计算模型可以提供很多现实的服务，如一个公司产品的分销，全国范围或地区性的公司注册，旅行预订，医药分析，在线保险，以及更多其他的服务。

在选择一个适合类型的云之前，公司和其安全部门要确定需要存储在云中的数据类型（如个人数据；敏感的或关键的商业数据，如保密性数据、专利、商业秘密等），并且测算可能存在的风险和做出选择后可能出现的结果。客户可能很难和供应商协商改变其已提出的合同，当然，客户可以选择不同的供应商。

## 安全管理

一些问题需要同云计算潜在的供应商阐明，并且罗列在合同里。

- 安全措施。云服务的供应商必须有可以有效抵御病毒、黑客攻击或其他危险的系统。在选择云计算合作者之前，客户一定会考虑，信赖一个远程的供应商可能会失去自身对数据直接和唯一的控制。然而，相比于组织自身有限且并非最新的资源来说，一个可信赖的供应商可以确保更多的安全性。
- 云计算服务的供应商。客户所选择的服务可能是其他服务供应商提供的系列服务的“转换链”，而不只是合同里写明的那家服务商。
- 服务和紧急计划的可获得性。虚拟服务，因服务涉及网络连接质量，在缺乏充足的安保措施下，可能有时会因网络攻击或突发的高峰流量而受到破坏，甚至当非正常事件发生时会不可连接，无法获取信息和通信技术资源与数据，业务连续性计划非常重要。

- 检索数据。自然灾害或网络攻击会影响一些数据中心在云中的运行。确认数据的运算过程和损伤恢复，并计量仅存于云中的数据丢失和删除情况对组织的经济影响是十分有必要的。
- 保密性。供应商存储的个人或组织的数据可能与租用相同云服务的其他客户间存在着冲突甚至是竞争关系。因此为了保护在云中传输的机密信息而去度量供应商的公正性、专业性是恰当的。
- 服务器的位置。数据存储和处理的位置识别直接影响了在客户和供应商之间争端解决的法律的适用范围，也涉及监管数据存储、数据处理、数据安全的法律的适用范围。为了保护相关人员，根据隐私的规定，只有在特定的情况下欧盟以外的国家可以访问相关数据，并且两个国家都能根据欧盟法规要求提供足够的保护。一些规定也要求使用云的机构需要告知他们数据存储的位置。这个信息可以在保险公司和服务供应商间产生纠纷时，用来确立案件的管辖权和法律的适用，特别是确定数据的保护水平。
- 数据迁移。在一些情况下，采用由服务供应商的解决方案，组织可能很难将数据在云中迁移、和使用不同云服务供应商的其他组织和个人相互交换信息，这危害了数据的可移植性和互相操作性。合同终止和改变时不被供应商锁定数据尤为重要。
- 保险损失。当前的监管不确定性，让因违规造成破坏、数据损失、临时中断云服务等情况获得充足的补偿变得异常困难，并且这个过程成本较高。

## 云计算的关键点

一些国家（地区）的个人数据保护隐私立法者已经准备了指南，以提供适用于所有用户，特别是公司和政府的一些指令。其目的是涵盖一些重要的法律、经济和技术问题，特别是与云计算供应商的合同条款。

主要建议，除了前面提到的，还有以下几方面需要注意。[57]

- 有必要检查供应商的可靠性。用户在把他们有价值的系统和数据传输到云上前，需要在考虑自身的机构和业务需求和分配信息的数量和类型、风险、安全措施的基础上，确认和验证供应商的经验、专长和可靠性。
- 保证数据的可移植性十分重要。建议使用基于开放格式和标准化的云计算服务，主要原因是即使数据由不同的供应商提供服务，也能够从一个系统切换到另一个在云中的系统。
- 数据的可用性需要被保障。要求供应商在合同中对云服务的可获得性和表现作出明确和充足的保证是比较合理的。
- 组织应该选择数据迁移到云端。某些信息因其敏感性，要求特别的安全措施，例如有关商业秘密和敏感数据的（如有关健康、种族、政治观点、工会会员关系）。
- 数据不应丢失。保险公司总是应该仔细权衡其所提供的服务类型。需要检查数据是否仍可被合同运营商使用，如果运营商是一个中介，或者其提供的基于数字解决方案的服务可被其他第三方运营商获得。
- 存储在“云”中的数据，因数据丢失、非法传播，或客户退出服务、切换至其他的服务供应商或内部操作等情形，会产生特定的责任和义务，所以评估云服务合同条款的适用性是十分重要的。
- 检查数据保留的时间和保留的方式很重要。在云服务的采集阶段，在与供应商的合同条款中，需要明确数据是否会保留，何时将数据会保留在云端，很有必要在合同中明确规定数据所有者接受云服务的契约终止情况，因为这些情况并没有相关的法律规定。
- 使用云计算服务来处理数据的客户及供应商的员工，应该是训练有素的，他们可以最小化因非法访问、数据丢失，或者更普遍地说，因不被允许的数据处理而产生的风险。

## 测算云计算解决方案的费用及收益

打算将数据迁移到云的机构必须准备一份适用于云的详细商业案例说明。[58]

当一个组织拥有本地的数据中心时所需的成本：

- 硬件购买及安装；
- 许可证购买及相关维护；
- 定制和配置；
- 主机；
- 用于灾难恢复的备份工具；
- 数据中心间的数据复制；
- 适当和及时地安装更新和补丁；
- 对最终用户的支持；
- 支持维护；
- 物理和逻辑的资源安全。

与云计算解决方案相关的费用是：

- 基于消耗产生的费用；
- 内部应用程序的集成；
- 定制和配置；
- 对最终用户的支持；
- 连接到云（通常是互联网）。

考虑到降低成本的资本费用，内部安装云解决方案大约可以减少 35% ~ 65% 的费用。

表4.4显示了一些使用云解决方案的金融服务案例。框内列举了一些提供云计算解决方案的供应商。

**表4.4 使用云解决方案的金融服务案例**

| 金融服务机构 | 云的优势 |
| --- | --- |
| 欧瓦公司 | 欧瓦公司是奥地利最大的社会保障和救助医院的保险供应商。它通过虚拟化技术使得服务的可用性最大化 |
| 艾薇瓦公司 | 艾薇瓦公司提供服务以支持提高企业的生产率和协作能力 |
| 安盛 | 安盛借助云技术提供更好的工具给销售队伍和服务组织，是欧洲最大的保险公司之一 |
| 挪威迪恩比银行 | 挪威最大的金融服务集团，使用风险评估的新平台 |
| 劳合社 | 劳合社，是世界唯一的专业保险市场。虚拟化环境以降低运营成本、提高资源利用率，并合理利用新的数据中心 |
| 厄本借贷方案公司 | 这个金融服务供应商使用Hyper-V来增加速度，同时节约了100万美元 |

**云计算市场里的供应商**

**亚马逊（Amazon）**

亚马逊已经成为云计算的领军者。亚马逊是拥有弹性计算云（EC2）基础设施的最大供应商之一。它还提供应用程序开发和部署的云平台（平台即服务）。埃森哲的研究分析师估计亚马逊的弹性计算云（EC2）需在450 000台服务器上运行。[59]亚马逊基于存储服务提供了有竞争力的价格（S3简单存储服务）。像多数的大型云服务商一样，亚马逊没有透露太多关于数据中心位置或其营业额的相关信息，估计其全球收入约为十亿美元。

**谷歌（Google）**

谷歌是互联网技术平台的一个大玩家，提供谷歌应用程序引擎和电子邮件服务。其产品可以有效提升办公室的生产力并实现数据和文档的共享/协作。谷歌的主要优势是其服务的可伸缩性，允许客户只为他们使用了的服务付费，且没有启动成本和经常性费用。谷歌有一些金融行业的客户，例如西班牙对外银行和一些小型储蓄银行。

**微软（Microsoft）**

微软的云平台 Windows Azure 和 Office 365 在市场上很活跃。Office 365 汇集了微软办公软件、微软 SharePoint 在线、微软 Exchange 在线和微软 Lync 在线于一个单一的云服务上，可以每月进行预定。云服务 Windows Azure 为开发人员提供了可以开发和管理 Web 应用程序的平台。Azure 提供了一套完整的服务，包括计算环境、可伸缩存储、数据库功能和内容发布网络。微软 Office 365 在市场上是十分活跃的：微软和 21 世纪互联云计算合作可为其客户提供例如在微软云计算技术版本上使用中国云计算资源的服务。

**赛富时（Salesforce）**

赛富时是软件服务的供应商，主营支持和优化销售队伍的工作。赛富时专注于通过云发布业务应用程序。Force. com 是一个服务平台，它允许开发者使用赛富时的基础设施开发额外的应用程序并与赛富时相融合。赛富时在已有的基础上附加新产品特性和新功能的特色，为人所知。

**IBM**

智能云是为了发展安全的混合云，联合私有和公共组件服务和解决方案的综合云计算服务。IBM 已有的深度、专业、开放标准和统一的基础设施，可允许客户和组织达到高水平的创新和效率。

**意大利电信公司（Telecom Italia）**

意大利电信公司在多个国家提供电信服务，是意大利最大的电信运营商。意大利云服务主要针对中小企业。为了达到分散和多元化的目标，意大利电信提供特许经营网络和一系列工具给意大利云服务，支持其迁移到云上。

## 对云计算的评价

云计算的前景很有吸引力：它可以灵活地适应组织的需要。组织只需要支付他们所消费的部分。云计算可以使固定成本转化为变动成本。它消除了大量投资，以运营成本取而代之。最终，它使得信息和通信技术的基础设施变得冗余。这个模型特别适合有不连续计算需求的内容主体。在这些情况下，云计算资源利用被最大化了而内部信息通信技术资源并不总是被充分利用。云计算对初创公司而言是件很有意思的事情，初创公司可以专注于业务，忽略大部分与信息和通信技术基础设施相关的结构和经济方面的因素。

其他需要考虑的重要问题包括在云中开发的应用程序的可移植性、提供的服务水平（服务水平协议）、备份、应用程序的恢复，以及纠纷时适用的法律法规。

## 服务于保险公司和初创企业的云计算

提供咨询及外包服务的弗雷斯特研究公司的一项研究表明，广泛采用云计算的应用程序对商业成功有重要影响。[60]

弗雷斯特公司在2014年7月和8月调查了来自美国、英国、德国、法国、澳大利亚的300家组织，其中的大多数（81%）表示，他们正在或计划在两年内使用处于云中的关键应用程序。

调查发现，节约成本已不再是利用云服务的主要原因，77%的组织认为云服务的灵活便捷性是其使用云的关键驱动因素。

研究中其他值得一提的是，从调查日起的两年内，77%的受访者表示为使用业务应用程序，他们正在使用或计划使用基础设施服务、平台即服务或软件即服务。66%的受访者认为为了他们的数字资源，他们应该优先考虑开发一个全面的云计算策略。

此外，70%的企业希望由提供单一服务的供应商来实现云，66%的企业正在关注或非常担心参与管理和治理混合云环境所涉及的复杂性。

# 4.7　统一内容管理

人们经常谈论的统一通信是指将一个单一的工具（可以是电脑或者电子设备）用于所有可能的通信模式：语音、数据、电子邮件、视频等。这是一个有趣的概念，不仅可能实现减少所使用的设备的数量（包括手机、平板电脑、掌上电脑、计算机等），还能实现把所有通信集中在一个单一设备（并集中在一个软件）上。在这种情况下，人们就不需要从一个设备转移到另一个上来进行交流。

从组织的角度来看，这也意味着对所有内容的统一管理，将吸引越来越多的关注。这个术语是指整个非结构化信息的集合，用于支持一个组织的进程。结构化数据和非结构化数据都能完成这个进程，如文件、语音、视频、电子邮件或其他形式的信息。媒体不是其中的内容，而是对内容提供支持的工具。

至今没有解决方案可以以统一内容管理的格式来管理所有可能的内容。人们谈及的企业内容管理；但这个术语通常指的是管理本身，而不是对内容的整体管理。传统的计算机科学为管理结构化数据开发了非常复杂的方法和模型。到目前为止，当数据或信息不是结构化的时候，或者说内容是非结构化时，可以做的统一管理还很少。

在一个组织里，可预测约70%～90%的团体信息是非结构化的。这种情况产生有几个原因。[61]在过去，没有结构化的数据且没有必要去组建它，因为没有非结构化信息管理的自动解决方案。人们擅长用手工管理非结构化数据。例如，非结构化信息的手工生产比结构化信息的生产要容易得多。后者需要更多去遵守标准格式或约定。

一些数字能够帮助评估形势：[62]

- 知识型工人每周花10个小时寻找信息；
- 组织内的劳动力成本，花费高达10%的时间在无效的内容搜索上；
- 60%的高层管理人员认为，他们的组织应该更好地利用可获得的信息；
- 管理人员认为，搜索结果中多达50%的信息是无用的；
- 上班族们花费40%的时间用于管理非结构化数据；
- 约16%～20%的营业收入花费在纠正不正确数据的问题上；
- 约70%～80%的组织已经拥有超过其存储库的内容，其中43%的组织甚至拥有的信息内容已超过其存储量的6倍。[63]

本章的目的是介绍一个用于支持数字保险的通用模型，用来管理内容。将精益化和数字化业务流程改进相结合，是特别重要的。模型提供了一组方法用于改善流程，同时帮助它们数字化。

一项由帕瓦林达和莫克福（2005）主导的研究与此相关。[64]在他们的研究中，确定了一个实现企业内容管理系统的框架。他们的框架如图4.6所示，它为业务和信息通信技术的经理们提供了基础，去理解和促进企业内容管理系统在组织里得以实现。该研究的作者声明企业内容管理系统应该支持组织的目标和企业的理想模型。基于目标的行动或多或少影响了预期，并相互作用于未来的目标。企业内容管理系统通过设计和使用内容模型得以实现，从企业模型的角度，其包含了所有相关的信息内容。企业内容管理系统的实现是由数字解决方案基础设施、行政资源和实践共同组成的。变更管理需要在企业和其内容模型、基础设施和管理之间寻找一个最佳的组合。

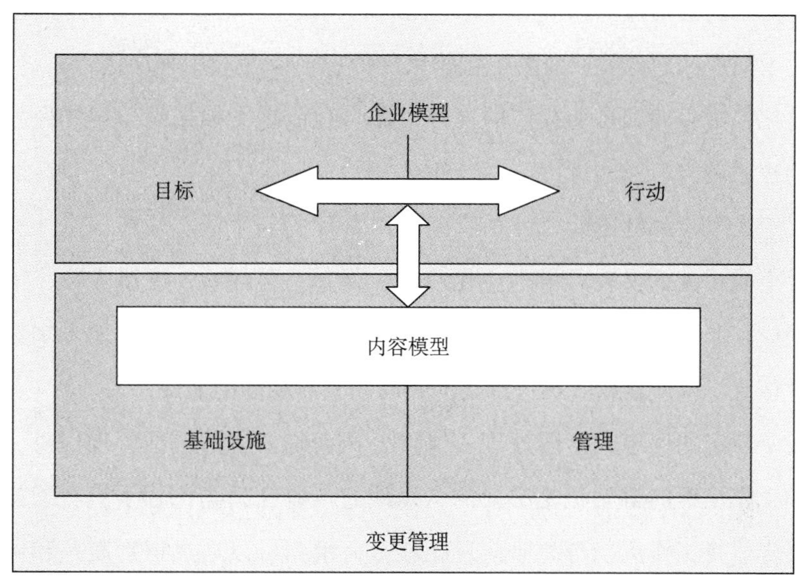


图4.6　企业内容管理系统实现架构

资料来源：B. E. Munkvold（2005）.

帕瓦林达和莫克福（2005）提出企业内容管理系统的实现应与企业架构相结合，以确保“它可以构建有意义的信息通信系统以支持操作。”企业架构的概念，在第二章中曾提及，是非常重要的，因为它涉及的是在一个企业需要做什么，包括对业务理念，所需支持运营，谁做什么，以及保险公司如何拓展客户、中介机构和供应商。

企业架构同时注重结构化和非结构化数据。它还适用于没有数据的内容，如声音、图片、视频及其他类似的内容。在一个团体里，架构允许评估管理内容的解决方案。此外，架构强调了流程与管理内容相连，然后让团队专注于改进内容管理至最优。

## 保险公司的内容管理

对保险公司而言，内容管理是极其重要的。例如，应用程序应该与中介、顾客和保险管理系统无缝集成，只需要一个点击就可以链接到文件和检索文档。这可以使公司减少保单投诉处理的时间和成本，而提高客户的体验。

对于财产和意外险，需要把合作伙伴信息与金融应用程序进行无缝结合。有必要把检索存储和自动存储的文件、命名和链接文档接到公司的保险和金融应用程序里。

对于人寿险和健康险，公司管理数以百计的与生活、残疾、意外和医疗保单及声明相关的文件。管理应用程序、保单、再保险、注册人数、索赔和客户回应是非常有必要的。云计算解决方案必须在一个安全的地方来集中存储客户信息，以便授权人员可以在同一时间查看相同的文件。

对于特定的保单和索赔处理，保险公司面临的挑战包括管理信息、人和程序。工作流程的自动化是必要的，以便它可以在公司流程下进行通知、跟踪和报告。将工作流程与商业信息相融合，组织可以通过识别瓶颈和可获得的资源最大化地利用资源。

## “(10+1)S”模型

本节中给出的模型被称为“(10+1)S”（在本章也被称为统一内容管理），因为与管理内容相关的主要流程可以分为十个以“S”字母开头的词汇，加上一个额外的S概括之前的十个词汇。[65]

图4.7总结了这个模型。以下段落解释了模型中的每个过程。在每一个过程中，总结了潜在的数字化支持。通过正确的方法改进过程可以将精益化和数字化合成：流程应该同时减少任何浪费（即精益）并自动化（即数字化）。[66]

### 来源

来源产生内容。内容的来源是非常多样化的。它可以是来自团队内部或外部的。它或多或少是可靠的。它的起源可以是确定的或者不确定的，因此可以是安全的或者不安全的。

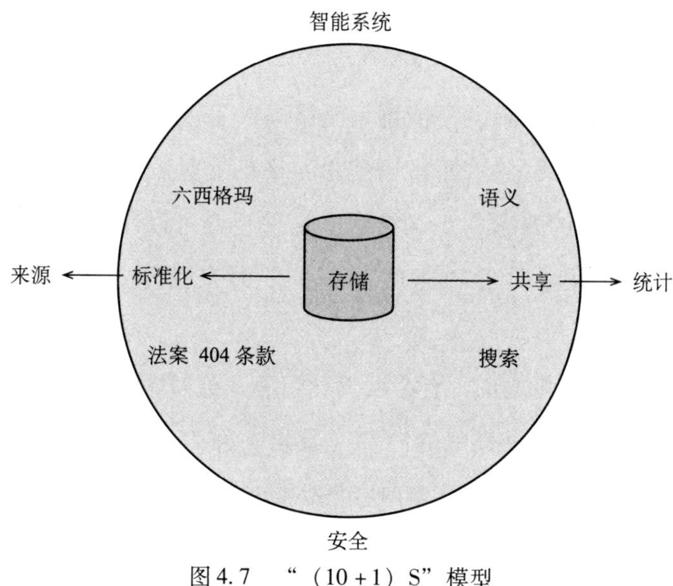


图 4.7　“（10+1）S”模型

企业内容管理系统代表一类用于组织和促进创建文档和其他内容合作的有用解决方案。从技术上讲，企业内容管理系统是一个服务器端应用程序，分为两个部分：

- 后端，或管理部门，负责组织和监督生产的内容；
- 前端，即用户访问应用程序的部分，能够完成更改、更新、插入/删除。

### 标准化

提交原始内容的第一步，是尽可能地标准化，以便于之后的分类或搜索。这个操作有时也叫规范化。

为了管理内容，有一个由可扩展标记语言组成的有趣工具。这是文档内标准化的标记语言。作为交换结构化文档的数据格式，企业内容管理系统包含一组可以扩大信息的数量和类型的规则，信息指的是包含在文档中的数据。

### 六西格玛

六西格玛方法，或者说，精益六西格玛，是另一个步骤，涉及内容质量的管理和改进。[67] 精益六西格玛是六西格玛下对工作质量的要求和精益方法下对流程速度的要求的正确结合。这种组合可以减少缺陷和复杂性以改进流程，同时提高质量和速度。这些方面在基本服务这块是尤其重要的。

在自动化和数字化之前，有必要简化流程。通过消除和减少加工时间和降低成本，精益鉴别在过程中的浪费（日语中称为 muda）。要做到这一点，精益方法提出了一些问题："这个内容是必要的吗""它存在各部分中吗""内容的质量如何被保证""有必要优化和储存必需的文件吗""哪些是真正的必要的处理步骤"，一旦回答了这些问题，并采取相应的行动，团队可以实现自动化流程。

数据质量评估决定关键数据域的质量，这对保险公司十分重要。

### 存储

运用"(10+1) S"模型，所有内容都可以被统一管理，由于内容存储在一个知识库里，这使得我们能快速访问所有感兴趣的内容。

这个解决方案是面向对象的文件管理、存储和生产的系统。系统中，逻辑组件或者"对象"的集合代表了不同文件。他们可以被组合及物理映射在一个分页的布局里。通过一个数据库管理系统，对象被组织、存储、访问和处理。这个库包含的对象成分至少是基于信息、文本、图像、声音和图形的。对象也可以包含其他物理特性、与其他对象关联的、有访问限制的数据。

### 安全

一个"S"是指安全问题：管理内容的访问、处理和存储的安全性是至关重要的。数字化数据可以大量地被压缩在非常微小的空间里。这样增加了它的易损性和被复制及欺诈使用的风险。

仔细设计非常重要：

- 访问控制，保护内容并确定授权可以阅读、创建、修改、删除内容的人员；
- 访问权限允许作者、出版商和员工进行修订并且允许用户有权创建、编辑和查看内容；
- 审计内容，需要分析样本材料和寻找相似或相同的信息来消除不必要的重复内容。

一个全面安全的内容管理解决方案必须在正确的时间提供适当水平的保护，在当今动态的商业环境下同时要保证实用性。[68] 保护所有类型的内容与保护正确的内容是不一样的。今天，许多方面的解决方案是用来保护内容的，但这些往往不能使整体和全面的安全内容管理策略融为一体。数字化解决方案如文档加密、信息权限管理和数据丢失保护，根据不同的安全需求和案例来进行处理。

### 语义学

在内容的使用中，语义学是很重要的。识别和访问类似的信息，以不同的文字存储时，考虑它们之间的联系是十分关键的。语义学技术的三个关键推动者是分类、元数据和本体。这三个核心组件的组合应用可以帮助克服统一内容管理，作为传统内容管理需发展成管理语义内容的挑战。[69]

### 共享

定义共享信息的过程是很重要的。这些过程能够促进协作，不仅在团队内部，还包括外部供应商、客户、中间商（通过机构经纪人或者推广员）和其他合作伙伴的促进。

网络内容管理系统支持将管理的内容（文本、图形、链接等）分布在网络服务器上。通常，这个应用程序给那些对编程语言或标记语言（如可扩展标记语言）了解有限的用户提供了解决方案，用户可以相对轻松地创建和管理内容。

### 搜索

一个“S”指的是搜索或研究数据的可能性。谷歌和其他公司，如企业资源规划的集成供应商正在推出有趣的解决方案。其主要工作是适应包括结构化和非结构化的多种类型的内容。搜索解决方案在语音和视频上还没有得到非常有效的应用。一些有趣的软件还可以搜索图片和视频。

交易内容管理系统协助管理交易的内容，特别是那些与电子商务有关的交易。

### “萨班斯—奥克斯404”法案

另一个“S”涉及“萨班斯—奥克斯404”法案和其他主要涉及信息通信技术公司金融和处理方面的法规。它包括一系列的规则和活动，以确保存储内容遵从电子的和手动的交易规则。

“萨班斯—奥克斯404”法案是美国联邦法律，制定于2002年，为了应对一系列发生在国内的丑闻，例如安然公司、泰科国际、阿德菲亚、百富勤和世界通讯公司相关的事件。[70]该法律是由两个美国参议员命名的（保罗·萨班斯和迈克尔·奥克斯）。这被认为是自富兰克林·罗斯福时期以来的一个重要商业实践改革。

“萨班斯—奥克斯404”法案建立的标准要求所有在美国证券交易所上市的公司和它们的会计师事务所强制执行。[71]法律中有部分内容对数字解决方案，特别是在确认是否存在足够的控制和管理责任上、在保证安全的同时保护如客户之类的第三方权益上有重大的影响。在其他国家，也必须遵守相关类似的法律和法规。

机构面对这些遵守规则的问题，通常没有一个根本的应对方法。在如今的工作环境下，保险公司需要构建一种将监管治理、风险管理和合规一体化的方法。

在过去的几年里，这类问题得到了新的重视。推动力主要来自新法规的采用，如“萨班斯—奥克斯 404”法案、偿债能力法规实施了新的管理信息和数据模型，并主要与会计领域相关。

需要遵守的法规对组织产生了重要的影响。在大多数情况下，合规所需的活动已经委托给财务总监。他们被授予了新的责任用于监控和保证质量过程。这导致了关于数据的工作描述得到升级，需要定义其在团队的业务战略中扮演了积极角色。

治理、风险管理和合规系统是一些软件解决方案，可以作为中枢神经系统来捕获、跟踪、管理报告和企业的合规制度。这些平台提供的解决方案需要把遵循法规和治理嵌入日常的商业活动中。这种类型的解决方案帮助保险公司应对持续的管理要求和鉴别风险，同时收集信息以便积极运行业务。

### 统计

对所有内容的统计和汇总表格，无论是结构化还是非结构化的，都是非常有用并有趣的领域。不足为奇的是，在统计软件领域领先企业已经收购了统一内容管理领域的公司，不仅产生数量统计和不同类型的文件，还负责处理内容。

出版内容管理系统在内容处理的整个期间协助管理出版物（手册、书籍、助手、指南和文献）。

### 智能系统

“(10 +1)S”模型综合了主要流程与管理内容，为组织增加价值。支持

“(10+1)S”模型的解决方案，可以被认为是智能系统。他们还应该包括一个内容管理的统一策略，以对应1个“S”加“10个S”的内容。这是一个识别所有需求内容的重复式方法。最初，它需要创建适合重复使用的内容，然后在一个良好定义的库中管理，最后根据用户的需要来配置内容。这种类型的策略可以帮助减少创建、管理、存储和发布内容的成本并确保内容能有效支持组织和个人用户的需求。

**埃根公司（Aegon）**

埃根公司，是一家跨国的人寿保险、养老金及资产管理公司，于2015年在非核心业务系统/信息管理方面获得赛讯颁发的卓越运营奖。[72]埃根公司，会同一家技术公司，设计和创建了一个对应企业级客户管理的框架，将本公司的旧系统转换成现代化的应用程序组合。这个框架提供给客户可以跨多个方式（网络、手机、电子邮件和打印）沟通的渠道。这个项目展现了一个组织可以远离不同的、零碎的数字触点的数字保险愿景，并可对连续的系统进行优化。

## 动态内容

通常人们认为主数据管理，在某种程度上类似于统一内容管理。主数据管理的基本概念是把数据留在计算机应用上，当需要访问数据以生成报表、统计数据或做类似的报告时进行检索或者把他们与其他来源的数据结合起来。这个概念很大程度上基于面向服务的体系结构的技术方法或存在于信息服务器中。

主数据管理有两个重要的趋势：[73]

- 以统一的方式积极地（不是被动地）管理内容和结构化数据的需要；
- 将非物质数据，如参考数据应用于主数据管理原则的需求。

事实证明，这些趋势没有什么不同——他们如今只是在不同的环境中运行。他们最终会融合在一起。只是内容管理解决方案和技术在保证内容的“单一视图”方面不尽如人意。

一个类似的概念也可以应用于内容。在这种情况下被称为动态内容。这是为了满足特定需求的可供实时使用的内容，以所必需的内容、时间、格式所呈现。

作为主数据管理和动态内容的基础，此处的“S”在本节中定义为标准化。这在本例中是指内容的标准化。它有助于消除由于集合于不同来源的内容的冗余。这个过程包括：

- 来源识别；
- 内容收集；
- 处理；
- 规则标准化。

动态内容可能用于第三方（客户、供应商或其他合作伙伴），其必须汇集所有的内容。与客户互动是一个例子，这可能基于结构化数据和非结构化数据，或通过声音（呼叫中心或电话），或其他方式汇集。

使用这个工具，就需要将所有内容存储在一个单独的存储库，使得所有更新的内容存在一个地方。

## 内容管理的未来

预测未来并不容易，但对于内容而言，可以肯定的是对其的管理，特别是统一管理，将是能发现许多解决方案的挑战。许多信息通信技术和咨询厂商已在解决这个问题并提供解决方案。

**伊利诺伊州互惠人寿保险公司（ZMLIC）**

在多个部门实现内容管理系统，帮助伊利诺伊州互惠人寿保险公司加速周转时间、提高生产率、减少了75%解答策略信息请求的时间。[74]

内容管理系统在无须编程的情况下集成了多个专有应用程序，为用户提供了信息服务、保险服务、销售服务，其他部门也可通过系统即时访问日常工作所需的文件。无须在部门之间传递纸质文件，用户可在内容管理系统的工作流中通过电子文档传给同事，这使得保单处理加快并减少了冗余的工作。当顾客有问题时，该公司员工立即使用内容管理系统检索特定的保单文件，从而消除了回访的程序，提高了客户满意度。

# 4.8 本章小结

创新是保险公司如今能够成功的关键。关于解决方案会有很多机会，可供保险公司进行产品创新、流程创新、组织创新和商业模式创新。

信息和通信技术解决方案将继续进步。本章涉及四个方面的创新：

- 移动；
- 云计算；
- 大数据分析；
- 内容管理。

即使在经济危机期间，手机的使用率一直在快速增长。它对世界的许多经济体都产生了影响。智能手机和平板电脑的使用量都在增长。手机的总数几乎等于世界人口数。智能手机和平板电脑销售的扩张速度都快于传统的手机和电脑。手机在很大程度上影响了保险产品的销售。在某些情况下，例如，旅游时采用手机来购买旅游保险是最理想的解决方案。

还有其他数字解决方案正在影响保险公司对信息和通信技术的使用。一个是云计算，根据信息和通信技术资源的使用随需应变，通过网络（主要是因特网），按所用付费并提供自助服务模式。云计算将公司从固定位置的数据中心中解放出来。因此，他们与手机结合得很好。正是因为借助云计算，再保险、共同保险和伙伴关系也变得更容易管理。

大数据分析解决方案对保险公司而言非常重要。两个功能尤为重要：营销支持和风险管理。

这些解决方案承诺将信息和通信技术从一个记录的系统转换为一个整体参与的系统。换句话说，信息和通信技术对保险公司而言可以支持运营决策，如决定是否接受再保险，决定新风险的保费等。大数据分析对数字保险而言是至关重要的，可以为其提供个性化的体验。金融服务公司正在朝这个方向转变。然而，加快这一进程是必要的。数字保险与云计算的结合可以进一步简化流程，并可以享受到大数据分析更快、更便宜等方面的好处。管理所有所需的内容对操作数字保险而言将变得越来越重要，统一内容管理有助于此。

数字保险的推出和完善代表了保险公司发展历程中的一个重要转折点，因为这个渠道将会变得越来越重要。金融机构应选择最合适的方式来发展他们的业务。本书提出的解决方案是精益化和数字化方法。下一章将展现该方法。

第5章

# 数字保险的治理

# 5.1 引　言

治理的重要性不言而喻，尤其在数字保险上显得尤为突出。它是公司管理的一个分支，主要内容是对保险公司的数字化支持及其绩效和风险管理。目前，市场对数字保险管理的关注来自公司内部不断发展的需求，这些需求包括在战略目标上所做的价值创造的努力和对能为所有利益相关者创造价值的解决方案获得更好绩效的追求。[1]

数字化解决方案正导致公司、客户和其他参与者之间关系的深刻变化。因此，它们已经成为管理层的新挑战和潜在风险的根源所在。

为了凸显治理的重要性，英格兰银行强调了治理在保险公司准备执行欧盟偿付能力Ⅱ过程中的意义。为了确保监管部门和保险公司能为在2016年1月1日开始执行的欧盟偿付能力Ⅱ做好准备，公司治理和内在风险自我评估体系被纳入欧洲保险和职业养老金管理局颁布的指南中。英格兰银行提醒保险公司要遵循以下要点：[2]

- 鼓励公司审查自己的治理程序体系，利用准备期这个阶段做出任何可以确保满足欧盟偿付能力Ⅱ指令的更改；
- 审慎监管局希望保险公司能够解释他们为了遵循指南，需要进行哪些治理变革，计划如何做出这些变革，迄今为止取得了哪些进展以及遇到的任何特殊困难；

- 审慎监管局认识到内在风险自我评估程序的监督报告需要反映每个保险公司（集团）特有的风险状况和治理机制，所以并没有对它的格式或内容做出规定。

本章致力于分析数字保险治理最重要的方面，包括项目管理、数据治理和数据质量及安全性。

项目管理和数据治理对于确保数字保险的有效性、效率、经济意义和符合伦理比较重要。

安全性尤为重要，因为它是很多客户关心的焦点。人们用电脑设备、智能手机和平板电脑处理越来越多的敏感信息。为了保护客户的账户信息、隐私以及保险公司的知识产权和声誉，数据库的访问必须被置于管理和控制之下。

智能手机和个人电脑是攻击的首选目标。黑客会利用相关薄弱环节点发起攻击，这些薄弱环节包括短消息服务、多媒体消息服务、无线网络，全球移动通信系统这些通信方式中的设计漏洞，应用软件的漏洞和部分普通用户的不安全行为。

人们正在开发各种安全对策并将它们应用到数字化解决方案中，包括在不同软件层次实现更高标准的安全措施以及采取实际行动提高用户的安全意识。本章将介绍一些有效的方法，并从设计到应用全方位考察之。

## 5.2 精益化和数字化的项目管理

目前，每个公司（特别是保险公司）必须尽力满足客户在产品和服务方面的需求，因为它们涉及质量和价格。他们还需要在降低运营成本的同时缩短交付服务的时间。为了达到这些目标，专注于流程改进是关键。驱动流程改进最有效的方法是精益思维和敏捷管理。这些方法优先考虑组织流程的分析和后续优化。但是有些公司却把对管理自动化、信息系统和电信网络的交互作用及组织流程的研究放在一边。这样做的风险在于，一旦组织流程确定，管理自动化可能会由于体系强加的约束条件而和流程管理相冲突。

然而，只有当重新设计新流程并合理化之后，以符合道德的方式经济高效地实施和改进管理自动化才行得通。

为了获得最强竞争优势，通过精益思维和敏捷方法整合自动化和改进措施极为重要。对很多近几十年来工作效率都未曾提高的保险公司来说尤为如此。因此，整体分析方法对全方位精简和改进流程具有重要意义。方法应该是如下这样的：

- 完善且可实际操作；
- 结构化的（通过使用六西格玛法，这种方法被视为精益思维的一部分）；
- 由增加客户价值的需求驱动（与精益思维的方法一致）；

- 在业务中增加灵活性以发挥适应性；
- 不限于特定部门，但要考虑端到端流程；
- 基于管理自动化，合理利用信息系统和通信网络来提高精益六西格玛方法改进的成效。

我们把这种方法定义为精益化和数字化，[3]下一节将介绍这种方法。[4]

通过使用精益化和数字化方法，保险公司可以通过管理自动化实现业务增值。粗略推测50%的流程改进独立于管理自动化，而另外的50%依赖于管理自动化。[5]这个比例并非一成不变，管理自动化正变得越来越重要。

以团队合作的模式在公司涉及的所有领域、质量管理方面和支持机构（如销售部门、财务部门和运营部门）运用此方法十分必要。运用此方法，可以使新的举措不再用于解决具体的问题和挑战，而是根植于公司文化中。精益化和数字化方法可以节省30%的成本。[6]

## 运用精益化和数字化方法进行数字保险转型

精益化和数字化方法对转型管理很重要，是因为一个数字保险项目需要包含以下四点，简称为“4Ps”：

- 产品和服务（products and services）；
- 用户（people）；
- 流程（processes）；
- 平台（platform）。

几个阶段组成了数字保险的精益化和数字化创新流程（简称为精益六西格玛和数字化）。精益化和数字化创新要获得成功必须采用本章所述的流程，简称为“7Ds”，分别为：定义（define）、发现（discover）、设计（design）、开发（develop）、数字化（digitize）、部署（deploy）和扩散（diffuse）。运用此方法以加强公司内相关部门、质量部门和支持部门（如信息和通信技术部门、财务部门和运营部门）之间的合作关系十分必要。[7]各利益相关方应在建立项目小组和人员配备上保持一致。公司把数字保险的精益化和数字化创新的初次运用作为周期迭代的开始或许更为重要。这个周期应产生连续的改进，然后促使公司文化向精益思维转变。[8]

将流程改进和数字化解决方案融合十分重要。根据以往研究和经验，一个公司使用精益化和数字化创新流程可以获利。关于精益创新，精益化和数字化创新可概括如下。它分为七个阶段和二十九个步骤。在每一阶段的最后都有一个节点，数字保险的指导委员会要对项目进行审查，之后项目才能进入下一阶段。

以下是七个阶段。

### 阶段一：定义

在这个阶段，客观环境是数字保险发展的基础。

1. 背景。明确客户、股东和员工的需求；确认来自竞争者的挑战；显示对合规（法律和规章制度）的尊重。

2. 文化。了解保险公司的公司文化、社区文化和所在国家的文化。

3. 愿景。处理创新流程中遇到的有效性、效率、经济性、伦理道德和质量等问题。

4. 策略。阐明创新的可能内容。

5. 启动。在特殊的会议上启动项目并通知所有利益相关者。

6. 治理。解释如何管理项目和组建团队。

7. 客户需求。听取客户心声来发掘潜在的创新点并验证之。

### 阶段二：探索

在这个阶段，人们会探索数字保险项目进一步发展的新思路。

8. 创造。通过公司自己的创新流程，一些新的创造呈现出来。

9. 选择。寻找并评估有潜力开发和采纳的创新。

10. 指标。将创新和顾客需求转化成关键质量因素。

11. 现状。了解产品、流程、公司和经营模式等现状。

### 阶段三：设计

在这个阶段，明确业务的框架和顺序。

12. 精益化。在研讨会和一般会议上明确团队如何创新。

13. 持续改进计划。明确改进干预计划。

14. 架构设计。明确潜在创新的规则、制度和流程结构。

### 阶段四：开发

在这个阶段，人们把新思路转化成具有实用性的创新。

15. 构建。开发被选中的方案。

16. 包装。围绕核心方案提供配套的产品和服务，这些产品和服务配套在一起才能形成有用的解决特定问题的方案。

17. 配置。决定包括哪些方案特点，是否将按原样使用或进行调整，该方案如何与公司已有的其他解决方案进行结合，相关的公司组织（如结构、流程）如何被改变，以及公司如何吸收和利用这些方案。

18. 变革管理。管理变革。

### 阶段五：数字化

在这个阶段，尽最大可能应用自动化。

19. 执行。实施数字化方案。

20. 测试。进行单元测试、系统测试、集成测试、用户验收测试和操作验收测试。

### 阶段六：部署

在这个阶段，实施方案和辅助措施。

21. 部署。实施选中的方案。

22. 记录。发布创新相关资料。

23. 验证。控制改进。

24. 内部和外部效益。评估效益，包括外部效益和内部效益，其中外部效益包括注意客户、股东和员工的满意度，和内部效益（评估收益率、市场份额和新流程的内部改进）。

25. 经验教训。向初创者学习。

26. 庆祝。肯定团队的工作。

**阶段七：扩散**

在这个阶段，汇集并整合资源：a. 使一定数量的公司和个人信服，让他们采纳并使用创新；b. 向潜在客户传播。

27. 同化。个人和其他单位吸收创新，并运用到日常生活和工作中。

28. 独占性。为了保护收益不受供应商、客户和效仿者的影响，需涉及如管理知识产权和互补产品和服务的产业生态系统等工作任务。

29. 转型。创新给技术和公司带来新的机会，转变也可以发生在市场和社会层面。

阶段三至阶段五应该运用敏捷方法，完成数个周期或者敏捷方法术语所谓的“冲刺”。敏捷方法是一种以迭代和循序渐进为基础的开发方法，通过自我管理的跨部门团队的合作发展出需求和解决方案。[9] 它推动了自适应规划、渐进型开发、交付和定时迭代方法的发展。它鼓励快速灵活地反应变化。它是促进在整个开发周期内紧密互动的概念性架构。

敏捷方法有十二条原则。[10] 这十二条原则可以根据精益和数字保险项目进行定制：

1. 要尽快地、灵活地交付有价值的创新使客户和公司满意；

2. 即使在创新流程的后半段，也欢迎改变需求；

3. 经常性地交付循序渐进的工作创新，交付间隔最好是几个星期，而非几个月甚至几年；

4. 循序渐进的工作创新是取得进展的最重要的方法；

5. 开发应是可持续的，团队必须能保持恒定的开发速度；

6. 业务人员和开发人员应保持密切合作关系；

7. 面对面交流是传递信息最好的方式（协同而且能使虚拟团队管理得当）；

8. 围绕有激情的个体构建项目，信任他们也要让他们信任公司；

9. 不断地关注卓越的技术和好的设计；

10. 简单是最根本的（使无须完成的工作量最大化的艺术）；

11. 团队应实现自我管理；

12. 随环境变化而变化。

很多方法可以和流程一起使用。它们可以是来自精益思维、六西格玛法、敏捷管理和数字化的方法。由于多部著作涉及并详细介绍了后面几个方法，本章便不再赘述。接下来的讨论仅考虑最合适的方法，而非所有可能会被用到的方法。

流程设计最好的方法之一是质量功能部署，俗称质量屋。它明确了在客户需求（内部和外部）和创新（通常是一个产品）的质量特征基础之上的潜在客户价值。质量功能部署的分析手段可以被用来决定一个新创新的实用价值，这样不至于把资源投入不能增加价值的创新中。

另一个有用的方法是发明问题解决理论的技术创新方法（TRIZ，该简称是发明问题解决理论的俄语缩写）。通过引入发明问题解决理论创新方法在技术问题上找到创新解决方案，尤其是在产品开发流程中可以明确创新的需求。发明问题解决理论 技术创新方法被用来定义改进流程所必需的解决方案。由于在流程中高效地利用了资源，避免了浪费，发明问题解决理论 技术创新方法有益于精益思维的实践。

山岛、石田和水山介绍了一种方法，名为创新的产品开发流程。[11]它系统性地将质量功能部署和发明问题解决理论 创新方法结合在一起，使技术创新中有效且系统地创造应用到新产品中。在创新的产品开发流程中，目标产品的功能和结构被平行分层部署。通过计算结构权重，从对客户需求的分析中明确规定最需要技术创新的结构。然后通过考虑规定的结构和相应的功能或质量特征之间的关系，定义要解决的技术问题。发明问题解决理论 技术创新方法的应用有助于技术上的创新。

另一个重要方法是建立模型，这既是一种文化也是一种语言。[12]任何东西都可以建立模型——新产品或服务，流程，甚至是公司或商业模式。最重要的是有所进展，以连续的方式实现目标，甚至可以只是目标的几个部分。

就创新而言，数字样机是一个概念，是利用 3D 方法，面向产品的整个生命周期，做出全方位的计算机仿真产品。[13]产品设计、制造和工程师的技术支持工作结合在一起，创建并管理数字样机。目标之一就是掌握用虚拟模型替代实体模型的重要知识。作为延伸，它经常被称为数字建模或虚拟建模。数字样机的优点在于：

1. 在设计流程的早期识别潜在问题，缩短上市时间；

2. 减少需要在市场上完成的模型数量，降低了产品开发成本；

3. 在选定最终产品之前可以研究更多的设计备选方案，提高了产品质量保证。

有几种与敏捷方法相关的做法，例如软件工程的极限编程，使团队能够一起确定独立目标和共同目标；系统和软件工程的合理统一流程及其迭代开发方法，重点是消除精益制造的浪费，以及产品开发的日常敏捷开发更新会议。这些流程使创新团队能够适应不断变化的需求，降低项目风险，提高团队发展的可见性，项目一开始就让利益相关者和从业者参与其中，加快团队为企业创造价值。

组织创新很重要。有效和高效创新的关键是能够快速，经济地使新产品商业化，同时利用全球外包的优势。全球外包在创新中的作用越来越大，这种范式转变对创新和商业化产生了巨大的影响。[14]从合同员工到短期经营者，探索外部创新和商业化资源的使用是重要的。数字保险团队可以将他们的研究综合到许多领域，也可以在整个连续创新中最有效地利用外包。机会包括与外部供应商建立强大的战略合作伙伴关系，收购创新型初创企业，使用快速成型法支持敏捷开发，使用短期承包商在量产前测试产品和市场，和使用专业承包商降低固定人员成本。

这些工具和方法有助于创造一个开放的环境，促进有效、高效和经济的数字保险创新。

**全美互惠保险公司（Nationwide Mutual Insurance Company）**

全美互惠保险公司及附属公司是美国俄亥俄州哥伦布市的一家大型美国保险和金融服务公司。在这里，精益发展体系管理整个系统，实现运营、改进和监控工作。[15]该体系包括：

- 创造一个有效的流程顺序，尽可能地减少浪费；
- 规范日常工作项目，使公司的专业技术人员得以集中精力开展增值活动；
- 授权团队成员用他们自己的想法不断改进涵盖整个应用开发和维护周期的标准。

标准化工作是持续改进的基础：

- 杜绝浪费；
- 提高生产率；
- 提升员工士气；
- 改进活动的基础。

在使用A3工具作为分析工具的基础上，全美互惠保险公司通过持续改善，使A3臻于完美。[16]改善是持续改进的一种方式，渗透到公司的所有领域和方面。它嵌入了全美互惠保险公司的企业文化，并成为每个人的工作方式的一部分。

应用开发和维护周期的持续改进：

- 适用于正式的改善活动和改善的监控——每天持续改进以消除或至少减少浪费；
- 由从业者驱动；
- 提出了将变革推向公司流程的管理机制；
- 利用 A3 工具来确保计划—实行—检查—总结工作循环思维以及其他精益化方法，如 5 个为什么，鱼骨图等。

若没有精益管理体系，实行精益发展体系的收益就无法长期保持。

# 5.3 数据管理

## 数据质量和管理：公司面临的一个日益严峻的挑战

过去，管理人员和学者的注意力都集中在产品质量及其开发和管理上。此后，越来越多的人关注流程。他们的逻辑是如果流程健全，那么产品的质量也会很好。

流程的基础是数据。由于信息和电信技术、传感器和移动设备的广泛运用，可以获得的数据越来越多。一个非常有趣的发展是大数据分析，该术语是指可加工的数据具有三个特征：数据量大，速度快，类型多（结构化和非结构化，内部和外部等)。

数据分析也被标记为商业智能。这是使用数据来提取信息，支持决策流程。如果这是序列，数据的质量就非常重要。如果不是这样，最后决定可能是错误的（由数据可获取信息，进而根据信息可以作出决策。)。

目前为止，对数据质量的关注仍相对有限。然而，在大数据分析的时代，这是不可能的。现在是时候从单一的产品认证转移到加上数据认证的双重认证了。

在数据管理上也可以通过精益化和数字化的应用来达到目的。这意味着在四个方面（“4Ps”）需采取行动：产品、人员、流程和平台。

- 对于保险公司，产品的设计，营销和交付也必须考虑到确保与之相关的数据质量的需求。越来越多的法规和关注正朝着这个方向发展。
- 对人的行为管理本质上是数据管理。数据管理是公司信息和通信技术管理的组成部分。它结合了领导力，公司结构和流程，以确保数据为保险公司提供价值。为了有效、高效和经济的数据管理，必须确定合适的组织架构。
- 组织架构定义流程至关重要。对于数据，要考虑的重要流程是创建数据，转换数据和加载数据到档案中。检查和审核已经存在于数据库中的数据也很重要。为了更加精确，需要考虑的子流程有：
  - 在流程的开始阶段，进行数据的创建、捕获、提取和记录；
  - 数据处理和转换（准备标签、将数据移动到分数据库、数据压缩等）；
  - 数据的分类和标记（类别、观测等）及其记录；
  - 数据归档（捕获和记录元数据）；
  - 数字化和数据传输；
  - 数据存储和存档；
  - 数据呈现和发布（纸质和电子出版物、网络数据库等）；
  - 数据使用（分析、转换和整合）。
- 一旦确定了正确的组织架构和改进的流程，就有必要评估可以提供数据认证的工具（平台）。因为数据量庞大，类型多以及执行流程所需的速度要达到一定数值，所以对于大数据分析，这些工具是必不可少的。

**忠利集团（Generali）收购我的驾驶公司（My Drive Solutions）**

忠利集团是一家意大利的总部设在特里埃斯特的跨国保险公司，收购了我的驾驶公司，该公司成立于2010年，是英国的一家初创公司。我的驾驶公司是使用数据分析工具来描述驾驶习惯的业内领先公司之一，目标是为客户确定创新和量身定制的产品，并为低风险驾驶者提供保费优惠。[17]

这一措施使忠利集团加强了其运营平台，更能开发出适合客户特定需求的创新的，更智能的产品，从而使它受益于连接性和利用大数据分析的所有潜力。

我的驾驶公司使用通过一系列技术手段（如安装在车辆上的黑匣子或智能手机）收集的客户数据，以构建预测算法并确定用户的行为分数，使选择新产品的用户能够收到定制的商业优惠。

我的驾驶公司现在专门从事汽车保险。它将大数据分析活动扩展到从预防欺诈到复杂的客户细分等更多的领域。

## 数据管理的定义

数据管理的一些基本定义。[18]

- 主数据管理是开发和维护业务实体（如客户、产品、运营财务方面和内容以及合作伙伴）一致定义的实践。主数据管理的本质定义和参考数据有助于数字保险公司之间和数字保险公司和业务伙伴（例如中介机构，会作为它们的代理机构，经纪人，比价平台或类似机构）之间的数据共享。通过这种方式，主数据管理可以改进数据驱动的举措，例如商业智能，通过通用数据集成业务部门，360 度全景，运营效率，数据的兼容使用以及跨多个接触点的客户交互。
- 数据质量是一系列数据管理工具和业务质量的实践，随着质量的发展状况按时间推移被反复应用。目标是确保数据准确，最新，符合其预期目的，并能够为所有利益相关者增值。
- 数据治理是创建和执行数据业务使用和运营管理的制度和程序。数据治理的共同目标是确定所有权，提高数据质量，纠正其不一致性，广泛共享数据，利用其总体竞争优势，管理数据的使用支持的变更，以及遵守数据质量的内部和外部规定和标准（例如，ISO14041）。[19]

- 数据管理通常由熟悉数据如何影响其业务单位或公司绩效的业务经理执行。除了日常的管理责任以外，数据管理员还与数据管理专家和数据所有者进行协作来指导数据管理工作，以支持实现保险公司的目标和优先事项。

## 数据是数字保险成功的关键因素

对于任何举措的成功，重要的是要了解产生优秀客户体验成功的关键因素。由于高风险和低转移成本，建立并保持客户的初始信任对数字保险来说至关重要。

实证研究表明，结构保证和信息质量是影响初始信任的主要因素。初始信任影响感知有用性，两者都有助于预测使用意图。[20] 营销越来越重视与产品相关的用户体验，甚至更多的是在服务上。因此，数字保险需要采取一切行动来提高初始信任度，以推动客户对保险产品和服务的接受和使用。

对于客户来说，使用数字保险的感知安全性很重要。随着大数据分析越来越多地用于了解客户，确保数据质量就成了一个巨大的挑战。益博睿公司发布的白皮书在多个垂直行业中对 300 位信息和通信技术与商业领袖进行了调查。结果如下：[21]

- 平均来说，受访公司收集数据中有 25% 是不准确的；
- 82% 的受访者表示，他们公司有一个分析部门来读取客户情报；
- 43% 的受访者承认他们无法保证日常运作的准确信息。

如果公司无法弥补数据可能存在的不准确性，那么将无法充分发挥大数据分析的潜力。为了提高其数据质量，益博睿公司的研究表明，公司需要将所有部门的客户记录进行链接（例如使用主数据管理），改进所有渠道的数据收集流程，将数据加载到系统之前进行审查，并确保从第三方来源获取准确的信息。

由于缺乏直接经验，用户需要依靠自己的认知，如在信息和系统质量上做出判断，形成对数字保险的信任。信息质量和系统质量都是影响信息系统成功的因素。数据认证中有以下几个重要的方面：[22]

- 准确性，指的是实际值或真实值（或可被接受为真实值的）的测量值，观察值或估计值之间的接近程度；
- 精度（或分辨率），可分为两种主要类型：
  - 统计精度是重复观察相同对象得出的值之间的接近程度，与真实值没有直接的关系，可能会有很高的精度，但是准确性低；
  - 数值精度是观测记录中的有效数字的位数，并且随着计算机的出现变得越来越普遍。

信息质量还必须满足其他要求，如及时性和可理解性。用户期望能随时随地访问数字保险并获取正确的保险信息，如果提供的信息是不相关的，不准确的和过时的，用户可能会质疑数字保险提供者是否有足够的能力和意愿提供优质服务。信息质量会影响初始信任。例如，如果移动数字保险与呼叫中心信息不同步，用户可能会收到有关保单的错误信息。这可能会降低或破坏用户对数字保险的信任。

信息质量也可能影响用户对数字保险产品实用性的认定。用户依靠高质量信息来管理他们的保险，这可以提高他们的生活和工作的绩效和效果。相比之下，低质量信息会降低用户对数字保险产品实用性的认定。先前的研究已经注意到信息质量对初始信任的影响，例如在健康咨询中介公司中。信息质量也影响数据仓库软件的有效性。[23]

保险公司应该将越来越多的时间用于数据处理和信息质量的提高。值得注意的是，意大利中央银行最近针对意大利金融服务（2013 年 7 月 2 日发布）

的指令全面介绍了数据管理的主题，其中包括数据质量的主题。[24]意大利中央银行现在也负责监管保险公司。

**新印度保险有限公司（New India Assurance Co. Ltd）**

新印度保险有限公司的执行方面的第一个重大挑战是将保单和客户数据迁移并集中。[25]1100 个独立分支机构进行的改革也要强调数据质量，以消除重复数据并解决数据冲突。数据迁移导致所有主数据的整合，整个公司的数据集清理，以及不断发展的数据质量的集中验证方案。使用各种工具进行性能调整和负载平衡，以确保良好的交付，以支持全国各地的大客户群。

通过集中的数据库，新印度保险有限公司的解决方案现在拥有提供多渠道访问有关产品、保单、客户和索赔的信息的能力。

这种方法有助于新印度保险有限公司确定在保险市场上的竞争定位。它可以根据大规模精算数据对保险进行定价。利用先进的分析技术、庞大的客户群和全国范围内的网点，可以推出并销售有竞争力的保险产品，在整个销售网络中立即部署所产生的承保规则和保单。

## 主数据管理

信息和通信技术必须保证系统支持以下功能：

- 数据字典；
- 从不同的业务收集业务术语定义的能力；
- 通过授权用户更新定义的能力；
- 发布业务术语的能力；
- 显示业务术语功能谱系的能力；
- 数据质量框架，包括重复数据的删除和自我审查；

- 能捕获关键指标质量的框架或模型；
- 能发布可定期测量和审查的质量指标的报告功能。

不同数据系统的主数据管理需要数据转换，即从不同源数据系统提取的数据被转换并加载到主数据管理中心。[26]

主数据管理中通常包含的流程有数据管理，源标识，数据收集，数据转换，规范化，重复数据消除，规则管理，错误检测和修正，数据整合，数据存储，数据分类，分类服务，创建，模式映射，产品编纂，数据压缩和数据使用。

主数据管理系统需要数据网络，数据仓库，数据市场或所谓的多维数据集，运营数据存储，数据挖掘，数据分析，数据可视化，数据联合和数据虚拟化。

主数据主要有以下三种方式可以整合并分发给其他应用程序：

- 数据合并：从多个来源获取相关数据，并将其集成到单个中心操作数据存储中，以复制到其他目标应用程序的过程；
- 数据联合：从多个来源到多个目标应用程序提供相关数据的虚拟视图的流程；
- 数据传递：一般通过传统应用程序中的点对点接口或网络服务，将相关数据从一个应用程序复制到另一个应用程序的过程。

主数据管理的应用对于保险公司很重要，特别是因为这样的应用可以通过大数据分析，以小的边际成本为业务实现其他积极效果。

数据管理领域正在发展。[27]有一项新技术叫虚拟主数据管理，它利用数据虚拟化和持久性元数据服务器实现主数据管理的多层次自动分级。

# 5.4　安全性

## 安全性面临的挑战

数字保险交易可以远程操作，通过空中或公共网络传输保险信息。这种交易的安全性是需要应用程序开发人员，网络服务提供商，保险公司的信息和通信技术部门以及客户自身共同解决的最复杂的挑战之一。

为给数字保险交易提供安全的基础设施，需要处理以下方面：

- 设备的硬件部分，无论是电脑还是移动设备或类似产品都应该得到杀毒软件、本地防火墙等的全方位保护；
- 数字保险用户的账户和密码验证过程应非常严密，使用物理或虚拟手段来认证访问是理想方式，一次性密码不依赖于传统的基于字符的密码，每当需使用在线或数字保险设备进行敏感交易时，客户必须使用一次性密码，当接收到交易请求时，密码通过短信发送到客户的手机或在其他设备上读取，一旦使用或超过有效期，密码就失效；
- 应对通过空中传输的数据加密；
- 用户存储在设备中的数据也应加密；

- 应特别小心，不要让用户、信息和通信技术人员将数据存储在外部设备（如密钥卡或光盘）中。

## 潜在威胁

客户担心欺诈者会使用预谋好的复杂技术来：

- 干扰现有的身份认证控制；
- 获得客户账户的控制权；
- 将资金转入"金钱骡子"①，使这些资金的流动不受保险公司和执法机构的控制。

有很多骗子会瞄准中型商业客户，因为其保险现金价值普遍高于消费者保险现金价值，其交易活动通常更加活跃，从而更容易隐藏欺诈性转账。他们往往也无力承担大型商业客户所拥有的强有力防范措施的费用。

用户在访问系统时会面临各种威胁。例如，根据（美国市场研究公司）ABI 研究所的统计，在 2012 年的最后两个季度，单对移动设备的威胁数量就增长了 261%。[28]

保险公司应了解可能影响其数字保险服务的潜在威胁类型。[29]这些威胁可能会中断系统的运行，并窃取或修改用户数据。由于这些原因，部署的应用程序必须保证其处理的信息的隐私性，安全性和完整性。此外，由于某些应用程序本身可能就是恶意软件，因此其功能和运行应受到限制（例如，通过全球定位系统通讯录访问位置信息，在网络上传输数据，发送短信等）。

在数字保险方面，攻击者有两个主要目标：[30]

- 数据：数字保险交易可能包含敏感信息，如个人资料，卡号，认证信息，隐私和其他敏感信息等；
- 身份：设备可自定义度越来越高，因此设备或其内容与主人相关联；

① 通过互联网将用诈骗等不正当手段从一国得来的钱款和高价值货物转移到另一国的人，译者注。

例如，每个移动设备都可以传送设备拥有者相关的信息，攻击者可能想窃取个人计算机、智能手机或平板电脑的拥有者的身份进行其他犯罪行为。

可能的攻击会是：

- 基于网络，例如全球移动通信系统网络，攻击者可能会尝试破坏网络的加密体系，一旦网络的加密算法被破坏，攻击者就可以拦截受害者设备所有已经是未加密的通信信息；
- 接入耦合点后攻击者可以尝试窃听 Wi-Fi 通信来获取信息（例如，用户名或密码），这些类型的攻击是非常容易防范的，特别是针对移动设备，因为一般情况下 Wi-Fi 是攻击者访问互联网的唯一通信手段；
- 基于软件应用程序的漏洞；
- 基于操作系统或固件的缺陷。

还有垃圾邮件。在理论上，有一个法规来防止垃圾邮件。“2003 年隐私和电子通信（欧盟指令）规则”是英国最重要的反垃圾邮件法规。[31] 在其他国家，有必要考虑当地立法。网络的全球属性对此没有任何帮助。

### 后果

当攻击者能够感染设备或应用程序时，他会尝试以下操作：

- 将设备作为僵尸机器操纵，也就是说，攻击者可以通过该机器进行通信并发送用于传输敏感交易信息的命令；
- 记录用户与他人之间的交流信息，并将其发送给第三方，这可能导致用户隐私和经济安全问题；
- 窃取用户的身份，篡改用户的身份，从而冒充所有者。这样就可以使用该设备下订单，查看金融机构账户或将它用作识别设备，这将引起对安全性问题的担忧。

欺诈者能有效使用的工具是一个键盘记录恶意软件。键盘记录器是一个用于记录在设备上输入的按键，并将这些按键的记录传送给通过网络控制恶意软件的人的程序。欺诈者使用键盘记录器窃取账户和密码，并对金融机构客户发起挑战。

其他类型的更复杂的恶意软件使欺诈者可以对受害者进行中间人攻击（MIM）或浏览器中间人攻击（MIB）。在（浏览器）中间人攻击中，欺诈者将自己置于客户和金融机构之间。他会劫持在线确认流程，一种情况是，欺诈者能够拦截客户提交的身份认证凭据并以此登录到用户账户；另一种情况是，欺诈者不会拦截凭据，而是修改交易内容或插入未被用户授权的额外交易，将资金转移到欺诈者控制的账户。

（浏览器）中间人攻击可以用来规避一些强大的身份认证方法和其他控件，包括一次性密码。由于一次性密码在生成后一般只有 30 ~ 60 秒有效期，欺诈者必须实时拦截并使用它，以便侵入客户的账户。

## 控制

客户应该了解可用于帮助检测和防止上述类型攻击的安全技术。其中一些技术已经使用了一段时间，而其他技术则相对较新。

### 对策

由于所有的功能不是都在同一级别，防范威胁的安全机制可以分为不同的类别。从操作系统的安全管理到用户的行为教育，各种措施阻止威胁的方式是不一样的，取决于不同情况。综合考虑，首先，应用程序会保护系统免受损坏；其次，要阻止安装可疑软件。

### 应用程序控制

杀毒软件和防火墙。杀毒软件可以安装在设备上，通常通过签名检测软件检测可执行的恶意文件以验证它是否被已知威胁感染。同时，防火墙可以监视网络实时流量，并确保恶意应用程序不会通过它进行通信。这同样可以验证已安装的应用程序是否建立可疑的通信，这可能会阻止入侵企图。

交易确认。同样，通过用户行动确认应用程序的某些操作也很重要，图灵测试有助于区分人类和虚拟用户，它通常以验证码的形式出现，这要求用户按照某种顺序键入字符序列（部分字符序列以某种方式隐藏）。计算机程序很难通过这个测试，因此可疑活动必须得到用户本人的批准或拒绝。

更简单的方法是通过使用物理或虚拟令牌来确认某些相关交易（例如货币付款）。

### 安全软件

有一层安全软件高于操作系统的安全性层级。该层由独立组件组成，消除漏洞，加强防范，以防止恶意软件入侵，进行用户身份和账户认证。

从以往经验看，该安全层包含被认为对维护安全有实际效果的软件组件。在智能手机或平板电脑上，此软件必须处理更多的限制性操作。

以下部分将帮助我们弄清一些可用的安全软件。

### 认证

保险公司应采取分层方式进行安全认证和身份认证。例如，在第一层，保险公司可能要求客户将其设备注册到现有的在线账户。在第二层，他们可能会要求客户每次通过他们的设备访问账户时输入密码。但是，由于攻击类型在不断更新，没有一个控制措施可以确保绝对地预防或检测到成功的攻击。

客户应该注意，一些机构需要“异源数据”认证或检验大额交易或异常交易。异源数据认证意思是，为了交易的顺利完成，经由一个传送通道（例如，手机）发起的交易必须经由另一个独立传送通道（例如，固定电话）重新认证或检验。由于客户的手机越来越容易受到恶意软件的攻击，异源数据认证正变得越来越受欢迎。

然而，通过发起交易的相同设备输入的异源数据认证可能无效，因为该设备可能已被入侵。对于商业客户，除了首次发起交易的人以外，其他人可以提供异源数据认证或检验。异源数据认证也可以与其他管理控制相结合。

联邦保险公司测试委员会提供了一些提高安全性的指导。[32]

机构不应只依靠一维客户认证。一维客户认证计划根本不足以提供客户期望的和能保护机构免受金融和信誉风险的影响的安全级别。

分层安全控制不一定要复杂化。[33]

金融服务机构不断创新，以应对威胁日益增加的网络环境。

用于客户认证的其他控制方法有击键力学和基于生物识别的响应。此外，机构可以查看传统和创新的业务流程控制，以提高用户在线活动的安全性。有如下一些例子：

- 建立、要求和定期审查用户在访问线上系统时可以完成的活动的数量和价值局限性或参数；
- 对用户不常用的某些事项进行监控和警告；
- 根据预期账户活动建立个人交易和总账户限额；
- 登记和跟踪那些获得特定的权利、机动性或访问权和被列入黑名单的用户；
- 要求商业客户部署双重控制程序，以便在线执行高风险功能。

**欧果直接保险公司（ERGO Direkt）**

德国莱茵认证集团在2014年首次测试了欧果直接保险公司的移动网站的质量、安全性和透明度，并授予了它“s@ fer-shopping”批准印章。因此，欧果直接保险公司成为德国保险行业第一家获得网站（专为移动设备设计的网站）认证的公司。[34]认证包括从客户初次接触到取消保险单，包括网站的快速导航和简易使用。另一个重点是确保个人资料得到妥善保管。

### 访问控制

将移动通道与其他自助服务通道（如网页和手机）进行区分的关键是“已知设备”的概念。设备识别是安全的关键部分，因为它是双因子识别安全模型的第二个因子。在应用程序安全性的背景下，应用程序具有本地存储和数据处理的能力。这使得除了电话和电信运营商提供的初始模式的安全之外还有更多的安全措施。例如，下载的每个应用程序都应该有自己唯一的标识和个人识别码，允许检验服务器请求和检测潜在的欺骗攻击。

由于每个下载的应用程序都提供专用的身份标识，应用程序有效地提供多因子身份验证。移动或网络解决方案应该融入保险公司现有的多因子身份验证基础设施中。

其他严密的身份认证措施的例子有硬件和软件指令或生物特征。

### 设备指纹识别

设备指纹识别流程通过动态捕获诸如网络运营商、设备类型和 IP 地址的特定要素来进一步提高安全能力，然后这些要素用于确定哪些交易可被允许，为保险公司和用户提供更高的确定性，特别是在处理高价值交易时。

### 生物特征识别

一个识别客户的有效方法是生物识别。生物识别是通过他或她的形态（通过识别指纹、虹膜或面部特征）或行为（例如签名或书写风格）识别人的技术。使用生物识别安全的一个优势是用户不需要记住密码或其他密钥组合来验证和防止恶意用户访问其设备，在具有严密的生物识别安全性的系统中，只有识别通过的用户可以访问智能手机或平板电脑，具有这种能力的商业设备在市场上越来越多。

几十年的语音和面部识别的改进也有助于降低误识率和拒绝率，现在面部识别仅需两秒钟。对密码遗忘、丢失或被盗日益增加的不可忍受可能会促使人们更多地选择语音或面部识别登录。

### 反恶意程序软件

它可以提供对键盘记录器和（浏览器）中间人攻击的防御，通常用于描述像杀毒软件或反间谍软件的这一类软件产品。[35]它可以防止、检测、阻止和删除广告软件、间谍软件和其他形式的像键盘记录器之类的恶意软件。由于它通常以签名为基础，一些高级版本的恶意软件不断更改其签名以规避它的干扰。

交易监控和异常检测软件已经使用好几年了。类似于信用卡业检测和阻止欺诈交易的方式，系统现在可用于监控数字保险活动中的可疑交易。

手动或自动交易监控和异常检测可以防止许多欺诈行为，当它们与客户的既定行为模式相比时，作用是显而易见的。自动系统还可以查看交易的速度和其他类似因素，以确定交易是否可疑。

### 加密技术

可以通过多种方式加密。

- 存储数据的加密。个人计算机、智能手机，特别是平板电脑，具有很大的内存容量，并且持续扩容中。他们可以携带数个 GB 数据。用户必须注意它存储的数据是什么以及是否应该被保护。应用程序内部不应存储私人数据。存储器中保存的所有敏感信息（如密码，个人识别码和加密密钥）都应该被应用程序自身擦除或覆盖。此外，当用户决定更换设备时，他必须删除设备上所有个人数据；
- 传输加密。因为交换的数据总是可能被拦截，通信甚至信息存储应依赖加密来防止恶意个体在通信期间使用截获的任何数据。这带来了加密算法的密钥交换问题，需要一个安全的信道来保证交换安全；
- 加密的主要选择是传输层安全。许多设备支持传输层安全。它为从手机到金融机构内部服务器的数据传输提供了经过验证的行业标准安全协议。

### 资源监控

应用程序通过各种安全屏障会运行一些设计好的操作。当触发这种操作时，如果监视设备上的各种资源，有时会检测到恶意应用程序的活动。由于恶意软件的目标不同，感染的后果也会有差异。恶意应用程序不会意图损毁设备。

内存、网络或任何其他资源的使用在任何应用程序中都是固有的。但是，如果发现应用程序占用很大比例的资源，那可以将其标记为可疑。应用程序应发送警报或完全停止交易。这种检测本质上是一个警告，因为一些合法的应用程序在资源利用方面是非常耗费资源的，最好的例子就是流媒体视频或图像下载。

### 网络控制

在设备上，许多应用程序必须通过网络进行连接才能正常使用。可以监视异常网络活动，如有必要，可以通过检查网络异常来停止活动。

### 入侵测试

应用程序入侵测试（或只是入侵测试）是对 Web 或移动站点的攻击的模拟，其目的是评估应用程序安全控制的有效性。它的目标是找出可能的、可利用漏洞带来的风险。入侵测试模型围绕友好黑客的手动测试流程构建。这个流程可以比通用响应、假阳性结果和缺乏深度自动化的应用评估工具做得更好。

设备和应用程序入侵测试可以帮助公司查明和纠正其应用程序和设备中的缺陷，以及了解新平台或应用程序带来的风险。

经验表明入侵测试在检测安全漏洞方面非常有用，极大地帮助开发人员改进他们的工作。

### 数字保险的安全建议

通过大量的方法了解数字保险产品的安全风险并执行最高等级的安全措施对数字保险的成功至关重要。事实上，艾特集团2010年10月的调查显示，43%的财务部门出于对安全性的担忧，并不会通过移动设备使用金融服务。[36]

为了提高安全性，应采取多种措施。虽然它们的有效性不是百分之百，但是他们肯定可以大幅度减少数字保险使用风险。

## 用户安全意识

增强用户安全意识是提高安全性最重要的措施。重要的是不仅要消除安全漏洞，还要改进对安全问题的检测和修复能力。

正是用户的粗心大意，给许多恶意行为可乘之机。因此，用户对安全性负有重大责任。他可能会：

- 不给设备设置密码；
- 无法对授予应用程序的权限进行准确控制；
- 与其他人共享密码。

保险公司的目标不应该吓跑客户，让他们的客户远离数字保险，而应不定期地举行活动，让客户更加清楚对设备和应用程序粗心大意会造成的严重后果。

如果用户是使用公司数字保险的雇员，这些预防措施也很重要。下面详细介绍了一些用户为提高安全性可以采取的预防措施。[37]

用户应通过简单的操作和注意事项保护设备，例如：

- 在不使用时锁定设备；

- 不让设备处于无人看管状态；
- 不要随意相信收到的消息或应用程序的异常行为；
- 不把敏感数据存储在设备中；
- 对必须存储在设备里的敏感数据进行加密。

用户不应该相信应用程序上的所有内容，一些信息可能是钓鱼网站尝试散布恶意程序。

在安装应用程序时，最好警告用户不要安装存在潜在危险或至少是可疑的捆绑软件。随着应用商店的发展，移动应用的新功能出现了远程撤销。[38] 该新功能首次开发是在安卓设备上，它可以远程控制全球任何一台具有该功能的设备卸载应用程序。

定期发布设备的各种软件组件的新版本，包括操作系统及其补丁。技术人员可以随着时间的推移修正许多缺陷。

应用程序的大量发布伴随着每个操作系统不同权限机制的建立。有必要向用户澄清这些权限机制，因为它们之间总是存在差异。

## 取证

数字取证是指在追查证据的流程中对硬件或软件进行审查，以反驳或证明指控。

设备拥有自己的操作系统、文件系统、文件格式和通信方式。对它们的处理给调查员提出了独特的问题。在设备上进行数字取证需要使用特殊的软件和掌握关于这些设备工作方式的专业知识，以及了解证据可能会藏在哪里。

完善的数字取证技术需要：[39]

- 证据收集；
- 证据保存；

- 证据分析；
- 证据报告。

这些基础是处理所有传统数字设备类型的核心。然而，当涉及非传统设备（如手持设备）时，这些基础将根据数字取证调查员如何应用它们而改变。

**蒙大拿公共卫生与服务部门（Montana Department of Public Health and Haman Services）**

2014 年 6 月，蒙大拿州公共卫生与服务部门的一台电脑服务器遭到黑客入侵，波及 1 062 509 人，几乎是该州的全部人口。一项调查发现，服务器可能最初在 2013 年 7 月就受到攻击。涉及的违规信息包括患者姓名、地址、出生日期和社会保障号码、员工姓名和银行账号。所有人都获得了一年的信贷和身份保护服务。

**犹他州公共卫生部（Utah Department of Public Health）**

2012 年 4 月，犹他州公共卫生部宣布一个服务器被入侵，里面存储着 78 万医疗补助计划和儿童健康信息保险计划受助者的信息。约有 28 万人的社会保障号码被盗，并且有一年时间其信贷行为被监控。涉及的其他违规信息包括姓名、出生日期和地址。这台处理医疗补助资格信息的服务器在犹他州的技术服务部门，因此该部门的领导随后失去了工作。

**三重—S 管理（Triple - S Management）**

三重—S 管理是蓝十字保险公司和蓝盾保险公司的一个计划，它在波多黎各为一百多万人提供服务。然而在 2010 年它被竞争对手的员工入侵，他们将超过 475 000 名被保险人的数据下载到自己的信息系统。竞争对手公布了三重—S 的入侵突破口。黑客使用专门用于三重—S 数据库的动态用户身份和密码来访问信息。可能的目标是与政府保险计划相关的财务信息，而非个人信息。

**美国联合服务汽车协会（USAA）**

在保险公司的应用程序中，使用面部信息进行认证的程序是很少的。

美国联合服务汽车协会，是一家位于德克萨斯州圣安东尼奥市的金融服务公司，它选择了面部识别技术，以便将生物识别信息提供给以安卓和苹果的iOS这两个最大的平台为基础的数据库，因为所有智能手机都有可以方便且迅速地捕获面部信息的相机。[40]

面部识别优于语音识别的地方在于，拍摄用户面部只需要两秒或更短的时间，而语音需要一定的对话，通常需要大约20秒才能验证语音是否符合。

语音识别也严重受制于背景噪声等环境因素。

关键点在于，公司必须在后台使用设备识别，所以每次会员登录时，加密指令都会从他的手机发送到该公司，与注册时的设备身份相匹配。所以对于欺诈者来说，要想通过照片或视频（或者试图模仿他的声音）假冒会员，他必须窃取会员的移动设备。另一种安全机制是，公司要求会员拍照时眨眼，以此排除使用静态照片的可能性。

安全专家高度评价该公司的方法，特别是对于要求用户注视图像的眼睛区域并眨眼的面部识别技术。合适的设备、面部匹配和在合适时间眨眼的组合比密码或指纹更准确、更安全。

该公司同时允许语音识别，部分原因是开车、拍照时不方便。该方法要求用户大声朗读一个短语。

## 5.5　本章小结

在运用创新时，治理有时会被忽视。但是，它的重要性不能因此削弱。治理有很多重要方面：项目管理、数据质量、安全性等。安全性也是数字保险的最大威胁。安全管理必须能够对付可能的攻击。由于数字应用强大的计算和存储能力，其损坏的程度和规模可能会很大。

但是，可以防止和处理安全威胁的解决方案是存在的。对威胁真正有效的防御取决于保险公司推行数字保险所采取的行为。在这方面，提高用户安全意识就非常重要。

安全性的未来将更加有趣，但也更具挑战性，下一章将对此做出更详细的阐述。

第1章 保险行业的创新
第2章 数字保险的管理
第3章 数字保险的基础解决方案
第4章 数字保险的高级解决方案
第5章 数字保险的治理
第6章 数字保险的监管框架
第7章 全球的数字保险
第8章 数字保险发展的未来
第9章 结论
注释
参考文献
词汇表
第6章

# 数字保险的监管框架

# 6.1 引　言

数字保险未来很可能成功，是由很多原因促成的，可能的原因有以下四点：第一，数字保险对客户和保险公司都很方便；第二，使用网络比较容易，价格也不贵；第三，市场壁垒较低；第四，商业日益全球化，人与人之间的互动越来越多。和电子商务一样，由于交易各方没有直接接触，因此数字保险需要遵守透明和清晰的监管法规。

数字化媒介的引入使很多潜在客户怀疑这样的创新。客户担心个人隐私方面的信息安全（例如，信用卡的 PIN 码信息），以及可能存在进行电子交易时私人数据被滥用的风险。从保险公司方面看，人们担心有欺诈和洗钱问题。监管机构不仅关注欺诈和洗钱问题，还要考虑税收和会计原则方面的问题。

因此，若要在使用数字化交易（如通过手机设备）获得保护，交易各方就必须完全遵守法律和监管规则，在这种条件下，消费者才信赖对个人隐私进行保护的法律法规。一个清楚界定的监管框架至关重要，因为该监管框架将保护使用数字保险的潜在客户的信心，增强他们的接受度，并确保其顺利运作。

法律法规的目标是通过确定规则，监管市场，控制现有和未来解决方案的使用来保护和平衡客户、保险公司和利益相关方的利益。他们倾向于对交易实施更高的标准。

目前已经有很多监管机构。一家欧洲大保险公司的首席信息官说："监管者目标是保护消费者免受欺诈，但现在监管者太多，有些规定甚至相互冲突，弄得我们无所适从。"[1]

好消息就是，大多数数字保险交易与其他金融交易的输入和输出交易一样，因此，关于数字保险，只需要关注那些跟其他渠道不同的功能即可，例如，远程设备连接、金融机构的网站或者手机应用程序。

本章讨论了与保险公司监管合规最相关的一些问题。[2]

# 6.2　保险公司监管：从欧盟偿付能力Ⅱ到客户保护

所有公司，特别是金融企业面临的一个挑战是合规。例如，保险公司在2016年和2017年需要遵守的规则有：

- 欧盟偿付能力Ⅱ，该规则对流动性有严格要求，很可能未来会有类似更严格的规定；
- 公认会计准则（GAAP）；
- 第二个保险中介指令，为当地监管机构提供禁止支付佣金的选项，并包括对产品监督和治理的具体要求；
- 打包零售投资产品倡议；
- 第二个金融工具市场指令；
- 欧盟数据隐私规则；
- 反洗钱法规；
- 反恐法规；
- 反歧视立法。

所有监管规定的目标是确保对客户的信息披露、与中介的关系、对现有和新产品更好地治理和更透明地监管。

所有这些监管规定都会对产品、销售过程和内控产生影响。这些举措会影响保险机构的治理、内控和风险框架、销售流程、客户运营、信息和通信技术。这些变化会对与中介的关系及产品定价产生重大影响。保险公司应立即行动，确保达到监管要求，同时也是获取市场份额的最佳市场策略。

但在有些国家，监管是保险公司数字化转型的障碍。例如，赛讯公司在亚太区的保险公司中做过调查，部分调查结果[3]如下：亚太区的保险公司认为主要的挑战在于以下几点：第一是老旧的技术系统（63%）；第二是监管不规范（44%）；第三是缺乏成功的商业案例（41%）；第四是客户数据安全方面存在很多问题（40%）；第五是保险公司交付速度缓慢，这也是全球公认的抑制保险公司发展的第二大因素，这个问题部分归因于监管的繁文缛节。亚太地区保险公司数字化转型的问题，也跟监管紧密相关。因为监管机构众多，种类也不一样。监管环境也有严厉的（指令性的）和相对温和的（指导性的）。原先亚太区的监管者更多关注保护客户利益，所以比较严厉。但最近也有一些变化。新的消费者保护法律会对保险公司增加更多的合规要求，如对销售和服务人员的教育和培训。不断演变的法规肯定会影响保险公司的数字化转型。

## 欧盟偿付能力Ⅱ

欧盟偿付能力Ⅱ的指令（欧盟 2009/138）是欧盟统一保险监管的指令，[4]其核心目标是，增加保险公司的资本，降低保险公司因无法清偿而破产的风险。

欧洲议会 2014 年 3 月 11 日投票决定，欧盟偿付能力Ⅱ于 2016 年 1 月 1 日起生效，此前生效日期已经多次被推迟。

欧盟保险立法旨在建立单一欧盟保险市场和加强客户保护。第三代保险指令建立了欧盟护照（单一牌照），使得符合条件的保险公司能够在所有成员国运营。很多成员国认为欧盟的监管还不够，就开始了它们自己的改革，这又导致了不同的监管措施，阻碍了欧盟单一保险市场目标的实现。

因为最早的偿付能力Ⅰ指令（欧共体 73/239）是在 1973 年颁布的，此后有了更完善的风险管理系统。欧盟偿付能力Ⅱ反映了新的风险管理实践，能够定义资本需求和管理风险。偿付能力Ⅰ指令目标是审视和更新目前欧盟的偿付能力规定。欧盟偿付能力Ⅱ指令关注更多。偿付资本要求包括如下目标：

- 降低保险公司不能满足索赔要求的风险；
- 万一不能满足保单持有人所有索赔需求的情况下，减少保单持有人的损失；
- 向监管者提供预警，以便他们能够在资本降低到标准以下时及时干预；
- 提升保险领域的金融稳定的信心。

就像银行领域的巴塞尔协议Ⅱ，欧盟偿付能力Ⅱ也有三个领域（支柱）：

- 支柱 1 是数量要求（如保险公司持有的资本数量）；
- 支柱 2 是保险公司的治理和风险管理要求，也包括对保险公司的有效监督；
- 支柱 3 关注信息披露和透明度要求。

欧盟偿付能力Ⅱ的内容是：

- 直接保险和再保险的活动的一般规则：
  - 主题、范围和定义；
  - 业务开办；
  - 监管机构和一般规则；
  - 监管业务的条件；
  - 对寿险和非寿险企业的活动规定；
  - 资产负债估计、技术提供、自有资金、偿付资本要求、最低资本要求等的相关规则和投资规则；
  - 处于困境中或非常规情况下的保险和再保险行为；

- 设立权和提供服务的自由；
- 母公司不在本区域而分支机构在本区域的保险和再保险行为；
- 由第三国法律管辖的保险（再保险）分支机构的承包行为，以及相关的收购；

- 保险和再保险的特殊条款；
- 对金融集团中的保险和再保险行为的监督；
- 保险公司的重组和清算。

## 欧盟偿付能力Ⅱ的要求

有效的资料管理是欧盟偿付能力Ⅱ的根基。保险公司一般从内部产生风险报告，即使在某种程度上借助外来数据，但如果不做调整，这种办法将不符合欧盟偿付能力Ⅱ的要求。英国金管局的内部模型法明确要求，数据管理是保险公司需要开展大量工作以实现合规的领域。[5]

欧盟偿付能力Ⅱ中的报告和分析要求比现行保险公司的报告框架要求更高。最大的变化是：

- 建立了和监控相关关键数据库；
- 指定了责任；
- 贯彻质量矩阵。

### 支柱1

支柱1的框架规定了技术条款和偿付资本要求的定性和定量方面，不管是通过监管者要求的标准公式法或者保险公司自己开发的内部模型法。技术条款包括两个方面：对负债的准确估计和风险边际，其实质是将保险公司的义务立即转让给第三方时的现金要求。

偿付资本要求是（再）保险公司未来12个月内以至少99.5%的概率履行

义务所需要的资本。除此以外，还需要计算最低资本要求。这代表了监管当局介入的警戒线，即以 85% 的概率满足充足率要求，大概是偿付资本要求的 25% ~45% 。

从监管角度来看，偿付资本要求和最低资本要求分别是“软”和“硬”的地板。当保险公司资本低于偿付资本要求时监管当局会介入，低于最低资本要求时会更大程度介入。欧盟偿付能力 Ⅱ 的指令允许当地监管机构在低于最低资本要求时采取很多措施，如撤销新业务的核准，或是关闭公司。

### 支柱 2

2011 年欧洲保险和职业养老金管理局关于欧盟偿付能力 Ⅱ 的第五个数量影响报告指出，有 20% 的公司报告了数据丢失和不完整的情况（跟支柱 2 相关的估价-资产-定价和保单持有人的信息），80% 的报告发现资料的质量和完备跟监管要求有差距。[6] 有些资料只是手工处理的表格，需要进一步审计。

这些接受调查的公司回应了满足第二支柱要求所需的六种不同举措：[7]

- 数据质量（确认）；
- 差距分析（界定和迁移）；
- 流程（数据治理）；
- 控制（关注外部来源数据的控制）；
- 审查（关注资金池的头寸和安全相关资料）；
- 基础设施（数据仓库和工作流）。

57% 的受访者认为它们对第三方有高或中等的信息泄露风险，包括风险建模公司、第三方基金经理、托管公司，以及欧盟以外的母公司。[8] 所以对数据的审计要延伸到这些外部数据提供者。

高质量的数据是成功实施欧盟偿付能力 Ⅱ 的起点，很多公司已经成立专职团队负责数据治理和质量。很多公司也启动了类似项目。

### 支柱 3

欧盟偿付能力Ⅱ的支柱 3 要求很清晰，但对它的解释则因国家而异。例如，英国和比利时要包括审计公司，但荷兰却不包括。保险公司在努力确保报告的可靠性和信息披露的质量和清晰度，因为这些信息接收者是第一次认真读这些报告。

资本最优化也是这些公司关注的焦点，因为它们正在期盼着改变资产负债表的构成。虽然并非所有公司都使用内部评级法，但它们都必须遵守欧盟的相关指令。为了达到欧盟偿付能力Ⅱ的要求，它们必须完成和向监管当局报送自我风险评价和展望或者进行自我风险和偿付能力评估。

这些监管包括了产品、流程、平台和人员。这些评估必须跟商业决策相联系，确保商业计划或压力测试这样的行为与欧盟偿付能力Ⅱ 的要求一致，当然肯定会有差距，保险公司需要找出差距，并确保治理结构的有效性和评估流程的效力。

## 市场金融工具指令

这个指令带来了对欧盟金融市场产生重要影响的变化。包括对很多产品的透明度要求，在交易所交易的衍生品，对算法和高频交易的要求，对商品衍生品的新的监管要求等。同时它也强化了对散户的保护，通过限制佣金，独立投资顾问提供建议的条件，对产品设计和分销的严格组织规定，产品介入权利，以及对成本费用的披露。

这个指令授权欧洲证券和市场管理局提出监管技术标准和实施技术标准。

## 公认会计准则

公认会计准则，即标准会计实务，是会计师的工作准则。包括会计师在准备财务报表、记录和总结时遵循的标准、公约、规定。

很多美国的县和市选择不遵守公认会计准则，因为它们是收付实现制（现金），而不是权责发生制。

## 对客户和数据的保护

数字保险的法规一般遵循以下五点原则：[9]

1. 合同在法律上的可执行性；
2. 对消费者的保护；
3. 数据隐私（不允许非必要和未获授权的数据采集和获得）；
4. 数据的保密性（防止数据被滥用）；
5. 自我保护权利（有权实施或者拒绝交流）。

作为一个比较新的现象，数字保险还没有作为一个单独领域引起立法者的注意。在很多国家线上交易是由电子商务和电信方面的相关法规来监管的。越来越多的地区和国家正在发布针对金融服务行业的具体法规。一些欧盟国家已经开始立法，有望提供一个可靠的、现代化的法律环境，以便能够更好地利用数字保险的优点，同时也能更好地保护消费者。

其中许多监管规定来自欧盟或联合国这样的多边组织。其他组织，如经济合作与发展组织，世界贸易组织，世界知识产权组织，也一直在鼓励成员形成良好的监管环境。由于互联网天然的国际化特性，这些国际监管规定很重要，尽管在各国的执行力度有区别。

为确保法律的确定性和消费者信心，欧盟已经发布了 12 个指令：[10]

- 具有法律约束力的电子商务合同；
- 确定管辖权和适用性；
- 保护消费者的数据；
- 保护知识产权；

- 解决争端；
- 治理网络犯罪；
- 明确税收制度。

这些监管指令为成员国确定一个监管框架，并确保遵守国际条约，特别是联合国国际贸易法委员会通过的《电子商务示范法》。[11]

对数字保险产品、服务和实践的法规也随着数字保险的解决方案不断演变而与时俱进。数字保险公司必须及时跟进这些监管方面的法律法规的变化。不遵守法律不仅会使数字保险公司面临遭受监管机构的审查和罚款的风险，还会损害消费者对保险公司提供更好服务的信心。

对于与金融机构（例如，在美国）的合作执行客户数字保险战略的供应商合作伙伴和解决方案提供商而言，核实以下三点很重要：[12]

- 如果在美国，供应商的信息安全项目是否符合金融服务现代化法案；
- 消费者是否能接触到合适的信息披露和通知；
- 信息更新是否容易被消费者了解并接受。

除了回答这些问题以外，另一个很重要的事情，就是保险公司要有一个合规团队，不断跟踪数字保险方面的法律法规的变化，并向公司高层汇报，这是许多国家的中央监管机构的要求。

监管规定很有意思，有时候它们对具体某个应用程序没有直接影响，但如果保险公司截止日期前不遵守规定，可能会产生间接影响，使保险公司处于不利的地位。

保险公司开展数字保险时，有一个问题就是客户认证。因为对客户和监管者来说，安全尤其重要。美国联邦金融机构检查委员会关于网上银行环境中的身份验证指南是一个很好的参考，该指南最初于 2005 年 10 月发布，并于 2011 年 6 月得到补充。虽然两者都没有具体提及数字保险，但美国联邦存款保险公司《2011 年冬季监管观察》上提及了，请读者参考该指南。[13]该指南要求金融机构每年对每个（金融）技术创新进行全方位的风险评估。

保护客户的私人领域和防止未经授权使用个人数据一直是立法者的首要关注点，一方面是为了维护公共利益，另一方面是增加客户对数字商业的信心。欧盟将个人数据定义为“与任何已识别或可识别的自然人有关的任何信息”，并加以保护。[14]

为此，已经实施了几项严格的规定，例如：[15]

1. 除非得到当事人的书面和明确的同意，否则不得收集、处理和使用个人数据；

2. 如果可以通过电子方式表示同意接受服务，则服务提供者必须保证这种同意只能通过客户明确表示，并且是不会引起争议的方式；

3. 当事人随时有权查看自己已同意的文本；

4. 当事人随时都可以撤回同意的意见；

5. 个人资料使用范围不得超越当事人许可；

6. 不同服务应该有独立的处理个人信息的流程；

7. 不再需要的数据必须立刻清除；

8. 客户档案，即使是匿名的，也只能在获得当事人的同意后建立；

9. 用户可以向金融机构索取存储在该机构的用户数据信息；

10. 地域限制：欧盟公民的个人信息不能在欧盟以外触及；

11. 金融机构违反本规定或未告知用户其权利构成违法，可处以罚款。

保险公司开始数字化战略以前，以及后来的持续发展过程中，需要审视披露程序是否已涵盖现有渠道和新渠道。如果没有，则该机构需要更新披露。更新应严格遵守数字保险的所有限制性要求。同时应该提醒消费者哪个交易会、什么时候收取信息储存和设备使用费用。这些规定是基本的一般规范，法律规定了特殊情况下的例外情况，政府当局有权批准此类例外。

### 数字化交易的调查和监控

一旦客户开始使用数字保险，就有一系列的规章制度要遵守。在美国，金融机构要对 E 规则下的错误负责。所有关于错误解决的传统规则仍然适用，例如，“错误”的定义、客户责任的限制调查时间和信誉。

金融机构如何调查报告的错误变得日益复杂，因为人们倾向于以不共享钱包的方式共享手机等终端设备。

在很多国家，法规要求追踪设备和应用程序的使用。这一点对合规有帮助，也对保险公司的安全性有用。

## 数字保险和移动商务

因为德国的数字保险在欧盟非常典型，所以研究德国对移动电子商务（跟数字保险很接近的一种商务活动）的监管很有意思。[16]

在德国电子商务是由《数据和电信服务法》来管辖的。这部法律有很多条款，这个领域法律的核心是：[17]

1. 《电子商务的法律框架条件法》；
2. 《电信服务法》；
3. 《电信服务数据保护法》；
4. 《限制条件获得服务保护法》；
5. 《跨州媒介服务协议》。

另一个相关的法律是《远程销售法》。这个监管法规遵循欧盟对电子商务的相关指令（欧盟2000/31）。这些法规已经融入德国民法的第一章（总则）和第二章（法律责任）了。[18]

## 对客户的在线销售

当公司启动数字保险时，除了注重稳健性（例如，符合欧盟偿付能力Ⅱ的标准）和个人隐私保护以外，还要注意金融产品和服务的透明度、简洁性和公平性。越来越多的消费者开始使用数字和远程的渠道，也在可以获得数字化渠道时尽量选择这种渠道。所以，随着市场的发展，消费者权益也将成为监管关注的重点。

欧洲保险和职业养老金管理局是欧盟金融改革的产物。这个改革是在贤人委员会（主席是德拉罗西埃）的建议下由欧盟委员会发起的，得到了欧洲理事会和欧盟议会的支持。[19]

在 2007 ~ 2008 年金融危机之前和金融危机期间，欧洲议会呼吁朝着更加一体化的欧洲监管迈进，以确保欧盟内所有参与者的真正公平竞争环境，并反映欧盟金融市场日益一体化 。因此，监管框架得到加强，以降低风险和未来金融危机的严重性。欧洲保险和职业养老金管理局是欧洲金融监管体系的一部分。该体系由三个欧洲监管机构组成，一个针对银行业，一个针对证券部门，一个针对保险和职业养老金部门，以及欧洲系统性风险委员会。

欧洲保险和职业养老金管理局对其监管范围之内的各个领域发表意见。[20]有些作为建议提交给欧盟委员会、欧洲理事会或欧盟议会，有些作为自己的倡议发表。这些意见的目标是确保统一和一致的欧盟监管文化和实践，确保欧盟有统一的监管做法。[21]该局已经提供了一份关于网上销售的消费者保护的意见，这个意见适用于通过网上销售的保单（即使未明示）。这份意见对数字保险特别管用。这份意见也提交给国家竞争力委员会，欧洲保险和职业养老金管理局邀请国家竞争力委员会广泛传播，并监控互联网保险的销售渠道。

客户可以在网上找到很多信息。这样客户可以在信息比较充分的条件下做出是否购买保险的决策。这可能有助于减少顾客和保险公司之间的信息不对称。网上的海量信息，以及能找到的或被过滤的信息，也给顾客造成困扰。行为经济学指出，一般来说，即使能得到充分的信息，大多数人很少把搜寻信息的功课做足。相反，他们却倾向于相信网上那些被扭曲的信息和偏见。在网上购买保险时，他们不去看对产品的详细披露信息，而只是看看价格。

另外，分销商，特别是比价平台，甚至保险公司自身，在销售产品的时候信息披露不充分。这会导致顾客购买的产品不能充分满足他们的需求，或者购买了他们不需要的产品和服务。

在网上研究保单的消费者也许不知道，他们可能会不可撤销地签署自己未授权的合同。特别是有众多选项时，但分销商会对默认的选项不予考虑的时候。这种不是出于自愿而签订的合同是因为对消费者网上购买保险的流程缺乏了解所导致的。

另外，在线购买，信息容易传递，但也会增加风险。很难监控数字化渠道（包括电邮渠道）。因为存在不同的对网上销售监管工具，例如，针对受监管公司网站和实体广告的监控工具，监管机构也可能面临挑战。

如果不加以补救，这些都会导致严重的后果。客户买的保险可能不合适，例如，客户签订了无效的合同、无法执行的合同，或者没有缔结合同。也就是说，他们的需求没有得到满足。客户可能只是根据价格选择保单，但也应该考虑保单的保障范围和质量的实质区别。他们可能没有寻求或接到对决策很重要的信息，如披露文件，渠道商的客户服务，以及保单的保障程度。

关于远程销售金融服务的欧盟 2002/65 指令奠定了消费者权利的基础。[22]例如，该指令规定了一系列义务，如在合同签订之前向客户提供金融服务、远程合同、服务提供商、赔偿方式，在冷静期可以撤销合同的权利，禁止强迫客户购买他们未授权的产品。禁止骚扰电话和骚扰邮件。当然，冷静期不能解决所有问题。

2013 年，欧洲保险和职业养老金管理局发布的客户趋势报告提到了信息披露，新的销售渠道，通过网络（特别是社交媒体）销售产品和服务等。[23]2014 年它出台了一个比价平台的良好实践的报告。[24]报告发现顾客更多依赖比价平台首页上的产品价格，而非产品的条款和条件。保险公司和比价平台之间的紧密商业联系导致的利益冲突也会带来误导信息。比价平台也不适合一些保险产品（特别是寿险），如投连险。

未来欧盟数字保险的监管要求特别会强调对消费者更好地提供相关信息。欧洲议会和欧盟理事会关于零售保险与投资一体化产品的关键信息要求的规则（规则 1286 /2014）提供了一个关键信息文件的统一标准。这样就提供了适用于各个渠道的该产品的信息披露标准。

同时，欧洲保险和职业养老金管理局也提醒国家竞争力委员会，数字保险从业者必须遵守欧盟目前和未来的相关要求。

欧洲保险和职业养老金管理局建议国家竞争力委员会采取措施确保：

- 数字保险提供者必须遵守相关义务，如果法律有规定或者在促销过程中有相关意思表示；
- 向客户提供有关数字保险销售过程的适当信息，以避免未经授权的或错误签署的合同。

为维护消费者利益，欧洲保险和职业养老金管理局建议国家竞争力委员会采取更加积极主动的方法来防止客户受到损害：

- 收集数字保险从业者网上销售行为的信息；
- 在一国之内或在国际上确定新渠道的挑战和面对的问题。

在有些国家，还有一些特殊的规定。例如，意大利就有一条相关法律。未来，就像通过分销商和网络销售旅游和休闲项目类似，保险公司（中介）将看到越来越多的相关监管规则和指南。

## 6.3 对合规的支持

合规的最大挑战有以下三点：

- 数据质量；
- 数据的分类和界定；
- 数据一致性。

系统需要从不同模型和实时计算中获得一致和准确的信息。数字化解决方案要能够解决数据整合、方便使用和合规等问题。也要足够灵活，以建立各种界面和报告体系，适用其他金融机构的要求。

保险公司需要更新系统，以精确和及时提供财务信息，符合国际财务会计准则，公认会计准则或者欧盟偿付能力Ⅱ的要求。很多机构已经通过自动化优化这些流程，以便更好地产生相关数据和报告。

尽管是一项重大挑战，欧洲的保险公司需要有效运用有限的资源以研究今后几年如何更好发展，以应对未来的挑战。

有很多监管法规，也有很多解决方案能满足这些法规的要求。许多金融机构，特别是中小金融机构，目前以电子表格的形式保存数据。它们希望将信息处理交给适合保险公司内部功能和技术基础设施的解决方案。它们需要一种解决方案，使之既能满足监管要求，也能与公司的基础设施相容。为了满足欧盟偿付能力Ⅱ的要求，一种解决方案就是掌握数据管理。上一章已经从功能的角度论述了这个解决方案。

掌握数据管理的目标是为整个机构提供途径，使在一个组织内维护和使用数据时，能够在收集、汇总、匹配、合并、质量评价、保存和分发数据的过程中保持一致性和可控性。

# 6.4　本章小结

本章主要讨论了保险公司实施数字保险时需要考虑的监管问题，虽然不一定详尽无遗，但总体是对的，并在动态变化中不断更新。

合规是保险公司的一个重要方面，所以也对数字保险的实施有实质影响。这一点并不新鲜，但随着更多监管法规的出台，这项任务已经变得越来越复杂。合规成本对保险公司的投资和运营产生了重大影响。

合规和创新并非完全不相容的。[25]合规方面的投资和创新方面的投资能够很好地融合。监管既要求使保险环境更加安全，同时也允许保险公司把复杂业务简单化的努力做得更好。客户和监管机构都在寻求更高的运营稳定性，更高质量的报告和更大的透明度，并使保险方案的进展跟上技术进步。这些投资使得各方都能受益。例如，更好的交易监控和风险管理的一体化的工具有助于确保金融系统安全，这反过来又能够更好地保护消费者。

第1章 保险行业的创新
第2章 数字保险的管理
第3章 数字保险的基础解决方案
第4章 数字保险的高级解决方案
第5章 数字保险的治理
第6章 数字保险的监管框架
第7章 全球的数字保险
第8章 数字保险发展的未来
第9章 结论
注释
参考文献
词汇表
第7章

# 全球的数字保险

# 7.1 引　言

数字保险的成功推出并非易事。除了资源的不确定性外，更为困难的是很多问题是全新的。机会和成本复杂而多变，基于这个原因，从过去的失误中汲取经验非常重要，特别是从那些犯过错误的公司中吸取教训尤为重要。

数字保险在部分国家扩散开来。数字保险也可以应用在那些大多数人口没有保险或保险深度不足的国家。在这些国家中，大型保险机构只限于大城市，用户只能跋山涉水到最近的金融机构才能获得保险咨询或者完成购买保险的服务。

本章描述了全球数字保险的现状、未来规划和可能的机遇。鉴于世界性的数字保险发展并不是一成不变，而是高速发展的，因此需要说明的是，本章内容不能详尽无遗地展示，因为现象是不断发展的，本章也不能提出最好的解决方法。本章目的是介绍一些世界各国成功实施数字保险的例子。

# 7.2 全球的数字保险

从物质世界到虚拟世界，从人与人之间的交互到人与机器之间的交互，甚至机器与机器之间的交互，这些变迁正在改变着保险业。未来多种渠道的协调和整合是创造新的客户体验和取悦客户的关键。

赛讯咨询公司对亚太地区，欧洲，中东和非洲，拉丁美洲以及北美洲的保险公司的数字化转型的措施，投资，和项目定期进行差异性分析。[1]赛讯公司出色的分析是许多考量的基石，特别是本章统计的基础，除此之外，本章内容结合了一些相关文件和其他机构的数据，加之作者自身的经验经历综合编辑而成。我们期望有兴趣的读者去阅读原文，或者期待未来的新文章。

在表述赛讯公司的成果时，精确界定数字化转型概念是极其重要的。对赛讯公司来说，数字化转型就是让更多的人工操作活动数字化。[2]这一策略可以通过多种方式来实现，包括：

- 精益化和自动化的过程；
- 通过新渠道出售产品；
- 广泛地提供数字服务和移动解决方案；
- 虚拟文档和通信工具；
- 数据收集、管理和分析。

赛讯公司宣称数字化转型是驱动全球保险业投资的主要因素。数字化转型将会在未来几年催生更多投资。未来的数字化浪潮将会与新的解决方案息息相关，对保险业将会是破坏性创新。

## 欧洲

弗雷斯特公司撰写了一份关于欧洲保险公司状况和前景的报告。[3]未来的几年对于欧洲保险业来说将是具有挑战性的。对某些保险服务的适度增长和低利润率的预期将会影响商业环境。成功的保险公司希望抓住机会，以个性化的产品和服务以及更好地利用他们获得的数据，最大限度地运用他们的数字保险解决方案。保险公司向来落后于零售部门和银行部门的创新。在欧洲的保险市场中，越来越多客户使用比价平台，加上车险的低复购率，更加压低了保险业利润空间。保险公司需要以更有效，更高效，更经济和合乎道德的方式来服务客户。保险行业必须找到新的方法来激励客户对产品的忠诚，提高品牌黏性，并为传统和不断发展的客户需求提供卓越的客户体验和新服务，尽可能地预测他们的行为。

越来越多的保险公司正在提升扩展其分析能力。他们的目标是更好地以更加综合的方式使用数据，在保险生命周期的几乎每个阶段提供有意义的洞见，从客户定位到产品设计和定价、承保、索赔和报告。[4]监管举措要求更好地资金流动性，提供给客户的信息更加透明，修改与中介机构的关系，以及对新的和现有的产品和服务及其风险进行更好的治理和监督。

在拓宽直接渠道的过程中，寿险和养老金的脱媒现象也给保险公司带来巨大的压力。改进客户端接口是一个可行的解决方案。关键主题是技术、大数据分析、移动数据、内容管理，总的来说，就是创新。为了使更多的客户参与进来，保险公司必须更新他们的系统，大多数系统已经过时、不能支持新的服务要求。保险公司必须为客户提供更广泛的数字解决方案和沟通渠道，同时更好地利用客户和市场数据为个人客户量身定制产品和服务：就是所谓的大众个性化保险。

在个人产品线中，产品越来越商品化（部分是通过公司渠道进行价格驱动的分销），持续分化的市场环境正在变得更有挑战性。保险解决方案正朝着个性化发展，但需要时间来完善。起初，新产品往往针对年轻客户，即使它们通常不是市场的现金流部分。欧洲保险公司已经开始在使用数据上进行投资，用越来越多可用的创新方式来确保吸引不断变化的市场。欧洲保险公司面临左右兼顾的挑战，既要利用这些机会来个性化产品，又要找到增加价值的其他方式，以建立更高的客户忠诚度，增加客户留存率和盈利能力。保险公司面临的挑战是必须遵守各种法律，监管、会计和税务监督，这些问题影响了资源的利用率。拥有强大的随机应变的能力，特别是战略主动性可以使保险公司在未来市场中保持竞争力。通过保持保险公司产品的透明度，并投资于大数据分析和创新等领域，可以更有力地促进保险公司创造和增加与客户的关系，并使其产品在竞争中脱颖而出。

其中一个优先事项是保险公司必须更新其财务职能。偿付能力Ⅱ和其他会计和金融法规（例如国际财务报告准则第二阶段）对财务和风险部门的要求越来越高。欧洲首席财务官、首席风险官和首席信息官必须时刻保持关注，以满足各种不断增长的监管要求。

赛讯公司调查显示，就目前的投资计划和经营能力来看，欧洲已经落后于其他地区。保险公司的数字成熟度水平最低。在欧洲许多行业，尤其是非金融服务领域，客户服务环境和忠诚度管理得到了很好的发展，但许多保险公司并不是这样。

欧洲保险公司的调查分析突出了一些明显的区域差异：

- 保险公司面临不同的挑战；
- 保险公司承认新解决方案的交付速度仍然缓慢；
- 许多保险公司认为他们还有很长的路要走；
- 公司在短期内对数字化的支出较少，但是那些拥有梦想的公司有着重要的长期投资计划；

- 保险公司对其数字化的未来保持乐观。

由于过去几年的合并和收购趋势，许多欧洲保险公司也有多个遗留系统。组合企业中的这些老旧多样的系统不足以将自己引向以客户为中心的互联网活动。赛讯调查指出，由此产生的成本和复杂性问题已经使数字化降低了保险公司的议程及其预算。遗留系统的存在加剧了这种困难。有趣的是，几乎没有人在调查中相信，客户缺乏对互联网的需求是一种阻碍。然而，成本和复杂性阻碍了欧洲保险业近年来更好地应对新的挑战。这种情况应该迅速改变。

另一个重要方面是独立代理商或中介机构的高比例，以及近年来他们在客户关系上的权力的重大转变。近 50% 的赛讯调查受访者称这是互联网增长的阻碍。与客户建立直接关系是欧洲数字战略的最大驱动因素（39%，第二位为丰富客户体验，占 23%）。

赛讯调查的绝大多数公司都指出，保险公司交付缓慢是最重要的阻碍因素。

此外，越来越多的比价平台正在与客户建立直接的关系。物理中介已被虚拟代理取代：比价平台网站。

欧洲保险公司目前的数字成熟度水平与全球平均水平之间的差距很大。欧洲保险公司和其他保险公司之间的额外差异包括：[5]

- 67% 的人认为自己在通过数字渠道管理和建立品牌忠诚度方面只能得一分（满分是五分），而全球则为 53%；
- 76% 的人认为使用数字化解决方案降低服务客户的成本是基本的，而全球这一比例为 55%；
- 28% 的受访者承认他们目前没有数字战略的商业案例，而全球这一比例为 10%。

尽管目前的自我评估水平相对较低，但欧洲保险公司与其全球同行一样，有雄心勃勃的未来目标。在某些领域，如降低服务成本和获得正确的运营模式，他们的评级高于他们的平均数字化目标。

总体而言，与其他地区相比，欧洲保险公司打算在其他花费较少的地区进行数字化投资。这种情况很可能反映了一些欧洲市场的现状，其中包括大量新业务，如个人汽车保险，已经在网上上线了。这是在任何其他市场无法比拟的销售过程中的数字化渗透率。然而，该地区客户的长期计划是更多的投资。超过1/3的欧洲保险公司预计在未来五年内数字支出将增加50%以上，而全球这一数字仅为18%。当然，与此同时，一些保险公司还有很长的路要走，以提高效率，降低成本，同时为他们的客户增加更多的价值。

尽管面临挑战，欧洲保险公司比其他地区的保险公司对它们迄今为止的成功态度更积极。[6] 比利时提供了一个有趣的案例。成本收益比稳定在14.3%，使比利时产险公司在这个指标方面处于全球最低的1/3的百分位。比利时产险公司继续通过使用远程信息处理，更换旧系统和大数据分析等解决方案来提高效率和控制成本，旨在为先进的预测工具提供动力。他们得到非常有趣的结果。

## 美洲

赛讯调查中美洲地区的范围包括各种各样的国家。例如，直接保险和直接客户营销只是在拉丁美洲刚刚出现。他们在北美更发达。尽管如此，该地区在从预算支出到客户参与的许多数字化进步指标方面有很多共同点：

- 对数字解决方案有着高度的支持；
- 遗留技术约束是数字增长的最大抑制因素；
- 有更大的紧迫感；
- 保险公司显示更多的数字互动和移动参与；
- 保险公司对数字化领导地位有积极的评价，目前来说是成功的。

美国在数字化方面的花费比全球其他地区多。赛讯的调查表明，1/3的美洲受访者表示他们在信息和通信技术发展预算中的数字支出占10%～30%，而全球这一例只有 19%，公司业务模式更有效和高效地支持数字化产品。

保险公司缓慢的交付速度是该地区数字保险增长的第二大阻碍因素。内部组织被视为寿险公司和产险公司的挑战。对于寿险公司，创新文化是最大的挑战。在产险公司中，87% 的公司将公司内部结构或文化限制作为主要挑战，而全球公司这一比例则为 64%。

数字化挑战带来的新认知和迄今取得的更大进步的优秀成果可能反映出美国对创新的紧迫感。世界上具有较高比例的年轻人成为数字化社会组成的部分。如果客户的行为已经转向数字化，他们就会选择替代公司。客户更换保险公司的可能性比全球各行业客户更换率的平均水平高出 1/3 以上，这是该地区保险公司提到的主要后果，而在全球失去竞争优势和市场创新能力的担忧之后，这是排全球第三的因素。

提到数字化驱动因素，美洲保险公司更多地着力于降低服务客户和中介的成本。2013 年，美国的成本收益比再度下降 12 个百分点，达到 22. 1%，[7] 成为所有被调查国家中收益最高的解决方案，如以客户为中心的商业模式和综合解决方案，有效地控制住保险行业服务客户的高成本。

产险公司正在投资于先进和改进的安全解决方案，因为他们努力遵守旨在强化客户保护和防止欺诈的严格法规。美国产险公司在获得客户方面更加成功。新客户的获得比例从 2010 年起持续稳步下降。几乎 63% 的客户已经使用在线渠道来比较价格。

随着直接渠道持续增长势头，美国产险公司将可能继续降低获客成本，同时还致力于改善客户体验。

为了在美国取得成功，积极从事人寿保险和年金的公司必须通过新的网络，社交媒体和移动解决方案来扩展他们的数字能力，使客户和中间商具有自助服务功能，同时使保险产品更容易被理解、比较、购买，并降低成本。[8]

扩大美国保险公司利润率的一个主要机会是利用大数据分析和云计算来改造后台办公系统和流程。考虑到它们可能带来的安全风险和监管问题的危险，必须仔细遵守监管规定。

美国疲软的定价条件正在侵蚀利润率，迫使财险和意外险公司专注于费用管理和运营效率，通过技术升级，流程优化，选择性离岸外包和增强降低成本风险管理。使用数据分析和建模技术来改进承保和后勤流程是美国产险公司提高收入的重要机会。

分销方面，保险公司计划优化渠道组合，增加分销渠道，扩大比价平台的使用，以及直销模式，同时为客户提供更大的产品价格透明度、实时支持和服务。

许多客户转向网上银行和投资服务来管理他们的财务。他们从保险提供商那里寻求类似的机会，为保险公司开发合适的产品，结合在线警报和交易模型提供很好的机会。

例如，通过更强大的大数据分析构建卓越的企业信息基础设施，帮助加拿大保险公司确定新的增长机会，优化理赔结果，减少索赔欺诈的发生率，并降低底线风险。[9]

该地区的保险公司更有可能考虑以客户为中心，以便保持领先地位，并使用数字保险来增加市场份额。特别是在拉丁美洲高增长市场，数字保险对于首次接触购买保险的新中产阶级来说，具有重要的战略意义。

拉丁美洲许多保险公司面临的一个关键挑战，就是使其运营和分销模式接受现代化改造，以适应不断增长的业务和客户对数字，移动，网络和社交互动的期望，特别是对于中间商仍然保持控制的商业保险条线。[10]

## 亚太地区

亚太保险公司对数字化进步和未来投资的障碍远不如全球同行那么清晰。一个原因可能是该地区的新兴国家处于数字路线图的早期阶段。由于亚洲国家众多，赛讯的调查结果更加有代表性。事实上，澳大利亚更多地与数字化程度发达的欧洲和美国市场保持一致。导致亚洲市场与美国、欧洲市场截然不同的原因有很多，如文化、产业发展、市场开放程度等。

赛讯调查发现，亚太地区的情况特征如下：

- 缺乏清晰的数字化战略；
- 将数字化与其他分销渠道相结合是一项重大挑战；
- 客户体验和内部效率正在推动数字化战略；
- 监管限制是一个更高的关注点；
- 社交媒体和移动工具的感知价值较低。

在赛讯调查中，大量的亚太受访者不知道（或不愿意讨论）他们目前的数字发展支出水平。这种缺乏清晰度也反映了前景。这可能反映了该地区更大的地理复杂性或将战略规划推迟到集团层面。

缺乏清晰度的另一个原因可能是较弱的紧迫感。2013 年，亚洲的国内生产总值增长预测为 5.75%，而全球平均水平为 3.5%，欧洲几乎为负值。这种繁荣，加上该地区的保险渗透率和密度降低，意味着数字化创新对于确保客户增长并不是必要条件。保险公司通常通过扩大其销售队伍来专注于瞄准市场份额。这可能解释了为什么地区受访者对未接受数字保险明显低于全球水平的后果评价。

然而，可能存在一种错误的安全感：16 个亚洲国家在全球互联网使用量排名前 30 位。它们加起来占世界互联网人口的 42%。例如，麦肯锡 2012 年对印度互联网用户的一项调查发现，约 66% 的用户在线购买了健康保险。[11] 在印度，信息和通信技术投资对保险业的影响最为显著。在这个国家，保险业正在经历一场剧烈的变革，以应对日益增长的需求和区域竞争。据印度研究公司网文公司的凯伦班加称，到 2015 年，保险业的信息和通信技术支出复合年增长率将达到 14%。这一增长归因于各行业对信息和通信技术的巨大需求。印度快速发展的市场，包括公司之间的激烈竞争。[12]

数字技术为亚洲保险公司接触偏远地区的客户提供了重要的机会。未认识到这一点将使保险公司付出巨大的代价。

由于掌握复杂技术的人口越来越多，保险公司面临着大数据分析和建模能力以及网络和移动数字销售，分销和客户服务解决方案的投资挑战。[13]

许多保险公司（特别是寿险公司）认为，在亚太地区代理分销的重要性，将数字和媒体与其他分销渠道相结合是他们在实现数字战略时面临的最大挑战。低效的代理渠道和高支持成本普遍反映在对赛讯调查的区域受访者中，该调查显示，中介机构目前使用数字化来提高客户与世界其他国家的互动的效率和质量。事实上，亚洲保险公司比其全球同行更有可能为其中介机构制定移动战略是代理网络主导地位的另一个标志。

为了证实这种情况，亚太保险公司通过稍微不同的角度来看待数字保险的好处。像他们的全球同行一样，丰富的客户体验是数字战略的关键驱动力。然而，提高内部效率排名第二。与全球同行相比，该地区只有少数保险公司认为重新获得更直接的客户关系控制作为驱动因素。

# 7.3　本章小结

本章所引用的调查和作者的个人经验表明，数字保险的方法在世界的不同地区是不一样的。然而，保险数字化是必将要走的路。全球化和数字解决方案的破坏力将推动保险更加适应所普及的环境，落后者需要迎头赶上。数字保险的未来将朝着这一方向发展，正如关于未来的下一章所示。

第1章 保险行业的创新
第2章 数字保险的管理
第3章 数字保险的基础解决方案
第4章 数字保险的高级解决方案
第5章 数字保险的治理
第6章 数字保险的监管框架
第7章 全球的数字保险
第8章 数字保险发展的未来
第9章 结论
注释
参考文献
词汇表
第8章

# 数字保险发展的未来

# 8.1 引　言

数字保险是明确的投资优先项，这是因为保险公司试图为其产品增加价值并且利用数字化解决方案独有的特性来获利。新的、有趣的进步即将到来。

数字保险与其他金融服务机构（如手机银行）有一些关键的功能趋势是相同的。[1]随着技术的发展和移动设备使用的普及，数字保险功能的使用将使客户以更加全面和完整的方式在整个客户生命周期中进行连接。在这种情况下，数字保险开拓新的客户、与客户建立关系以及降低成本的这些目标将会转向实现新的目标。保险公司将瞄准更高层次的目标，例如建立保险公司的品牌形象。新兴的技术和功能将有助于创造出开发潜在客户、未来发展和管理保险的途径。数字保险将成为双向沟通卓越客户体验的基础。

以下是全球数字保险的一些关键功能趋势：[2]

- 充分沟通，如代理商与咨询客户之间的视频互动；
- 全面的业务能力：综合性网站，包含大量不局限于保险活动的功能；
- 客户教育：对保险服务和投资选择进行“试用”演示，为培训及帮助客户提供支持；
- 与新客户群建立联系：通过游戏和社交网络的定制与数字原生代建立联系，以此来支持保险公司的产品（例如，通过所谓的保险服务游戏化——即应用游戏玩法中的典型元素：得分、竞争和游戏规则，鼓励参与到保险公司提供的服务中去是一种典型的网络营销手段）；

- 内容变现：旅游门票、电子书或新闻下载等微观层面的收益主题；
- 纵向定位：针对数字保险特定行业或另类投资的产品；
- 横向定位：跨行业的数字保险产品；
- 商业保险中多角色和多层次的个性化体验的要求与当前环境中简单的改进手段形成对比；
- 在提升客户体验的同时，打造更好的保险品牌。

本章不考虑所有可能的和可预见的发展。主要关注以下各类中最有趣的部分：

- 应用创新；
- 技术创新；
- 网络创新。

以下各节将讨论一些保险公司能够使用的解决方案，以达到预先列出的目标。

# 8.2　应用创新

许多新的应用创新都倾向于与数字保险建立联系。本章只探讨在短期内更有前途的应用创新。

## 风险与财务管理一体化

考虑到规避风险和合规，精算和财务功能的整合存在持续发展的趋势。安永会计师事务所进行的一项调查显示，近 40% 的受访者完全或几乎完全整合了风险和财务管理，而另外 42% 的受访者已经完成了部分整合并计划于 2020 年达到完全整合。[3]

这两个功能之间的整合将使财务成为企业规划，预算、预测和监控周期中更好的业务合作伙伴。在整个周期中如何使用这些信息将成为一个能否获得成功的真正因素。或许这有助于突出合理的行动计划和机会。另外，简单地保持风险和财务业绩同步并步入正轨将成为成功的关键因素。

随着时间的推移以及欧盟偿付能力Ⅱ、国际财务报告准则第 4 号和其他监管法规对财务和风险管理职能提出额外要求，保险公司财务部门的压力将会越来越大。变化是唯一不变的。财务和风险管理条线员工需要证明，他们能够有效和高效地改变和提高数字能力，这些数字能力越来越成为他们工作的一个组成部分。

财务不仅要适应新的报告要求，还要适应新的融资方式。特别是，企业应该在偿付能力Ⅱ实施之前进行模拟。面对如此多的压力以及获得优先项目的需要，世界各地的首席财务官和研究总监都在密切关注如何满足日益增长和多样化的监管要求。

在偿付能力Ⅱ（可能是下一代标准）之后，一定会有新的合规监管规定，这将推进这方面的发展。当然，这种发展也可以带来更好的保险业务管理。

## 人工智能

人工智能是指一组显示某种“智能”的软件或机器。它基于一门学科，其目标是以创建更高级的解决方案来解决问题。主要的人工智能研究人员和教科书将这个领域定义为“智能代理的研究和设计”。在这种情况下，智能代理是监控其环境并采取最大化其成功概率行为的系统。[4]

人工智能研究的中心目标包括推理、理解、沟通、感知以及移动和操纵对象的能力。通用智能仍然是该领域的长期目标。到目前为止，大多数方法都包括统计方法、计算智能和传统的符号人工智能。人工智能可以使用大量的工具，包括语义搜索和数学优化，逻辑，基于概率和经济学的方法等。人工智能领域是跨学科的。它基于一系列学科和专业的融合，包括计算机科学、数学、心理学、语言学、哲学和神经科学，以及其他专业领域，如人工心理学。

没有人会怀疑，人工智能将会是非常高效的。目前来看，虽然人工智能一直是令人乐观的主题，但也遭受了惊人的挫折。如今，它已经成为技术行业的重要组成部分，为解决计算机科学中最具挑战性的问题提供支持。

人工智能被定义为一组机器能力，它允许使用获得的知识并在新条件下进行“高效地”解决新任务。这是由专家规则和算法表示实现的，适合于特定的问题。

在保险风险管理的案例中，当精算公式被写进人工智能算法的时候，系统开发成为了知识的基础，并且结合了计算智能。以知识为基础的系统本质上是一种计算系统，它能够识别并迅速界定所有形式的精算定义。这样做可以在精算符号和算法语法之间建立一个可行的链接。到目前为止，人工智能的主要应用都是在寿险领域。

## 机器人流程自动化

人工智能的一个运用是在保险中使用机器人流程自动化。机器人流程自动化是技术的应用，允许保险公司配置计算机软件和（或）机器人，利用和重做现有的人类应用程序来处理事务，操纵数据，触发响应以及与其他数字系统通信。

机器人流程自动化正在彻底改变人们思考和管理业务流程、信息和通信技术支持流程、工作流程、远程基础设施和后台工作的思考方式。机器人流程自动化在精度和周期时间方面提供了实质性的改进，并提高了交易的生产力。同时，通过将人们从简单，重复的任务中解脱出来，工作性质得到改善。

机器人流程自动化的技术可以为广泛的活动提供解决方案：

- 工序自动化；
- 信息和通信技术支持和管理；
- 自动化协助。

工序自动化中的机器人可以由两个不同的部分组成，类似于人类的情况：

- 大脑；
- 手臂。

机器人流程自动化可以使两者都自动化，并且，当它能够实现时，它可以获得很好的结果，特别是在以下方面：

- 基于判断的分析："大脑"部分负责管理工作流和跨多个活动及其序

列的验证；

- 基于复杂数据输入规则的决策："大脑"部分驱动了"手臂"驱动自动化的验证和执行；
- 简单的数据输入，宏的使用，光学字符识别或智能字符识别等。

对于一家一般流程都是手工密集型的保险公司来说，这个解决方案特别有意思。此外，人工智能与机器人的手工能力相结合可以带来巨大的好处。

就保险公司而言，机器人流程自动化可用于多个领域，其中一些可能是：

- 自动报价和信件生成；
- 客户关系中心的自动数据提取和呈现；
- 自动理赔处理。

## 预期计算

预期计算是指设计用于预测用户需求的信息技术，并且在用户提出消费需求之前采取行动。预期计算是数字保险中最有用的解决方案之一。

预期计算的案例包括 Google Now 和 MindMeld。Google Now 是由谷歌开发的智能个人助理，可用于安卓和 iOS 操作系统。Google Now 采用自然语言用户界面，通过将请求委托给一组网络服务来回答问题，提出建议并执行操作。除了回答用户启动的查询之外，Google Now 还会根据用户的搜索习惯或操作，预测他们可能需要的信息。

与大数据分析和移动解决方案相结合的预期计算，可能对处理大量历史和近期数据非常有用。在这种情况下，使用大数据分析可以为用户提供预期的决策帮助。大数据分析处理通常通过批处理模型进行。但是，如果一家公司能够实时处理数据，则可以实时分析。如果这种实时分析被反馈到某种预测模型中，并且结果被用于用户当前的决策，那么我们将定义为预期计算。如果预测模型的输出直接输入到一个自动化的决策过程中，那么它就可以确保预期的结果。这一路线图实际上是在塑造未来。

如果我们结合三种解决方案，即预期计算、实时大数据分析和移动端，我们确实有一个非常强大的系统。移动设备可以实时感知环境，记录数据，命令，语音，聊天对话等。利用预期计算的机会，就可以实时使用所有这些数据。如果用户开始谈论孕妇，数字保险应用程序可能会提出建议定制保险。如果用户正在谈论旅行，数字保险可能会提供旅游保险。

在艾批机媒体实验室的题目为《2013：预期和精简年》的 2013 年展望报告中，它表示“预期计算将是未来几年的趋势”。[5] 该报告引用了预期实验室（它启动了 MindMeld）首席执行官对预期计算的观点：预期计算意味着在人们提出要求之前，倾听和传递信息。下一代的计算平台，无论是智能手机、平板电脑，还是内置在我们的眼镜或墙上的设备，都将具备访问大量丰富信息流的技术能力，并在后台倾听用户做其他事情的声音。我们现在搜索信息的方式可以并且应该得到极大的改善。

通过访问不同的数据流来预测一个人接下来可能需要什么，这或许会使一些人感到不舒服或是被打扰。这些系统必须有一种机制用来关闭预期功能。

看来越来越多的系统将在未来变得可预期，正如谚语所说，“问题本身并不是数据或技术本身，而在于如何使用它们。”此外，实时数据分析并不是一个梦想，现在已经有了所谓的内存处理。

## 社交网络

社交网络作为连接人们的一种方式变得越来越重要。在某些情况下（例如，私人通信），通过社交网络传输信息的数量已经超过了传统的电子邮件。保险营销和销售可以从社交网络渠道中大大受益。

社交网络已被证明是实验和创新的沃土。虽然大多数公司在社交媒体方面最先想到的是客户获取或客户服务，但是拥有或能够使用社交媒体的保险公司还有其他的几种方式。

这些包括以下几个方面：

- 使用车载社交媒体为独立代理商创造一个平台，分享想法，经验和专业知识；
- 从客户那里获取反馈和输入，以在产品设计中使用。这是一种很好的方式，以便了解客户在（虚拟或物理）代理设计、新产品和其他特性方面的需求；
- 利用脸谱和领英等社交媒体来发展客户招聘，尤其是年轻人更有可能使用和（或）频繁使用这些网站；
- 利用社交媒体来补充呼叫中心，帮助减少接听电话的数量，并有效地帮助客户回答其他客户的问题，这都要归功于网络论坛的创建；
- 通过宣传慈善活动、可持续发展计划和其他与保险产品无关的举措，建立公司的“人性化形象”。

麦肯锡认为社会技术或解决方案的前景非常光明。该公司将社会解决方案定义为数字技术，由人们之间进行互动，共同创建，增强和交换内容。[6]社会解决方案的特点是：

- 信息技术使它们成为可能；
- 它们提供创建、添加和（或）修改内容和通信的分布式权限；
- 它们支持对消费者内容和通信的分布式访问。

赛讯调查了许多国家的保险状况。[7]结果发现，68%的美洲公司使用推特，全球公司中使用推特的比例是42%，而领英在美洲地区被57%的人使用，而在全球范围内，这一比例是35%。反映了这种较高的使用水平，91%的公司监测客户对他们的品牌在线和社交网络的情绪，而在全球，这一比例是75%。在拉丁美洲，像哥伦比亚这样的国家已经超越了许多发达国家，现在拥有比伦敦和巴黎更活跃的社交网络用户。

赛讯同样的同一项调查发现，与全球同行相比，亚洲保险公司使用社交媒体和移动工具与客户和代理商进行互动的可能性更低：30%的保险公司使用移动应用程序，显然低于 61% 的全球比例。脸谱的使用率要高得多，达到 60%，但仍低于 71% 的全球比例。亚洲应用程序和社交媒体的更少使用可能表明，保险公司不打算依靠这些工具进行商业交易目的。这也反映在网络和社交媒体的使用率较低（该使用率为 56%，而全球为 75%）。

对社交媒体缺乏兴趣可能表示不愿使用数字化手段来参与客户对话更加普遍，至少对于某些类型的交流来说是这样。亚洲的保险公司比其全球同行更有可能在财务阶段（例如报价，交易和付款）与客户进行数字交互。例如，83% 的亚洲地区保险公司提供在线报价，70% 的地区提供在线购买/交易能力（全球 72% 和 66%）。相比之下，82% 的人提供公司和产品信息，49% 的人对客户的品牌价值进行教育，而在全球范围内，这一比例分别为 92% 和 63%。

**美国家庭保险（American Family Insurance）**

美国寿险公司——美国家庭保险公司发起了一项名为“成为球迷，成为赢家”的倡议。它允许脸谱用户从自己喜欢的运动队获得免费商品，只需成为他们的团队和美国家庭的脸谱粉丝。不同脸谱页面的粉丝，该应用程序链接两个不同脸谱页面的粉丝。

这家保险公司正与美国各地的团队和组织一起进行宣传。作为一个额外的好处，美国家庭保险公司向美国红十字会捐赠了 1 美元给它的前 5 000 名脸谱粉丝。该项目于 2009 年 8 月启动，成功地增加了该公司对新客户的接触，同时帮助客户获取和留住客户。与此同时，该公司正在进行一项慈善活动。

**法国忠利（Generali Framce）**

法国忠利是一家车联网保险公司，在社交媒体领域发起了多项倡议。其中，法国忠利一直与 www. generation-responsable. com 紧密联系，该网站是一个以联盟倡议为目的，基于社交网络模式的互联网网站。[8]此外，该公司创建并维护了自己的推特账户。

该公司推出了一种新型的保险“依靠我们”。它允许客户分成“部落”，并通过忠诚计划分享从保险订购中收取的利益。部落为其成员签署的每项汽车保险合同收集积分。社区的所有成员都有权获得该部落所有其他成员所收集的积分数。部落收集的“K积分”甚至使成为事故受害者的成员受益，为他们提供高达100%的保险超额报销。

价格根据团体的行为来定制。这一程序与传统的忠诚计划不同，此程序不同于传统的忠诚计划，提供不可转移的个人利益。

这家公司还通过一个专门针对公司员工的领英封闭式团队培养了公司内部的创新文化。

**美国大都会人寿保险公司（Met Life）**

美国大都会人寿保险公司利用脸谱的定制用户来进行类似的模拟。[9]从一套丰富的呼叫中心/客户关系管理系统、人口统计和行为数据开始，它使用脸谱来确定一些基于“年轻、有活力”和“成熟的规划师”等关键部门的保险产品的新前景。

这家公司在脸谱平台上出现的时候就“破圈”传播，这家公司能够敏锐发现哪些内容与具有相应特点的个体产生共鸣。反过来，脸谱在每次该公司导致销售成功率增加240%时，将它的获客成本降低49%。

这个挖掘客户的方式不仅限于脸谱。虽然在脸谱中，美国大都会人寿保险公司可以纵向达到某些目标，但它也会通过其他在线渠道横向覆盖潜在客户。

**德国朋友保险公司（Friendsurance）**

德国朋友保险公司开发了一种方法，鼓励潜在客户以团体为单位申请保险，以节省资金。[10] 节省的原因在于，该团体中的客户们自行承担了所有的小额索赔，这使得他们能够获得更低的保费，并享受保险公司提供的更大索赔的保险折扣。这种方法也被称为点对点保险。这就为保险公司创造了价值，它降低了管理小额索赔的管理成本，以及欺诈索赔的类似行为，因为这样会减少整个团体的年度回扣。该系统也是有效的，因为团体可能会更加小心谨慎，以防团体中进入风险的会员。最后，该模型降低了获客成本。据该公司介绍，客户平均节省了 50% 的成本，一些团体节省了 70% 以上的成本。

# 8.3 技术创新

## 物联网

未来会带来很多东西。如果说有一件东西真的让人印象深刻的话，那就是物联网。思科也称为“万物互联”。物联网提供了利用互联网连接人类和物体的可能性。实际上，真正的颠覆性解决方案是连接过程的可能性。

企业和人们正在采取行动以达到目标。就企业而言，目标可以是销售。就人而言，它可能是达到个人的目标，例如，在餐馆里吃一顿丰盛的晚餐或者买一套房子。

如今，这些过程中的大多数都是完全不相干的。人们需要从一个活动转移到下一个活动，最多按照事先设想的顺序。大多数情况下，人们根本没有获得任何帮助。

物联网将彻底改变这种局面。这是由于各种类型的传感器，越来越多地嵌入物体中，也就是嵌入式对象越来越多，物联网将能够感知某人在哪里，他/她正在做什么，以及他/她所接触的对象或人物。物联网与预期计算结合，将能预测我们下一步将要做什么，然后帮助我们完成。

有人可能会害怕这个“老大哥”。对于某些活动来说，这当然是正确的，但是对于其他的活动，这将是一个强有力的支持。想想安装在车上的黑匣子。物联网将提供海量数据。物联网是在现有的互联网基础结构中，唯一可识别的嵌入式计算设备的互连。在通常情况下，物联网将提供设备、系统、流程和服务的先进连接。它涵盖了各种协议、域和应用程序。这些嵌入式设备（包括智能对象）的相互连接有望在几乎所有领域实现自动化。在保险领域，物联网可以参考各种设备，例如心脏监测植入物，农场动物的生物芯片转发器，带有内置传感器的汽车，用于监视火灾的家用电器，或协助远程监测大量设备和情况甚至人体健康的野外操作设备。

据高德纳公司称，2020 年底有 260 亿件设备在物联网上使用。[11] 美国市场研究公司 ABI 研究部估计，2020① 年底，超过 300 亿台设备将通过无线连接到物联网。[12] 根据皮尤研究互联网项目的一项调查，大多数技术专家和互联网用户（83%）同意这样的观点：互联网/云计算、嵌入式设备和可穿戴计算将在 2025 年得到广泛使用。[13] 物联网由连接到互联网的大量设备组成。它允许实时远程监控特定情况，并使保险产品的定价更加灵活。

例如，可以收集有关客户行为的更多信息。一些保险公司已经在这样做，通过使用汽车和商用车辆的远程信息处理数据来对汽车和运输保单进行定价。真正的挑战是如何使用物联网，所以，需再次返回到每个组织的功能。当然，这将把信息和通信技术的工作从信息和通信技术转变为创新、协作和变革。这对信息和通信技术管理人员来说真是一个挑战。他们将被要求从首席信息官转变成为首席创新官，是否能够应对挑战将很大程度上取决于这个人。

**意大利苏黎世连接公司（Zurich Italy）**[14]

意大利苏黎世连接公司为智能手机推出了一款新的智能手机应用程序，称为“边开车边省钱”。这个公司与意大利沃达丰公司合作开发了这款应用，实时监控客户的驾驶风格。这款新应用程序能够记录驾驶员的行为，利

① 原著于 2016 年出版，作者原文是以 2016 年为当下而写。

用设备的一些特性来分析移动速度、刹车、加速度和频率，以此来进行潜在危险的演习。

根据这些参数，首次驾驶并且行驶至少200公里的三十天之后，这个应用程序提供驾驶员技能得分。最符合标准的人得到的报酬是汽车保险的额外折扣。

在安全和节约成本方面，提高对车轮背后行为的认识，该应用程序通过测量与能源效率相关的指标来促进环境的可持续性，展示了如何能够以一种良性的方式驾驶，从而降低保险费用外，还能节省燃料消耗。因此，“边开车边省钱”这个应用程序对更有效地管理公司车队有很大帮助。这款应用同时在苏黎世提供的移动应用版本中可用的服务和内容。包括所有产品的预算(汽车、摩托车、货车、家庭)、保单的管理以及自助服务的更新。它可用于运行安卓和iOS的智能手机，可从相关的应用商店免费下载。

## 可穿戴技术

可穿戴技术、科技产品或时尚电子产品都是将电脑和先进电子技术结合起来的服装和配饰。它们的设计通常结合实际的功能和特点。[15]同时，它们的出现也可能纯粹是为了审美目的。

可穿戴技术既涉及普适计算领域，也涉及可穿戴计算机的发展史和发展。在普适计算的情况下，可穿戴技术将计算机作为一种普及的技术，以无摩擦交互的方式渗透到所有产品和服务中。通过可穿戴计算的历史和发展，这一设想已经显现出明显的差异且被热情接受。

20世纪80年代推出的计算器腕表，是一款曾被广泛使用的旧电子产品。谷歌眼镜则是更贴近现在的例子。

根据ABI研究公司的统计，由于与智能手机和其他电子设备的兼容性相对容易，2018 年底①，可穿戴技术设备在意大利单一市场出货量将达到 4.85 亿部。[16] 在美国，2014 年的设备销售已超过 140 亿美元。真正具有颠覆性的新解决方案——电子纺织品形式，随着大量的时尚、工业和商业变革，也将在几年内开始大量销售。[17]

这些新设备使数字保险的使用更加简单和快速。根据埃森哲公司年度技术展望报告中对 200 多名保险业高管的调查，近 2/3 的保险公司预计可穿戴技术将对他们的行业产生重大影响。[18]

保险公司正在使用解决方案跟踪客户并鼓励安全行为。例如，如果健身追踪器可以实现美国食品和药物管理局的低水平认证，则可以将其与全公司医疗保险费相关联。汽车保险公司进步保险执行一项名为“快照”的监控计划，该项目奖励那些行驶里程较短、避免硬刹车并尽量减少午夜至凌晨 4 点之间行程的顾客。咨询公司托尔沃森表示，健康险公司也已经加入竞争，80% 的大型公司将自己的计划与健康计划捆绑在一起，以此来控制成本。[19]

**恒康人寿保险公司（John Hancock Life Insurance）**

宏利金融公司的恒康人寿保险公司对那些在日常锻炼、年度体检和流感疫苗等指标上跟踪和表现良好的投保人，提供了高达 15% 的折扣。新客户将收到一个菲特比特公司的健身追踪器来监控他们的每一步。[20]

目标是使人寿保险的日常生活更直接、更相关，并帮助他们将自己的财务状况与长期健康联系起来。

这个项目是由发现有限责任公司的活力小组部门建立的，该部门为企业运营健康项目。

这个措施将可穿戴设备与无线发射设备组合在一起监测老年患者，从而帮助他们自己生活。[21] 一个老人的活动在他/她的家中被跟踪，建立一个典型的日常“节奏”分数。当老年人偏离正常标准时，系统会提醒护理人员上门访问。

---

① 原著于 2016 年出版，作者原文是以 2016 年为当下而写。

# 8.4 网络创新

5G 网络之前正在部署的新传输技术协议是 4G。智能手机和平板电脑的转变迫使运营商寻求更有效的方式来使用频谱。4G 比 3G 快约十倍。标准化机构正在进行 4G 以外的新标准发布。它们不被认为是新的移动时代，而是在 4G 的传输伞下。5G 已经迫在眉睫，这是支持移动电信标准超越 4G/IMT-Advanced标准的主要阶段的技术。截至 2014 年，电信组织或标准化机构，如 3GPP，WiMAX 论坛，或国际电联，都没有公开任何官方文件。

5G 及更高版本可以实现实时视频传输。这对老年患者的健康保险有很大帮助。5G 将能够提供与数十亿台设备的连接，这些设备未来将需要访问互联网，从无人驾驶汽车到智能城市。物联网需要一个不仅速度更快，而且更广泛的网络。[22]

## (一) Web 2.0

一些人试图将 Web 2.0 定义为一组具有界面、易用性和使用速度的网站，使其与用户习惯在他们的个人计算机上安装的传统应用程序类似。其他人则试图通过网络来定义 Web 2.0，有时也被称为社交网络。对于这些站点，使用了特殊的编程技术，例如，Ajax 谷歌邮箱广泛地使用了这种简单而快速的技术，它允许用户自定义界面。

术语 Web 2.0 的支持者说，这与网站的初始概念不同，后者是 Web 1.0 版本，因为 Web2.0 脱离了传统的静态网站，从电子邮件，到搜索引擎的使用，到线性导航，并且提倡互联网为其用户提供更多的协作，动态和交互性。

以社交商业为例，电子商务以互动的方式发展，通过博客，论坛，反馈系统等，甚至是新产品的定义，让更多的顾客参与进来。例如，在意大利，杜卡迪公司使用这些工具来定义一辆新的摩托车。

Web 2.0 与社交网络密切相关。这将允许在创建和更新内容的过程中进行协作。此过程可以确保内容元素的一致性，并允许在需要时对其进行复用。

在组织中，Web 2.0 可以改善显性知识（文档，电子邮件，Web，社交网络等）的管理。它还使组织能够分析社区各方之间的关系如何发展（社交网络分析）。这可以帮助公司迈向能够更好地协作的组织结构，尤其是在创新项目中。

Web 2.0 的其他主题涉及一种基于自愿合作的工作方式或通过客户关系管理 2.0 进行的客户管理工具，通过参与社群或商业社区，让客户参与售后服务。

## Web 3.0

近期，人们开始谈论 Web 3.0。它处于定义的早期阶段，没有什么准确的定义。预计在即将逐步推出的 Web 3.0 中，将会以更先进的方式与视频内容进行更广泛的整合，就像现在有些网站（如 YouTube[①]）允许的那样。在这些假设下，Web 3.0 将在网络层面推广统一内容管理，作为新解决方案的一部分，因此将会在全球范围内进行。

---

① 国外视频网站，译者注。

## 8.5　本章小结

保险业的游戏规则已经发生了变化。2008 年暴发的全球经济和金融危机，仍在继续，是这方面的有力加速器。从这个意义上说，这场危机是有意义的，因为它终于开始让保险公司意识到，它们中的大多数长期以来都是静态和保守的，所以需要寻求新的解决方案。

这些即将发生的变化并不仅限于保险公司。尤其是所有与客户直接互动的组织都需要改变。原因很简单：客户正在变化，教育水平更高，世界更全球化。

人们的联系越来越多。因此，服务模式需要大力改变。这是一个威胁，但也是一个很好的机会。因此，保险服务行业的市场份额将会发生变化。

特别要提出的是，改变保险公司成本结构至关重要。要达到这样的结果，以下两点至关重要：

- 通过服务赚取更多收入；
- 大幅度降低成本。

简而言之，就是有必要去做更多的事情。

在这些方面，数字保险是一个很好的机会。例如，现如今，许多保险公司的客户都是通过手动或通过代理机构或银行来支付账单。保险公司应该越来越多地推动直接支付。这也可以通过向客户提供小的利益、提醒、建议、机会等来实现。

就降低成本而言，有必要考虑到年轻一代喜欢新的技术解决方案，这对保险公司来说是个大好机会。如今约80%的交易都是在代理机构完成的，在未来，他们的比例不会超过30%。[23]这意味着机构数量的大幅度减少及其不同的定位，如果客户使用机构获取金融咨询和咨询意见，那么就没有理由走上街头。它可以移动到楼上，甚至可以到一个偏远的地方，通过可视电话或传统手机连接。

保险公司将需要以这样的方式来定制与每个客户的关系，以确保他们有良好的客户体验。保险公司将朝着这个方向发展，它们将获得巨大的竞争优势，这就形成了从群众大规模保险转向大规模个性化保险的必要性。理解每个客户的需求以及如何满足他/她（并确实令其满意）是很重要的。当然，保险公司负担不起他们在保险活动中所承担的费用，需要降低大规模个性化保险的成本，技术再一次能帮上忙，大数据分析是一种处理数据的高级方法，无论是多种（结构化还是非结构化）或非常大的数据。大数据分析技术在这方面有一定的帮助，尤其是它使在访问、检索和处理数据时提高速度成为可能，变化性、大量、高速、准确性、易损性和价值性是大数据分析技术的主要优点。

在经典的设计科学与研究方法之外，在未来创新途径的这一背景下需要使用定性研究方法。信息密集型组织机构，如保险公司，是测试新设计科学，特别是观察和实验评估方法的极佳的测试平台。

业务流程改进的框架应该解决四个方面：产品、流程、平台和人员。

请继续关注数字保险将带来更多令人振奋的应对措施。

# 第9章

# 结论

保险公司需要在以下四个方面进一步创新：

- 产品（服务）
- 流程
- 体制
- 商业模式

这本书研究了每一个方面，并试图刻画出可以预期的内容。

# 9.1 产品创新

保险公司必须更加个性化及定制化。如今，保险公司发现自己被旧体制困住了。这些体制过于烦琐，缺少正确记录，因此企业转型到现代体制非常困难。保险公司不能期望他们的客户会永远能够接受这么落后的服务提供者。

新的解决方案和监管规定将使客户很容易放弃他们正在使用的保险公司，并转移到另一家公司。基于客户的洞察力，例如，基于行为基础的金融服务定价，将会有很大的推动力，这都将基于大数据分析。那些行为使保险公司更赚钱或更可靠的客户将会获得优惠的价格，以此来保证他们的满意度和忠诚度。个人财务管理平台将提供完美的数据集，以使这种新的服务模式到位。

未来的保险公司将成为身份和安全的中心。如果有一项服务是客户愿意为之付费的（现在它实际上并不存在），那就是将保险公司用作他们所有产险、寿险和健康数据的保险箱。

增值的数字化功能提供潜在的收入增长，根据高知特公司和孟尼泰斯公司的一项研究，保险公司可以通过提供个性化的客户体验和先进的功能来实现数字保险的全部潜力。[1]该研究调查了来自不同类型美国金融机构、年龄段、年收入、性别、不同种族群体，教育水平和就业背景的700多名客户，以了解其对数字保险的期望，未来趋势以及当前和未来的需求。

客户越来越期望保险公司通过提供任何时间、任何地点、任何设备功能、定制用户体验，购物和社交功能以及增值服务来帮助改善他们的生活方式。高知特公司和孟尼泰斯公司的研究指出，新的先进的应对措施为保险公司提供巩固客户忠诚度，吸引新业务，创造更多收入的新机遇。

该研究的主要发现包括四个方面。[2]

- 在任何时间、任何地点、任何设备上可以获得产品或服务：客户在寻求更多选择的同时也在寻找更好的功能，这与客户兴趣和行为的细分密切相关，远程访问和实时警报是跨部门的重要功能，可以诱使客户更换保险公司；
- 流程定制的用户体验：平板电脑已经成为一种独特的、有价值的用户界面，41%的受访者希望使用平板电脑，而不是智能手机，60%的平板电脑用户更喜欢用平板电脑来使用数字保险。现在，客户可以使用这两种设备来用于不同的目的，并希望优化的功能适合每种设备的外形尺寸。功能个性化，如重新排列标签和功能，对于超过75%的被调查客户来说也是很重要的。提供这种灵活性可以给保险公司带来竞争优势，帮助他们留住客户；
- 更好的客户体验：客户希望保险公司提供更好的购物和社交体验。他们也更喜欢保险公司的报价，而不是来自其他中介机构的报价。此外，通过在客户的设备上提供商家（如旅游公司或汽车租赁）的折扣和优惠，保险公司可以增加保险销售。客户还可以在数字保险应用程序或网站上使用社交网络功能访问新产品信息，分享意见和提供建议；
- 增值服务：客户正在寻求能够提高安全性、方便移动支付使用的服务，并提供有关保险和索赔模式的见解。他们愿意投资这些产品。超过1/3的受访客户愿意为先进的安全功能付费，如生物识别技术。近30%的受访者愿意为移动服务功能付钱。

# 9.2 流程创新

移动领域的技术发展，例如，5G技术和设备显示器的改进，可能会改变当前的局面，进一步扩大和改善无线服务消费。了解所有这些创新如何影响流程都是有很意义的。

数据输入可能仍然是一些金融服务消费的瓶颈。这是一个可以期待有较大发展的领域。可以使用近场通信、条形码读取器或拍照手机来减轻客户的负担并且感知不确定性，并通过复制账号、索引号、打印账单的金额支付和到期日期或驾驶执照到手机来增加移动保单支付的便利性。客户只需要接受或拒绝该保单。

成像技术能够将新客户的数据量降低80%。使用面部和语音识别技术的生物识别技术将越来越普遍。语音命令将变得更加可用和可靠。数千年来，人们通过语言互动。这种交互也将减小用于通信和处理的设备的尺寸。可穿戴设备将变得越来越普遍。

这些创新过程需要额外的监管、分析和实施。主要是有必要根据数据、图像和语音最终被清除的方式来确定应用哪些责任规则。

# 9.3 体制创新

随着远程用户越来越多，保险公司在前台和后台的传统组织机构将变得不够充分。越来越多的保险公司设立三个合理的层次。它们对应于构成金融服务部门基准体系架构的三个方面可以作为参考（见图9.1）。

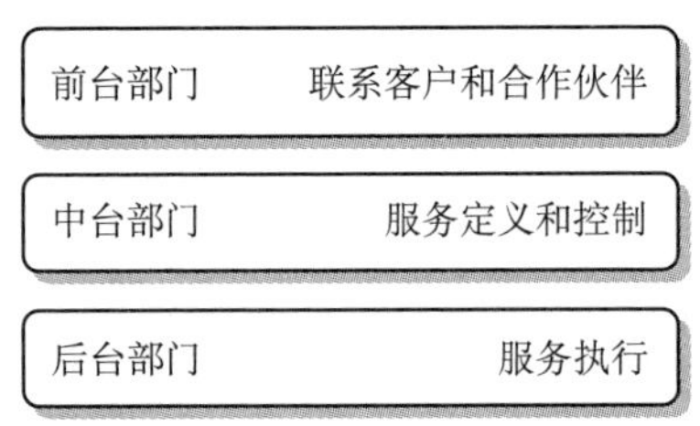


图9.1 为客户服务的三层结构

前台部门是交易界面。它由所有以客户为中心的服务组成，可以由与客户联系的中介机构激活，也可以由客户自己激活。它与渠道直接相关，并将变得越来越自动化和直接。

中台部门确保了交易的控制和处理。它代表了客户端（前台部门）和运营方（后台部门）之间的连接点。中台部门包括所有以最大化供需匹配为目标的活动。随着网络和数字保险的广泛使用，其相关性也有所增强。

后台部门是运营部门。它由所有产品导向的管理服务组成，不需要与客户或中介机构直接联系。

中台部门是加快前台部门运营的好方法，与此同时，它使后台部门的输入更加清晰。

从商业战略的角度来看，保险公司的这种体制创新将会是公司发展的动力，未来将会导致：

- 关注客户而不是产品；
- 随时随地、任意方式、多渠道与客户互动；
- 精简的前台、中台、后台部门；
- 高度数字化的流程管理；
- 商业和信息通信技术的一致性；
- 商业模式创新。

为了生存与发展，保险公司不仅要更新他们的传统产品，还要适应日新月异的市场。讲一个成功的案例，法国金融机构工商信贷公司几年前开始销售手机，并实施相关计划。[3] 如今，它在保险市场占有相当大的份额，同时也是法国市场中拥有较高比例的数字保险客户的金融机构。

换句话说，有必要建立数字保险生态系统（见图 9.2）。例如，保险公司可以决定使用他们的客户数据来提供相关的优惠券，并向客户提供其他营销活动。

事实上，在金融服务行业中，客户采用数字保险的关键是向客户提供有针对性和及时的服务，以吸引他们使用手机进行交流和支付。许多人还认为，这使得保险公司在移动生态系统中处于强势地位，因为保险公司拥有的数据和（或）他们将来会有更多的信息——这要归功于物联网，并且可以开发相关的服务。

恩济数据公司和清洁支付公司进行的一项调查得出的结论是，80% 的金融机构客户认为，通过提供有针对性的营销活动，保险公司可以使数字保险更吸引客户。3/4 的受访者表示，他们的金融机构有兴趣通过这种活动促进商家与客户之间的商业活动。[4] 这些营销活动背后的数据将决定数字保险计划将

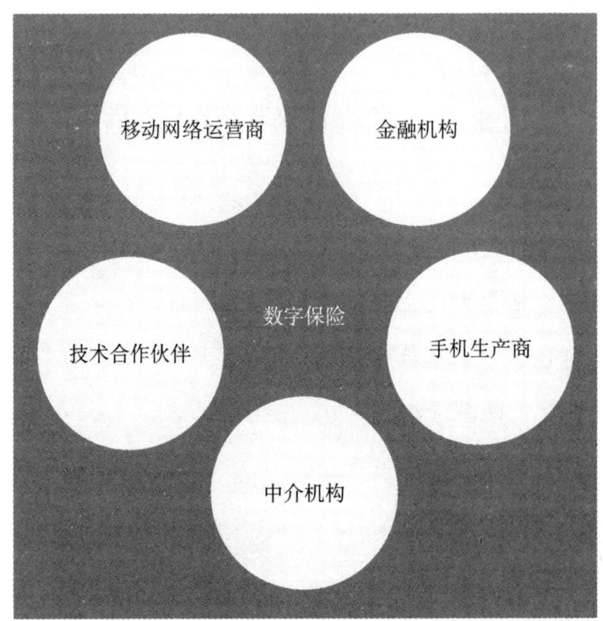


图 9.2　保险公司的生态系统

如何引人入胜，以及数字保险计划的成功程度。一些保险公司已经意识到这一点，正在寻找利用更多客户数据（通过使用大数据分析）的新方法，通过更好、更轻松的营销和电子商务活动推动应用。

为客户提供关于他们当前保险状况的实时信息是很有用的。然而，将金融数据与全球卫星定位技术相结合，将使保险公司能够提供传统上与保险公司不相关的增值服务，同时也能抵御非传统竞争对手的威胁。有一个基于位置服务的例子，例如定制或特殊的服务。智能手机或平板电脑上的消息可以通知客户他/她可以在他/她登机的航班上获得旅行保险的折扣。智能手机也可以充当支付设备。将智能手机作为更换借记卡或信用卡的设备，也为保险公司提供新的金融服务提供了可能。

# 9.4 商业模式创新

一个更困难但更有成效的创新是建立在新商业模式的基础上。现如今，从平台[5]和生态系统[6,7]的角度来考虑是很有必要的。

埃森哲技术实验室与商业领袖埃森哲研究所的调查发现，75%的保险公司认为，随着平台将行业重塑为生态系统，未来行业边界将会大大模糊。大多数保险公司仍然依赖于一种基于集中风险、计算平均定价和产生总保费收入的商业模式。物联网、大数据、数字渠道和人工智能的发展使得保险公司能够直接和个别地评估和定价风险，该模式将来会面临更大的威胁。埃森哲指出的结果是，从“我的经济”向“我们的经济”的转变。[8]

马衡达信息和通信技术公司正在采取一种不同的方式来应对使用数据向客户推送相关服务的挑战。今天可用于提供报价的所有客户数据通常分散在许多组织中。电信运营商、保险公司和银行都对同一客户有不同的数据，将所有这些数据组合在一起，可能会带来比任何一家公司自己提供的更适合的报价。

考虑到这一点，马衡达信息和通信技术公司设计了一个称为“全球跨运营商网关”的平台，可以组合来自不同组织的数据，为移动客户提供服务。[9]该平台与保险公司、金融公司、移动运营商、支付处理商、商户和信用卡网络相连。目前尚不清楚这项计划是否会成功。当然，这是金融服务生态系统的一个可能而有趣的发展。

如果客户采用数字保险在很大程度上取决于客户数据，那么保险公司也将必须弄清楚他们如何使用他们的数据来参与金融服务领域，以及他们愿意与谁（如果有的话）共享这些数据，当然，要充分尊重数据隐私问题。

最后，畅想一个很有想法的企业家和一家保险公司，包括组织机构的建立到新公司的资产和员工的保单。这将是非常有趣的。在成为真正的客户之前，了解潜在客户是保险公司能做的最具创新性和价值性的事情之一。

根据《哈佛商业评论》（2014 年），[10-11] 一个周密的数字化计划可以使成本降低 65%，在关键保险流程中使周转时间减少 90%，并将转换率提高 20% 以上。

未来将远超我们的想象。

# 注释

## 导言

[1] Financial Institution Group (2012), "The Triple Transformation: Achieving a Sustainable Business Model," *2nd McKinsey Annual Review on the Banking Industry*, October.

[2] Carney, E. (2015), "Is Google Buying CoverHound? The Curious Case ofthe California Insurance License," *WSJ Blog*, January.

[3] Nicoletti, B. (2014), *Mobile Banking: Evolution or Revolution*, Palgrave-MacMillan, London.

[4] Nicoletti, B. (2014), op. cit.

[5] Nicoletti, B. (2012), *The Methodology of Lean and Digitize*, Gower Press, London.

[6] Nicoletti, B. (2013), *Cloud Computing for Financial Services*, Palgrave-MacMillan, London.

[7] Bower, J. L., Christensen, C. M. (1995), "Disruptive Technologies: Catching the Wave," *Harvard Business Review*, 73 (1) (January-February 1995), pp. 43 – 53.

[8] Davies, A. et al. (2012), *Systemic Innovation*, A Social Innovation Europe Report.

[9] Nicoletti B. (2012), op. cit.

[10] The world is very dynamic. As a Consequence, We Urge Interested Readers to Follow My Blog for Updates: www. leandigitize. com.

## 第 1 章 保险行业的创新

[1] R. Dobbs, J. Manyika, J. Woetzel (2015), No Ordinary Disruption: The Four Global Forces Breaking All the Trends," *Public Affairs*, May 12.

[2] J. Schumpeter (1927), The Explanation of the Business Cycle, *Economica*, 7, 286 – 311.

[3] P. Drucker (1985), *Innovation and Entrepreneurship*, Harper Collins,

New York, NY.

[4] A. Brem, E. Viardot (Eds) (2013), *Evolution of Innovation Management*, Palgrave-MacMillan, London, UK.

[5] J. E. Stallworth (1988), *Improving the Quality of Life for the Black Elderly: Challenges and Opportunities*, U. S. Government Printing Office, Washington, DC.

[6] Council on Competitiveness (2004), Innovate America, *National Innovation Initiative Summit and Report*, Washington, DC, Dec. 15.

[7] F. Gens (2014), IDC Predictions 2015: Accelerating Innovation-and Growth-on the 3rd Platform, http://itsyn. com/sites/default/files/IDC percent20 Fore-cast percent20 for percent202015. pdf, Accessed 10 April 2015.

[8] A. D. Chandler (1990), *Strategy and Structure: Chapters in the History of the Industrial Enterprise* (Vol. 120), MIT Press, Cambridge, MA.

[9] H. J. Leavitt, H. Bahrami (1988), *Managerial Psychology: Managing Behavior in Organization* (5th ed.), University of Chicago Press, Chicago, IL.

[10] R. Verganti (2013), *Design Driven Innovation: Changing the Rules of Competition by Radically Innovating What Things Mean.* Harvard Business Press, Cambridge, MA.

[11] B. Nicoletti (2014), Lean and Digitized Innovation, in*Engineering, Technology and Innovation (ICE), 2014 International ICE Conference on IEEE* (pp. 1-7), June, Bergamo, Italy, 23 June.

[12] B. Nicoletti (2015), Optimizing Innovation with the Lean and Digitize Innovation Process, *TIM Review*, March.

[13] CapGemini-Efma (2015), *World Insurance Report* 2015, file:///C:/Users/Nicoletti/Downloads/WorldInsuranceReport_2015_Web. pdf, Accessed 10 April 2015.

[14] CapGemini-Efma (2015), op. cit.

[15] H. Broeders, S. Khanna (2015), Strategic Choices for Banks in the Digital Age, i. *McKinsey Quarterly*, January.

[16] http: //www. assicurazione. it/DirectLine. html, Accessed 9 April 2015.

[17] B. Nicoletti (2012), *The Method of Lean and Digitize*, Gower Publishing, Aldershot, UK.

[18] H. Broeders, S. Khanna (2015), op. cit.

[19] Manyikam J. et al. (2011), Big Data: The Next Frontier for Innovation, Competition, and Productivity, *McKinsey Global Institute*, May.

[20] J. F. Gasc, E. Sandquist, E. (2014), Seizing the Opportunities of Digital Transformation, *Accenture White Paper*.

[21] L. Galvagni (2015), Generali aumentera' i dividendi, *Il Sole* 24 *Ore*, 1 May, p. 28.

[22] D. Garth (2011), The Insurance Tipping Point: Innovation and Transformation, i. *Journal of Insurance Operations*, March.

[23] A. M. Perrault (2007), An Exploratory Study of Biology Teachers' Online Information-Seeking, *School Library Media Research*, 10.

[24] D. Garth (2011), op. cit.

[25] J. F. Gasc, R. Caillet, T. D. Meyer (2014), The Digital Insurer Double the Profits: How High-Performance Insurers Can Create Business Value from Digital Transformation, *Accenture Research Paper*.

[26] ——(2013), Genialloyd, al via Piattaforma Multidevice, *Insurancetrade. it*.

[27] J. Cusano (2014), From Digital Wallflower to Digital Disrupter, *Accenture Research Paper*.

[28] R. Narsalay and R. Viswanathan (2015), India's path to digitalization, i. *Accenture Research Paper*.

[29] J. F. Gasc, E. Sandquist, E. (2014), Seizing the Opportunities of Digital Transformation, *Accenture Research Paper*.

[30] D. Lovell (2013), Are Aggregators the Right Option for Your Car Insurance? i. *ASDA Money*, 19 November.

[31] P. Evans, P. Forth (2015), Navigating a World of Digital Disruption, *BCG Report*.

[32] —— (2013), Reaching Maturity in Digital Insurance Will Call for a Focus across Several Dimensions, *Ernst & Young White* Paper, EYG no. EK 0135.

[33] —— (2015), Investments in Digital by Insurance Industry Requires Greater Focus on Customers, *Infosys Survey*, 14 April.

[34] M. Fitzerald (2014), Innovation at Tokio Marine and Nichido Fire Insurance Company: Evolution of a Digital Customer Engagement Platform, *Celent Case Studies*, 28 November.

[35] J. Hockling (2014), Insurance and Technology Evolution and Revolution ina Digital World, *Morgan Stanley Research Blue Paper*, 8 September.

[36] D. Garth (2011), op. cit.

[37] http://www.parkrun.co.za/news/, Accessed 8 March 2015.

[38] M. Porter (1998), *Competitive Strategy: Techniques for Analyzing Industries and Competitors*, Free Press, New York, NY.

**第2章 数字保险的管理**

[1] B. Nicoletti (1976), "Appunti su un Modello di Sviluppo Perl'Informatica aziendale," *Sviluppo e Organizzazione*, 7 (35), Lug.-Ago., 53-56.

[2] Similar categories are elaborated from F. Georgi, J. Pinkl (2005), "Mobile Banking in Deutschland-Der zweite Anlauf," *Die Bank*, Issue 3/2005, 57-61.

[3] R. Tiwari, S. Buse (2007), *The Mobile Commerce Prospects: A Strategic Analysis of Opportunities in the Banking Sector*, Hamburg University Press, Hamburg.

[4] B. Meara (2015), Celent Model Bank 2015 Part 2: Case Studies of Omnichannel Banking, *Celent Paper*, March.

[5] I. Bright (2013), "European Consumers Empowered by Digital Insurance", ING, 1 July, http://www.ing.com/Our-Company/Press-room/Press-release-archive/PressRelease/European-consumers-empowered-by-mobile-insurance-1.htm, accessed 11 April 2015.

[6] B. Niehaves, S. Köffer, and K. Ortbach (2012), "IT Consumerization-A Theory and Practice Review", *AMCIS* 2012 *Proceedings*. Paper 18, July 29.

[7] http://it.infor.com/product-summary/erp/ln/, accessed 6 May 2015.

[8] N. Jones (2014), Top 10 Mobile Technologies and Capabilities for 2015 and 2016, *Gartner Research*, 12 Feb.

[9] B. Nicoletti (2012), *Lean and Digitize*. Gower Publishing, Farnham, UK.

[10] A. Mamiit (2015), "Google Plans to Sell Auto Insurance: Be ReadyUS Insurance companies," *Tech Times*, 9 January.

[11] Consumers and Mobile Financial Services (2012), *Federal Reserve Board Publication*, March, http://www.federalreserve.gov/econresdata/mobile-device-report-201203.pdf, accessed 15 April 2015.

[12] F. D. Davis (1989), "Perceived Usefulness, Perceived Ease of Use, and User Acceptance of Information Technology," *MIS Quarterly*, 13 (3), 319-340.

[13] C. Kim, M. Mirusmonov, I. Lee (2010), "An Empirical Examination of Factors Influencing the Intention to Use Mobile Payment," *Computers in Human Behavior*, 26 (3), May, 310-322.

[14] P. G. Schierz et al. (2010), "Understanding Customer Acceptance of Mobile Payment Services: An Empirical Analysis," *Electronic Commerce Research and Applications*, 9 (3), May-June, 209-216.

[15] S. McKechnie, H. Winklhofer, C. Ennew (2006), "Applying the-Technology Acceptance Model to the Online Retailing of Financial Services." *Inter-*

*national Journal of Retail & Distribution Management*, 34 (4/5), 388 – 410.

[16] M. L. Fleming, M. D. Hatfield, M. K. Wattana, K. H. Todd (2014), "Exploratory Study of Emergency Physicians' Use of a Prescription Monitoring Program Using a Framework of Technology Acceptance." *Journal of Pain and Palliative Care Pharmacotherapy*, 28 (1), 19 – 27.

[17] Adapted by the author from M. L. Fleming, M. D. Hatfield, M. K. Wattana, K. H. Todd (2014), "Exploratory Study of Emergency Physicians' Use of a Prescription Monitoring Program Using a Framework of Technology Acceptance." *Journal of Pain and Palliative Care Pharmacotherapy*, 28 (1), 19 – 27.

[18] B. Nicoletti (2014), *Mobile Banking: Evolution or Revolution?*, Palgrave-Macmillan, London.

[19] J. F. Gasc, R. Caillet, T. D. Meyer (2014), The Digital Insurance Company Doubles the Profits: How High-Performance Insurance Companies Can Create Business Value from Digital Transformation, *Accenture Research Paper*.

[20] Tower Group (2010), Top 10 Business Drivers, Strategic Responses, IT Initiatives In US Digital Insurance And Payments, Tower Group Research Paper.

[21] S. H. Hsieh, C. T. Liu, L. Y. Tzeng (2014), "Insurance Marketing Channel as a Screening Mechanism: Empirical Evidences from Taiwan Automobile Insurance Market." *The Geneva Papers on Risk and Insurance: Issues and Practice*, 39 (1), 90 – 103.

[22] D. Ryan (2014), *Understanding Digital Marketing: Marketing Strategies for Engaging the Digital Generation.* Kogan Page Publishers, London, UK.

[23] Policy and Charging: The Path to Service Personalization (2013), Ericsson White Paper, May.

[24] Jerome E. McCarthy (1960), *Basic Marketing. A Managerial Approach*, Richard i. D. Irwin, Homewood, IL.

[25] C. Lovelock, P. G. Patterson, J. Wirtz (2014), *Services Marketing.*

Pearson Australia, Melbourne, VIC.

[26] S. Hollensen (2015), *Marketing Management: A Relationship Approach*. Pearson Education, New York, NY.

[27] E. Hsu (2014), "Mobile Marketing." *Haettu*, 18, 1-9.

[28] T. Catlin, P. Patiath, I. Segev (2014), Insurance Companies' Untapped Digital Opportunity, *McKinsey on Marketing and Sales*, March.

[29] Value Partners (2012), *Mobile Financial Services: A Competitive (and Fragmented) Landscape*, Value Partner report published in collaboration with Fiserv.

[30] Osservatorio Digital Insurance (2013), *Mobile Banking: Banca e cliente caval-cano l'onda*, Politecnico di Milano e AbiLab, Giugno.

[31] P. Crossman (2011), "What's the ROI of Digital Insurance?" *Bank Technology News*, May.

[32] P. Crossman (2011), op. cit.

[33] C. Yee, C. Rashad Yazdanifard (2014), "How Customer Perception Shape Buying Online Decision." *Global Journal of Management and Business Research*, 14 (2), 13-20.

[34] Consumers and Mobile Financial Services 2014 (2014), *Board of Governors of the Federal Reserve System*, March.

[35] B. Nicoletti (2014), op. cit.

[36] Javelin Strategy Research (2013), Javelin Identifies $1.5 B in Mobile Banking Cost Savings by Leveraging Omnichannel Approach, *Javelin Research Report*, July, https://www.javelinstrategy.com/news/1424/92/Javelin-Identifies-1-5-B-in-Mobile-Banking-Cost-Savings-by-Leveraging-Omnichannel-Approach/d, pressRoomDetail, accessed 17 August 2013.

[37] Javelin Strategy Research (2013), op. cit.

[38] J. F. Gasc (2015a), "Are Insurance Companies Getting Enough Bang

from Their Digital Investments Buck?," *Accenture Insurance Blog*, 17 February, http://insuranceblog.accenture.com/are-insurers-getting-enough-bang-from-their-digital-investments-buck/, accessed 22 Jul. 2015.

[39] J. F. Gasc (2015b), Double the Profits: How High-Performance Insurance Companies Can Create Business Value from Digital Transformation, *Accenture Report*.

[40] J. F. Gasc (2015a), op. cit.

[41] T. Catlin, P. Patiath, I. Segev (2014), op. cit.

[42] The Digital Insurance Company (2013), Accenture 2013 Consumer-Driven Innovation Survey: Playing to Win, *Accenture Report*.

[43] T. Catlin, P. Patiath, I. Segev (2014), op. cit.

[44] T. Catlin, P. Patiath, I. Segev (2014), op. cit.

[45] A. Humphrey (2005), SWOT Analysis for Management Consulting, *SRI Alumni Newsletter* (*SRI International*), December.

[46] Javelin Strategy Research (2013), Mobile Deposit Changing the Role for Agency Interactions, *Javelin Research Report*, San Francisco, 9 July.

[47] Javelin Strategy Research, (2013), op. cit.

[48] Iso, ISO/IECJTC1/SC35-UserInterfaces, http://www.iso.org/iso/iso_catalogue/catalogue_tc/catalogue_tc_browse.htm? commid = 45382&published = on, accessed 8 May 2015.

[49] B. Nicoletti (2013), *Cloud Computing in Financial Services*, Palgrave-Macmillan, London.

[50] M. Josefowicz (2013), BringYour Own Device (BYOD) at US Insurance Companies, *Novarica Research Report*, Feb.

[51] J. Busch (2013), What's Next, *ISM Risk Conference*, Chicago.

[52] B. Nicoletti (2014), op. cit.

[53] IBM (2013), *IBM BusinessConnect* 2013: *Realize the Art of the Possi-*

ble, 6 –9 July, Bucharest.

[54] S. Zhen (2013), "Every Banking App," *American Banker*, 5 August.

[55] H. T. Krause et al. (1999), *Insurance Information Systems*, 3rd Edition, Insurance Institute of America, Malvern, PA. See also I. Lloyd (2014). *Information Technology Law*. Oxford University Press, Oxford, OX.

[56] H. T. Krause et al. (1999), op. cit.

[57] H. T. Krause et al. (1999), op. cit.

**第3章 数字保险的基础解决方案**

[1] "M&A in Insurance: Start of a NewWave?" (2015), *Sigma*, No. 3.

[2] In compiling this chapter, we have taken into account a book that were-com-mend, although it is a little bit dated: H. T. Krause et al. (1999), *Insurance Information Systems*, 3rd edition, Insurance Institute of America, Malvern, PA.

[3] S. N. Lee, D. Ko, S. Park, S. Kim (2014), "An ApproachTo Building Domain Architectures Using Domain Component Model and Architectural Tactics," *International Journal of Engineering Systems Modelling and Simulation*, 6 (1), 54 –61.

[4] IBM Industry Models for Insurance (2012), *IBM White Papers*.

[5] IBM Insurance Framework (2010), *IBM Presentation*.

[6] B. Kohleret al. (2014), Reference Architecture for SAP-SAP for Insurance, *SAP White Paper*, 17 December.

[7] See endnote 2.

[8] R. M. Hanley (2014), "Is Digital and Social Media Marketing Right fo-rYour Business?," *Irmi*, February.

[9] B. Nicoletti (2014), *Mobile Banking*, Palgrave-Macmillan, London.

[10] M. Fitzgerald (2013), "Stand-Alone Insurance Portal Solutions: An O-verview of Vendor Offerings," *Celent Vendor Reviews*, 28 June.

[11] J. M. Raol, K. S. Koong, L. C. Liu, C. S. Yu (2003), "An Identification and Classification of Enterprise Portal Functions and Features," *Industrial Man-*

*agement & Data Systems*, 103 (9), 693 - 702.

[12] C. M. Jonker, R. A. Lam, J. Treur (1999, July), A multi-agent architecture for an intelligent website in insurance. In*CIA* (Vol. 99, 86 - 100).

[13] J. Kolko (2014), *Well-Designed: How to Use Empathy to Create Products People Love.* Harvard Business Press, Cambridge, MA.

[14] C. Stephanidis (ed.) (2011), Universal Access in Human-Computer Interaction. *Users Diversity.* Proceedings of the 6th International Conference, UAHCI 2011, held as Part of HCI International 2011, Orlando, FL, 9 - 14 July 2011 (Vol. 6766). Springer Science & Business Media, New York.

[15] K. Monks (2015), Mobile andWeb Self-Service Roadmaps: Where Are Life Insurers Headed?, *Celent Industry Trends Report*, 16 April.

[16] SAP, SAP Business Wrehouse, https://help.sap.com/saphelp_nw74/helpdata/en/b2/e50138fede083de10000009b38f8cf/frameset.htm, accessed 6 May 2015.

[17] Ergo investe sulla gestione delle relazionicon i clienti (2012), *Insurancetrade.it.*

[18] M. Corso et al. (2008), Le Intranet nelle Banche Italiane, *Rapporto Abi Lab Politecnico di Milano*, November.

[19] J. F. Gasc, R. Caillet, T. D. Meyer (2014), The Digital Insurer Double the Profits: How High-Performance Insurers Can Create Business Value from Digital Transformation, *Accenture Research Paper.*

[20] C. Barry, D. Albertazzi (2011), Corporate Mobile Banking: A Look atJP Morgan ACCESS Mobile, *Aite Paper*, October.

[21] B. Youra (2015), "The State of Banking in 2015: Our Experts Weigh in," *Gallup Opinion*, 29 January.

**第4章　高级解决方案**

[1] B. Nicoletti (2012), *Lean and Digitize*, Gower Publishing, Abingdon, UK.

[2] T. Catlin, P. Paliath, I. Segey (2014), "Insurance Companies' Untapped Digital Opportunity," *Harvard Business Review*. 24 March.

[3] M. Chui et al. (2012), *The Social Economy: Unlocking Value and Productivity through Social Technologies*, McKinsey Global Institute Report, July.

[4] T. Catlin, P. Paliath, I. Segey (2014), op. cit.

[5] J. Bersin (2012), "The Move from Systems of Record to Systems of Engagement," i. *Forbes*, 16 August. http://www.forbes.com/sites/joshbersin/2012/08/16/ ii. the-move-from-systems-of-record-to-systems-of-engagement/, accessed 27 iii. July 2015.

[6] G. Toppo, P. Overberg (2014), "U. S. Population Growth Slows to Just 0.71 Percent," *USA Today*. 7 October.

[7] K. Monks, N. Michellod (2014), *Digital Transformation in Insurance: Differences across Continents*, Celent Industry Trends Report, 12 September.

[8] C. McMahon (2015), "Top 5 Tech Trends," *Digital Insurance Networking News*, January.

[9] M. Hillebrand (2014), "6 Key IT Segments That Insurance CompaniesWill Enhance in 2015," *Property Casualty* 360, 30 September.

[10] 2015 World Insurance Report (2015), *Cap Gemini-Efma Report*.

[11] Cisco (2013), Cisco Customer Experience Research Retail Insurance Results Global Data, ://newsroom.cisco.com/documents/10157/1142732/Cisco-CustomerExperienceReport_for_Retail_Insurance_Global.pdf, accessed 15 August 2013.

[12] B. Nicoletti (2014), *Mobile Banking: Evolution or Revolution*, Palgrave-Macmillan, London.

[13] *Consumers and Mobile Financial Services* (2012), Federal Reserve Board Publication, March http://www.federalreserve.gov/econresdata/mobile-device-report-201203.pdf, accessed 15 August 2013.

[14] E. Carney (2012), "The Future of Insurance Is More Mobile Than Ever," i. *Forrester Research*, 3 February.

[15] K. Moks, N. Michellod (2014), op. cit.

[16] W. Jack, T. Suri (2010), The Economics of M PESA, *MIT Sloan White Paper*.

[17] G. Agarwal (2007), "Financial Inclusion through Mobile Phone Insurance: Issues and Challenges," *Cab Calling*.

[18] R. Shevlin (2012), *The Global Rise of Smartphonatics: Driving Mobile Payment and Insurance Adoption in the United States, EMEA, and Asia-Pacific*, Aite Group Report, 14 May.

[19] McKinsey Co. (2011), *Big Data: The Next Frontier for Innovation, Competition and Productivity*, McKinsey Global Institute Report, May, http://www. mckinsey. com/insights/business_technology/big_data_the_next_frontier_for_innova-tion, accessed 13 August 2013.

[20] R. Kirkpatrick (2013), "Big Data for Development," *Big Data*. March, 1 (1), pp. 3 –4. doi: 10. 1089/big. 2012. 1502.

[21] Mobile Marketing Association (MMA) (2009), "Digital Insurance Overview (NA)", *Mobile Marketing Association Paper*, January, http://www. mmaglobal. com/minsuranceoverview. pd, accessed August 19, 2013.

[22] —— (2011), "Javelin Reveals the Most Secure Digital Insurance Channels," *Business Wire*, 20 December, http://www. businesswire. com/news/home/2011 1220005887/en/Javelin-Reveals-Secure-Mobile-Insurance-Channels, accessed 9 August 2013.

[23] E. Carney (2014), "Forrester ResearchTakes Six US Mobile Auto Insurance Apps Out for a Test Drive," *Forrester Research*, 14 November.

[24] C. Barry, D. Albertazzi (2011), Corporate Digital Insurance: A Look at JP Morgan ACCESS Mobile, *Aite Paper*, October.

[25] L. Eadicicco (2014), "Steve Jobs Thought Two-Buttons for a Mouse-Was a Failure in Design," *Business Insider*, 11 March.

[26] R. Feldman, J. Sanger (2007), *The Text Mining Handbook: Advanced Approaches in Analyzing Unstructured Data*, Cambridge University Press, Cambridge, UK.

[27] T. Hey, S. Tansley, K. Tolle (eds) (2009), The Fourth Paradigm, *Microsoft Research*, Redmond, WA.

[28] "Banking on Big Data" (2014), *Banking Technology*, 3 December.

[29] S. C. W. C. Albright, W. Winston, C. Zappe (2010), *Data Analysis and Decision Making.* Cengage Learning, Boston, MA.

[30] J. Cutroni (2010), *Google Analytics.* Amazon Media EU S. a r. l. , Luxembourg.

[31] A. Bhargava (2014), A DozenWays Insurers Can Leverage Big Data for Business Value, *Tata Consultancy Services White Paper.*

[32] T. H. Davenport (2013), "Analytics 3. 0," *Harvard Business Review*, December.

[33] T. H. Davenport (2013), op. cit.

[34] T. H. Davenport. (2013), op. cit.

[35] McKinsey Co. (2011), op. cit.

[36] R. Thomas (2011), IBM Big Data Success Story, *IBM Paper.*

[37] P. Evans, P. Forth, (2015), Navigating a World of Digital Disruption, *BCG Report.*

[38] N. Lohit (2013), "Big Data, Bigger Facts," blogs. sap. com, 5July. http: //blogs. sap. com/innovation/big-data/big-data-bigger-facts-098520, accessed 4 October 2013.

[39] K. Monks, N. Michellod (2014), *Digital Transformation in Insurance: Differences across Continents*, Celent Industry Trends Report, 12 September.

[40] T. Catlin, P. Patiath, I. Segev (2014), Insurance Companies' Untapped Digital Opportunity, *McKinsey on Marketing and Sales*, March

[41] Carolyn J. Dawson (2011), "EMC Documentum xCP Helps Generali Transform Business Processes", *Insurance Technology*, 4 November.

[42] —— (2011), Terminology: Operational analytics, *DBMS2*, Nov.

[43] P. Italiano (2015), "Gestione Sinistri: l'online ad alta integrazione", i. *Insurancetrade. it*, 4 April.

[44] E. Brynjolfsson, M. Lorin, H. K. Heekyung (2011), "Strength in Numbers: How Does Data-Driven Decisionmaking Affect Firm Performance?," ssrn. com, April 22, http://ssrn. com/abstract = 1819486 or http://dx. doi. org/10. 2139/ssrn. 1819486, accessed 5 May 2015.

[45] —— (2013), The emerging big returns on big data, *A TCS Global Trend* i. *Study*

[46] S. Mendel, (2015), "Digital Insurance for the Long Tail", *Bcg Perspectives*, 1 May.

[47] —— (2013), Novarica CustomerWebinar, Novarica, 13 August.

[48] J. Bughin, J. Manyika (2012), *Internet Matters: Essays in Digital Transformation*, McKinsey Report, March.

[49] D. Court (2015), "Getting Big Impact from Big Data," *McKinsey Quarterly*, No. 1.

[50] S. Ransbotham, S. Kiron, P. Kirk Prentice (2015), "The Talent Dividend," *MIT Sloan Management Review*, 25 April.

[51] B. Nicoletti (2012), *Cloud Computing in Financial Services*, Palgrave-Macmillan, London.

[52] P. Evans, P. Forth (2015), *Navigating a World of Digital Disruption*, BCG Report.

[53] P. Mel, T. Grance (2011), "The NIST Definition of Cloud Compu-

*ting*," *NIST Special Publication* 800 – 145. September.

[54] B. Nicoletti, C. Andreoli (2014), Total Cost Management and Cloud Computing, *Icec* 2014, Milan, Italy, 20 – 23 October.

[55] R. D. Archibald and D. Prado (2014), The Importance of KnowingYour Project, Program, and Portfolio Management Maturity: PPPMM, *PM World Journal*; Feb., Vol. 3 Issue 2, p. 1.

[56] http://www.enisystems.com/eninew/latest/blue/news/IBMSystem_z_Software_Virtualization_Virtualization_Server_Smarter_Computing.pdf, accessed 25 April 2015.

[57] The Suggestions from the Italian Garante Della Privacy are Contained in a Vademecum: http://www.garanteprivacy.it/web/guest/home/docweb/-/docweb-display/docweb/1895296, accessed 25 April 2015.

[58] B. Nicoletti, C. Andreoli (2014), op. cit.

[59] B. Darrow (2012), Amazon Is No. 1. "Who's Next in Cloud Computing?" 14 March, gigaom.com, https://gigaom.com/2012/03/14/amazon-is-no-1-whos-next-in-cloud-computing/, accessed 9 April 2015.

[60] B. Violino (2014), "81 Percent of Companies Shifting Mission Critical Apps to Cloud," *Forrester Research Study*, November 25. B. Nicoletti, C. Andreoli (2014), op. cit.

[61] —— (2005), Intelligent Document Integration Automates Insurance Policy Forms for Big Cost Savings, *InformationWeek*, 28 March.

[62] McCormick, J., (2005), "Charging Ahead", *Baseline*, 24 June.

[63] —— (2005), "Intelligent Enterprise," *Forrester Research Paper*, June.

[64] T. Paivarinta, B. E. Munkvold (2005), op. cit.

[65] B. Nicoletti (2009), Gestione Integrata della Documentazione Tecnica, i. *L'Impiantistica Italiana*, Anno 22, no. 4, Lug. -Ago., pp. 1 – 12.

[66] The paper assigns to each process one specific application. Some of the appli-cations can actually do more than just supporting that specific process.

[67] B. Nicoletti (2012), *Lean and Digitize*. Gower Publishing, Farnham, UK.

[68] Ensuring Security and Compliance of Your EMC Documentum Enterprise Content Management System: A Collaborative Effort of EMC Documentum and RSA (2009), *EMC White Paper for Applied Technology*.

[69] M. Fisher, A. Sheth (2004), "Semantic Enterprise Content Management," in *i*. M. P. Singh (ed.), *The Practical Handbook of Internet Computing*. CRC Press, Bora Raton. FL.

[70] —— (2002), The Sarbanes Oxley Ac, Sarbanes-Oxley Compliance Toolkit http://www.soxlaw.com/, accessed 28 April 2015.

[71] 107th US Congress (2002), *Public Law* 107 – 204, 30 July.

[72] ——(2015), HCL Congratulates Aegon on Celent Model Insurer Award, i. *BusinessWire*, 26 March.

[73] A. White (2010), "IBM's Big Data and Analytics Analyst Summit, NY, Day 1," blogs.gartner.com, http://blogs.gartner.com/andrew_white/category/enter-prise-content – management-ecm/, accessed 5 May 2015.

[74] —— (2013), Case Insurance Illinois Mutual Life Insurance Company, *Perceptive Software*, http://www.perceptivesoftware.co.uk/content/dam/psw/www-perceptivesoftware-com/pdfs/en_gb/psI_cs_illinoismutual – 1108_ uk.pdf, accessed 9 April 2015.

**第 5 章　数字保险的治理**

[1] W. Van Grembergen (ed.) (2004), *Strategies for Information Technology Governance*. Igi Global, Hershey, PA.

[2] http://www.bankofengland.co.uk/pra/Pages/solvency2/default.aspx, accessed 25 April 2015.

[3] B. Nicoletti (2012), *The Methodology of Lean and Digitize*, Gower Publishing, Aldershot, UK.

[4] B. Nicoletti (2012), op. cit.

[5] B. Nicoletti (2006), "Nuovo Pignone, l'arte di fondere Lean Management e Six Sigma," *Computerworld Italia*, 6 December, 1 -2.

[6] B. Nicoletti (2015), "Optimizing Innovation with the Lean and Digitize Innovation Process," *TIM Review*, March.

[7] B. Nicoletti (2012), op. cit.

[8] J. P. Womack and D. T. Jones (2003), *Banish Waste and Create Wealth in Your Corporation.* Free Press, New York.

[9] D. Socha, T. C. Folsom, J. Justice (2013), Applying Agile Software Principles and Practices for Fast Automotive Development. In *Proceedings of the FISITA* 2012 *World Automotive Congress* (pp. 1033 - 1045). Berlin, Germany: Springer.

[10] K. Beck et al. (2001), "Principles behind the Agile Manifesto," http://agile-manifesto.org/principles.html, accessed 25 January 2015.

[11] T. Yamaguchi, H. Sakaniwa, H. Hayami (2005), "An Innovative Product Dev elopment Process for Resolving Fundamental Conflicts," *Journal of the Japan Society for Precision Engineering*, 71 (2), 184 -188.

[12] T. Kelley (2001), "Prototyping Is the Shorthand of Innovation," *Design Management Journal* (Former Series), 12 (3), 35 -42.

[13] P. Subramaniyam, K. Srinivasan, M. Prabaharan (2011), "An Innovative Lean Six Sigma Approach for Engineering Design," *International Journal of Innovation, Management and Technology*, 2 (2), 166 -170.

[14] T. J. Marion, J. H. Friar (2012), "Managing Global Outsourcing to Enhance Lean Innovation," *Research Technology Management*, 55 (5), 44 -50.

[15] T. Paider, D. Potts, (2011), *Nationwide Application Development Cen-*

ter, http://www.thepathtoagility.com/wp-content/uploads/2012/03/Leanpercent-20Framework percent20Nationwide.pdf, accessed 9 April 2015.

[16] B. Nicoletti (2012), op. cit.

[17] Generali (2015), Generali acquires MyDrive Solutions, a leading companyin motor insurance technologies, Generali Company Press release, 23 July.

[18] P. Roussom (2014), Seven Tips for Unified Master Data Management, *TDWI Research Report*.

[19] J. B. Guinée (2002), "Handbook on Life Cycle Assessment OperationalGuide to the ISO Standards," *The International Journal of Life Cycle Assessment*, 7 (5), 311-313.

[20] T. Zhou (2011), An Empirical Examination of Initial Trust in Mobile Payments, i. *Internet Research*, 21 (5), 527-540.

[21] J. Camhi (2013), 3 "Keys to Improve Data Quality," *Bank Systems Technologies*, 21 June, http://www.banktech.com/business-intelligence/3-keys-to-improving-data-quality/240157060? cid=nl_bt_daily&elq=b7ed8ddc2625499dbf6869cf4 1f9fd22, accessed 11 April 2015.

[22] A. D. Chapman. (2005), Principles of Data Quality, version 1.0, *Report for the Global Biodiversity Information Facility*, Copenhagen.

[23] T. Zhou (2011), "An Empirical Examination of Initial Trust in Mobile Banking," i. *Internet Research*, 21 (5), 527-540.

[24] Banca d'Italia (2013), *Nuove disposizioni di vigilanza prudenziale per le Banche, Circolare del* 17 *dicembre* 2006-15° *Aggiornamento del* 2 *luglio* 2013.

[25] P. Das (2015), *NewIndia Assurance*, tcs.com, http://www.tcs.com/resources/case_studies/Pages/New-India-Assurance.aspx? utm_source=feedburner&utm_ medium=feed&utm_campaign=Feed percent3A+tcscasestudies+percent28TC S percent3A+Case+Studies percent29&utm_content=FeedBurner+user+view, accessed 28 April 2015.

[26] ——(2015), Enterprise Archtecture, Sainsbury ebooks, UKhttp: //samples. sainsburysebooks. co. uk/9781743336670_sample_143931. pdf, accessed 8 May 2015.

[27] K. Roebuck (2012), *Enterprise Information Management (EIM): High-Impact* i. *Strategies-What You Need to Know: Definitions, Adoptions, Impact, Benefits, Maturity, Vendors.* Emereo Publishing. London, UK.

[28] AI Research (2013), *BYOD and Increased Malware Threats Help Driving Billion Dollar Security Services Market in* 2013, http: //www. abiresearch. com/press/byod-and-increased-malware-threats-help-driving-bi, accessed 11 April 2015.

[29] Digital Insurance Overview (NA) (2009), *American Management Association*, January.

[30] M. Bishop (2004), *Introduction to Computer Security*, Addison Wesley Professional, Boston, MA.

[31] ——(2003), The Privacy and Electronic Communications (EC Directive) Regulations 2003, http: //www. legislation. gov. uk/uksi/2003/2426/contents/made, accessed 1 May 2015.

[32] The Board of Governors of the Federal Reserve System, Federal Deposit Insurance Corporation, National Credit Union Administration, Office of the Comptroller of the Currency, Office of Thrift Supervision, State Liaison Committee (2011), Supplement to Authentication in an Internet Banking Environment, *Paper of the Federal Insurance companies Examination Council*, SR 11 -9.

[33] ——(2002), Authentication in an Internet Banking Environment, *FFIEC IT Examination Handbook* (2003), Information Security Booklet.

[34] "ERGO Direkt Mobile Website Rated Exceedingly Trustworthy: TÜV Süd Awards 'S @ Fer-Shopping' Seal of Approval" (2015), ergo. com, www. ergo. com, accessed 7 April 2015.

[35] A computer program that records every keystroke made by a computerus-

er, especially in order to gain fraudulent access to passwords and other confi-dential information.

[36] Aite Group (2011), Corporate Digital Insurance: A Look atJ. P. Morgan ACCESS Mobile, *Aite Report*, http://www.jpmorgan.com/treasury/jpm_access/doc/Corporate_Mobile_Banking_A_Look_at_JP_Morgan_ACCESS_Mobile.pdf, accessed 11 April 2015.

[37] Huawei Ascend W1-User Guide (2013), *Huawei Paper*.

[38] Securing your Mobile Device, Eastern Illinois University, Charleston, IL, http://www.eiu.edu/its/security/mobile2.php, accessed 8 May 2015. a 286*Notes*.

[39] A. Schroader (2008), *Handheld Forensics*, http://www.elsevierdirect.com/downloads/SyngressFreeE-booklets/ITManagement/1597491381.pdf, Syngress, Waltham, MA, accessed 11 April 2015.

[40] P. Crossman (2015), "Biometric Tipping Point: USAA Deploys Face, Voice Recognition," *INN Breaking News*, 3 February.

### 第6章 监管框架

[1] 2015World Insurance Report (2015), *CapGemini-Efma Report*.

[2] This Chapter Describes some Basic Regulations that are Relevant for Digital Insurance Transactions. This Information Aims to Provide a General Overview of the Legal Framework Governing Digital Insurance. It neither Intends nor Claims to Provide All-exhaustive, Updated, and Correct Information on the Subject.

[3] K. Monks, N. Michellod (2014), Digital Transformation in Insurance: Differences across Continents, *Celent Industry Trends Report*, 12 September.

[4] ——(2009), Directive 2009/138/Ec of the European Parliament and ofthe Council, http://eur-lex.europa.eu/LexUriServ/LexUriServ.do? uri = OJ: L: 2009: 335: 0001: 0155: en: PDF, accessed 8 May 2015.

[5] —— (2013), Financial Services Authority Annual Report 2012/13, ht-

tps: //www. fca. org. uk/static/documents/annual-report/fsa-annual-report-12-13. pdf, accessed 9 May 2015.

[6] European Commission (2014), Economic Review of the Financial Regulation Agenda, http: //ec. europa. eu/internal _ market/finances/docs/general/2014 0515-erfra-working-document_En. pdf, accessed 9 May 2015.

[7] Solvency Ⅱ: the Data Challenge (2015), *Rimes White Paper*.

[8] Solvency Ⅱ: the Data Challenge (2015), *Rimes White Paper*.

[9] R. Tiwari, S., Buse, C. Herstatt (2006), "From Electronic to Mobile Commerce: Opportunities through Technology Convergence for Business Services," *Tech Monitor*, September.

[10] R. Tiwari, S. Buse (2007), *The Mobile Commerce Prospects: A Strategic Analysis of Opportunities in the Banking Sector*, Hamburg University Press, Hamburg, Germany.

[11] United Nations (2001), UNCITRAL Model Law on Electronic Signatures with Guide to Enactment 2001, http: //www. uncitral. org/pdf/english/texts/electcom/ml-elecsig-e. pdf, accessed 9 May 2015.

[12] K. Christensen (2013), "Non-compliance Creates Significant Risk with Digital Insurance Products," 8 August, ATM Marketplace, http: //www. atmmarketplace. com/blog/10913/Non-compliance-creates-significant-risk-with-mobile-banking-products, accessed 9 August 2013.

[13] J. M. Kopchik (2011), "Digital Insurance: Rewards and Risks," *FDIC Winter* 2011 *Supervisory Insights*, FDIC, 8 (2), Winter.

[14] EU Regulation 45/2001, Article 2.

[15] R. Tiwari, S., Buse, C. Herstatt (2008), "From Electronic to Mobile Commerce," *CACCI Journal*, 1, Reprinted from the *Asia-Pacific Tech Monitor*, September-October, 2006, 38 –45.

[16] R. Tiwari, S. Buse (2007), op cit.

[17] R. Tiwari, S. Buse (2007), op cit.

[18] R. Becker (2002), *Bürgerliches Gesetzbuch*, *BMJ*, 1.

[19] —— (2015), About EIOPA, https://eiopa.europa.eu/about-eiopa, accessed 9 May 2015.

[20] —— (2015), EIOPA Opinions, https://eiopa.europa.eu/publications/eiopa-opinions, accessed 1 May 2015.

[21] EIOPA-BoS-14/198 (28 January 2015) https://eiopa.europa.eu/Publications/Opinions/Opinion_on_sale_ percent20via_the_internet percent28published percent29.pdf, accessed 1 May 2015.

[22] EurLex (2002), Directive 2002/65/EC of the European Parliament and of the Council of 23 September 2002 Concerning the Distance Marketing of Consumer financial services and amending Council Directive 90/619/EEC and Directives 97/7/EC and 98/27/EC, http://eur-lex.europa.eu/legal-content/EN/TXT/?uri=celex:32002L0065, accessed 28 April 2015.

[23] EIOPA (2014), Third Consumer Trends Report, https://eiopa.europa.eu/Publications/Reports/EIOPA-BoS-14-207-Third_Consumer_Trends_Report.pdf, accessed 9 May 2015.

[24] EIOPA (2014), Report on Good Practices on Comparison Websites, https://eiopa.europa.eu/Publications/Reports/Report_on_Good_Practices_on_Comparison_Websites.pdf, accessed 9 May 2015.

[25] P. L. Kimmelman (2010), The School Leadership Triangle: From Compliance to Innovation, Corwin, Thousand Oaks, CA.

**第7章 全球数字保险**

[1] K. Monks, N. Michellod (2014), Digital Transformation in Insurance: Differences Across Continents, *Celent Industry Trends Report*, 12 September.

[2] K. Monks, N. Michellod (2014), op. cit.

[3] A. Freiling (2015), 2015 European Insurance Outlook, *Ernst & Young*

*Research Paper*.

[4] CapGemini-Efma (2015), World Insurance Report 2015, https://www.capgemini.com/thought-leadership/world-insurance-report-2015, accessed 10 April 2015.

[5] K. Monks, N. Michellod (2014), op. cit.

[6] CapGemini-Efma (2015), op. cit.

[7] CapGemini-Efma (2015), op. cit.

[8] CapGemini-Efma (2015), op. cit.

[9] S. Crawford (2015), 2015 Global Insurance Outlook, *Ernst & Young Report*.

[10] CapGemini-Efma (2015), op. cit.

[11] K. Lam, J. Sengupta (2013), Retail Banking in Asia, *McKinsey Report*, March.

[12] PR Newswire (12 April 2012), ICT in Insurance Industry in India 2012. *Digital Journal*.

[13] S. Crawford (2015), op. cit.

**第 8 章 数字保险发展的未来**

[1] S. Gupta, M. Kaur, A. Kang, A. (2013), "Role of Mobile Banking inToday's Era," *International Journal for Science and Emerging Technologies with Latest Trends*, 11 (1), 5 -9.

[2] S. R. Vaidya (2011), "Emerging Trends on Functional Utilization of Mobile Banking in Developed Markets in Next 3 - 4 Years," *International Review of Business Research Papers*, 7 (1), 301 -312.

[3] A. Freiling (2015), 2015 European Insurance Outlook, *Ernst & Young Research Paper*.

[4] H. P. Fung (2014), Criteria, Use Cases and Effects of Information Technology Process Automation (ITPA), *Institute for Robotic Process Automation*, 7.

[5] —— (2013) The Year of Anticipation and Refinement (2013), *IPG Media Lab Outlook*.

[6] M. Chuiet al. (2012), The Social Economy: Unlocking Value and Productivity through Social Technologies, *McKinsey Global Institute Report*, July.

[7] K. Monks, N. Michellod (2014), "Digital Transformation in Insurance: Differences across Continents," *Celent Industry Trends Report*, 12 September.

[8] http: //www. insurancenet working. com/blogs/insurance_social_networks_french_insurers-28194 – 1. html, accessed 15 March 2015.

[9] K. Liyakasa (2015), " MetLife Navigates the Path through Publishers'Walled Gardens," *AdExchanger*, 26 January.

[10] "Social Insurance Company Relies on Communities to Reduce Premiums" (2011), *Springwise*. com, 18 May.

[11] J. Rivera, R. van der Meulen (2013), Forecast: The Internet ofThings, Worldwide, 2013, *Gartner Report*, 12 December.

[12] Internet of Everything Research Service (2013), *ABI Research Report*, 9 May.

[13] J. Anderson, L. Rainie (2014), The Internet of Things Will Thrive By 2025: Main Report: An In-depth Look at Expert Responses, *Pew Research Center*, 14 May.

[14] "Mobile Marketing and Service: La Partita Si Fa Seria!" (2015), *Osservatorio Mobile Marketing & Service*, 29 January.

[15] H. Zervos (2015), Textile Integration of Electronic Functionality: Market Forecasts for the Next Decade, *Research Innovation and Science for Engineered Fabrics Conference* (*RISE*), 9 – 12 February, Miami, FL.

[16] ABI Research (2013), "Wearable Computing Devices, Like Apple's iWatch, will exceed 485 Million Annual Shipments by 2018, http: //www. abiresearch. com/press/wearable-computing-devices-like-apples-iwatch-will,

accessed 13 August 2013.

[17] H. Zervos (2015), op. cit.

[18] Accenture Technology Vision for Insurance 2015-Digital Insurance Era: Stretch Your Boundaries (2015), *Accenture Research Report*.

[19] D. Bloomfield (2015), Time to Jog: Hancock Offers Insurance Discount for Good Behavior, *Bloomberg New*, 8 April.

[20] D. Bloomfield (2015), op. cit.

[21] J. P. Gownder (2014), Smart, Connected Devices Reshape Customer Experiences in Healthcare and Insurance, *Forrester Research*, 12 December.

[22] D. Thomas (2015), "Mobile Groups Race to Develop 5G Technology,"

[23] *Financial Times*, 4 May.

**第9章 结论**

[1] —— (2013), Segmented Consumer Experience and Digital Wallet Capabilities Hold Keys to the Future of Mobile Banking, Finds Cognizant and Monitise

[2] Study, 30 July, http://www.monitise.com/news/press_releases? id = 786, accessed 1 August 2015.

[3] —— (2013), Segmented Consumer Experience and Digital Wallet Capabilities Hold Keys to the Future Of Mobile Banking, Finds Cognizant and Monitise Study, 30 June. http://www.monitise.com/americas/news-and-events/press-releases/2013/0730.php, accessed 18 October 2014.

[4] M. Bauer-Leeb, E. Lundqvist (2011), "Social Entrepreneurs and Business Angels," http://unltd.org.uk/wp-content/uploads/2012/11/BVC_Baseline_paper_FINAL.pdf, accessed 22 October 2014.

[5] J. Camhi (2013), "How Big Data Can Drive Mobile Payments Adoption," *Bank Systems Technology*, http://www.banktech.com/payments-cards/how-big-data-can-drive-mobile-payments-a/240156872, accessed 11 August 2014.

[6] B. Edelman (2015), "How to LaunchYour Digital Platform," *Harvard*

*Business Review*, April.

[7] P. Drews, I. Schirmer, S. , Mumm, M. Morisse (2014), An Empirically Grounded Ontology for Analyzing IT-based Interventions in Business Ecosystems, Twentieth Americas Conference on Information Systems, Savannah, 1 – 11.

[8] Timothy Alborn and Sharon Ann Murphy, eds. (2012), *Anglo American Life Insurance*, 1800 – 1914, 3 vols. (London: Pickering & Chatto, 2012. Vol. 1, pp. xxiii + 394; Vol. 2, pp. xx + 432; Vol. 3, pp. xxvi + 436).

[9] Accenture Technology Vision 2015 (2015), techtrends. accenture. com, http://techtrends. accenture. com/us-en/it-technology-trends-2015. html, accessed 12 May 2015.

[10] J. Camhi (2013), op. cit.

[11] T. Catlin, P. Paliath, I. Segey (2014), "Insurance Companies' Untapped Digital Opportunity," *Harvard Business Review*. 24 March.

# 参考文献

Afuah, A. (2003), *Innovation Management: Strategies, Implementation, Profits*, Oxford University Press, Oxford, UK.

Agarwal R., Prasad J. (2000), A Field Study of the Adoption of Software Process Innovations by Information Systems Professionals. *IEEE Transaction on Engineering Management*, 47 (3), 295 – 308.

Agarwal, R., Venkatesh, V. (2002), Assessing a Firm's Web Presence: A Heuristic Evaluation Procedure for the Measurement of Usability, *Information Systems Research*, 13 (2), 168 – 186.

AIIM (2013), What Is Enterprise Content Management (ECM)?, *Association for Information, Image Management*, http://www.aiim.org., accessed 20 February 2015.

Alavi M., Leidner D. E. (2001), Review: Knowledge Management, Knowledge Management Systems: Conceptual Foundations, Research Issues. *MIS Quarterly*, 25 (1), 107 – 146.

Allen, D. (2008), *Enterprise Content Management Best Practices: ECM Strategy 100 Most Asked Questions.* Qld: Emereo Publishing, Newstead, NY.

American Productivity & Quality Center (2007), Executive Summary of Knowledge Management, *Best-Practice Report*, http://www.apqc.org/portal/apqc/ksn?paf_gear_id = contentgearhome&paf_dm = full&pageselect = detail&doc id = 10820, accessed 5 May 2015.

Amidon, D. M., Mahdjoubi D. (2003), An Atlas for Knowledge Innovation: Migration from Business Planning to Innovation Strategy. In *Handbook on Knowledge Management, Volume 2: Knowledge Directions*, (Holsapple C. W., Ed.), 331 – 353, Springer-Verlag, Berlin/Heidelberg, Germany.

Anand, B. (2003), *Health Insurance*, MFL Net Services, Hyderabad, India.

Ansah-Adu, K., Oh, C., Abor, J. (2012), Evaluating the Cost Efficiency of Insurance Companies in Ghana, *The Journal of Risk Finance*, 13 (1), 61 – 76.

Arshad, N. I. , Milton, S. K. , Bosua, R. (2014), "Enterprise Content Management Systems-Use Supports Standardized Business Processes," *International Journal of Engineering & Technology*, 14 (2), 10 – 15.

Ashby, S. (2011), "Risk Management, the Global Banking Crisis: Lessons for Insurance Solvency Regulation," *Geneva Papers on Risk, Insurance-Issues, Practice*, 36 (3), 330 – 347.

Ba, S. , Pavlou, P. A. (2002), Evidence of the Effect of Trust in Electronic Markets: Price Premiums, Buyer Behavior. *MIS Quarterly*, 26 (3), 243 – 266.

Balasubramanian, S. , Konana, P. , Menon, N. M. (2003), "Customer Satisfaction in Virtual Environments: A Study of Online Investing," *Management Science*, 49 (7), 871 – 889.

Barros, C. P. , Nektarios, M. , Assaf, A. (2010), "Efficiency in the Greek Insurance Industry," *European Journal of Operational Research*, 205 (2), 431 – 436.

Benton, D. et al. (2010), How Cloud Computing Will Transform Insurance, Accenture Paper, http: //insuranceblog. accenture. com/wp-content/uploads/2013/07/Cloud_for_Insurance_POV_Final. pdf, accessed 17 August 2014.

Bishop, M. (2004), *Introduction to Computer Security*, Addison Wesley Professional, Boston.

Black, N. J. , Lockett, A. , Ennew, C. , Winklhofer, H. , McKechnie, S. (2002), "Modelling Customer Choice of Distribution Channels: An Illustration from Financial Services," *International Journal of Financial institution Marketing*, 20 (4), 161 – 173.

Black, S. P. , Rossi, J. P. (2015), *Entrepreneurship and Innovation in Automobile Insurance: Samuel P. Black, Jr. and the Rise of Erie Insurance*, Routledge, New York.

Blair, B. T. (2004), "An Enterprise Content Management Primer," *Information Management Journal*, 38, 64 –66.

Boiko, B. (2002), *Content Management Bible.* John Wiley & Sons, New York. Bonner D. (2000), *In Action: Leading Knowledge Management*, Learning. ASTD, Alexandria, VA.

Boston Consulting Group (BCG) (2010), The Solvency II Challenge: Anticipating the Far-Ranging Impact on Business Strategy, www. bcg. com, accessed 9 May 2015.

Brem, A., Viardot, E. (Eds.) (2013), *Evolution of Innovation Management*, Palgrave-Macmillan, New York.

Bruce, L., Bondy, K., Street, R., Wilson, H. (2009), "How New Multichannel Thinking Can Deliver Competitive Advantage," *Journal of Direct*, *Data*, *Digital Marketing Practice*, 10 (4), 329 –335.

Buchner, A. (2006), *Marketing Life Insurance Online.* Jupiter Research, New York. Butt, M. (2007), "Insurance, Finance, Solvency II, Financial Market Interaction," *Geneva Papers on Risk*, *Insurance-Issues*, Practice, 32 (1), 42 –45.

Campbell, C. B. et al. (2002), "Embedded Value of Life Insurance Product Lines," *Boston Annual Meeting* 2002 *Record*, 28 (3).

Carter, F. J., Jambulingam, T., Gupta, V. K., Melone, N. (2001), "Technological Innovations: A Framework For Communicating Diffusion Effects," *Information & Management*, 38 (5), 277 –287.

Casualty Actuarial Society (CAS) (2012), CAS Research Working Party on Risk-Based Capital Dependencies, Calibration, Report 1 Overview of Dependencies, Calibration in the RBC Formula. 1, www. casact. org, accessed 8 May 2015.

Chen, Y. S., Chang, H. Y. (2009), "Taiwan's Insurance Industry Left Stranded," *Common Wealth Magazine*, 417, 1 –7.

Chien, S. C. (2005), *The Principle, Practice of Insurance Accounting*, San-Ming Publisher, Taipei.

Choi, B. P. (2010), "The U. S. Property, Liability Insurance Industry: Firm Growth, Size, Age," *Risk Management, Insurance Review*, 13 (2), 207 – 224.

Chow-Chua, C., Lim, G. (2000), "A Demand Audit of the Insurance Market in Singapore," *Managerial Auditing Journal*, 15 (7), 372 – 382.

Claessens, S., Kose, M. M. A., Kose, M. A., Laeven, M. L., Valencia, F. (2014), *Financial Crises: Causes, Consequences, and Policy Responses.* International Monetary Fund, Washington, DC.

Coelho, F., Easingwood, C. (2003), "Multiple Channel Structures in Financial Services: A Framework," *Journal of Financial Services Marketing*, 8 (1), 22 – 34.

Comité Européen des Assurances (CEA) (2007), Consequences of Solvency II Costs for Insurers Administrative Costs, *Technical Report.*

Committee of European Insurance, Occupational Pension Supervisors (CEIOPS) (2009a), CEIOPS Advice for Level 2 Implementing Measures on Solvency II: Assessment of Group Solvency, www. eiopa. europa. eu., accessed 18 May 2015.

Committee of European Insurance, Occupational Pension Supervisors (CEIOPS) (2009b), Lessons Learned from the Crisis, www. eiopa. europa. eu., accessed 18 May 2015.

Committee of European Insurance, Occupational Pension Supervisors (CEIOPS) (2010), Solvency II-Calibration Paper, www. eiopa. europa. eu., accessed 18 May 2015.

Committee of European Insurance, Occupational Pensions Supervisors (CEIOPS) (2009), Lessons Learned from the Crisis: Solvency II, Beyond, accessed 18 May 2015.

Cox, J. , Dale, B. G. (2001), "Service Quality, E-Commerce: An Exploratory Analysis," *Managing Service Quality*, 11 (2), 121 –131.

Crispo B. et al. (2012), Security Protocols XIX: 19th International Workshop, Cambridge, UK, March 28 –30, 2011, *Lecture Notes in Computer Science/Security*, *Cryptology*.

Crouhy, M. , Galai, D. (2014), *The Essentials of Risk Management*, 2nd Edition, McGraw-Hill, New York.

Cummins, J. , Phillips, R. (2009), Capital Adequacy, Insurance Risk-Based Capital Systems, *Working Paper*, rmi. gsu. edu, www. rmi. gsu. edu, accessed 19 May 2015.

Cummins, J. D. , Rubio-Misas, M. (2006), "Deregulation, Consolidation, Efficiency: Evidence from the Spanish Insurance Industry," *Journal of Money*, *Credit*, *Banking*, 38 (2), 323 –355.

Cummins, J. D. , Weiss, M. A. (2000), "Analyzing Firm Performance in the Insurance Industry Using Frontier Efficiency, Productivity Methods," in G. Dionne (ed. ), *Handbook of Insurance*, Kluwer Academic Publishers, Boston, MA. , 767 –829.

Cummins, J. D. , Xie, X. (2013), "Efficiency, Productivity, Scale Economies in the U. S. Property-Liability Insurance Industry," *Journal of Productivity Analysis*, 39 (2), 141 –164.

Customers, Mobile Financial Services (2012), *Federal Reserve Board Publication*, March, http: //www. federalreserve. gov/econresdata/mobile-device-report-201203. pdf, accessed 15 August 2013.

Darlap, P. , Mayr, B. (2006), "Group Aspects of Regulatory Reform in the Insurance Sector," *Geneva Papers on Risk*, *Insurance-Issues*, *Practice* 31 (1), 96 –123.

Data Monitor Research Store. (2010), UK Private Motor Insurance 2010, available athttp: //www. datamonitor. com/store/Product/toc. aspx? productId = DMFS2495, accessed 23 April 2015.

Davenport, T. H. , Beck, J. C. (2001), *The Attention Economy: Understanding the New Currency of Business*, Harvard Business School Press, Boston.

Dawes, J. , Mundt, K. , Sharp, B. (2009), "Consideration Sets for Financial Services Brands," *Journal of Financial Services Marketing*, 14 (3), 190 -202.

Diacon, S. , O'Brien, C. (2002), Persistency in UK Long-Term Insurance: Customer Satisfaction, Service Quality, *CRIS Discussion Papers III*, University of Nottingham, Nottingham, UK.

Diacon, S. R. (2001), The Efficiency of UK General Insurance Companies, Working Paper, Centre for Risk, *Insurance Studies*, University of Nottingham, Nottingham, UK.

Diacon, S. R. , Starkey, K. , O'Brien, C. (2002), "Size, Efficiency in European Long-Term Insurance Companies: An International Comparison," *Geneva Papers on Risk*, *Insurance-Issues*, *Practice*, 27 (3), 444 -466.

Dilnutt, R. (2006), "Enterprise Content Management: Supporting Knowledge Management Capability," *International Journal of Knowledge*, *Culture*, *Change Management*, 5, 73 -84.

Dilnutt, R. (2006), "Surviving the Information Explosion," *IEE Engineering Management*, 16, 39 -41.

Dinh, T. L. , Rickenberg, T. A. , Fill, H. G. , Breitner, M. H. (2014), "Towards a Knowledge-based Framework for Enterprise Content Management," in *System Sciences (HICSS)*, 2014 *47th Hawaii International Conference on*, January, 3543 - 3552.

Doff, R. (2008), "A Critical Analysis of the Solvency II Proposals," *Geneva Papers on Risk*, *Insurance-Issues*, *Practice*, 33 (2), 193 -206.

Dunham, K., Abu Nimeh, S., Becher, M. (2008), *Mobile Malware Attack, Defense, Syngress Media, Waltham, MA*.

Eckstein, A., Liebetrau, A. (2014), *Insurance & Innovation 2014: Ideen und Erfolgskonzepte von Experten aus der Praxis*, Verlag Versicherungswirtschaft Gmbh, Karlsruhe, Germany.

Eling, M., Gatzert, N., Schmeiser, H. (2008), "The Swiss Solvency Test, Its Market Implications," *Geneva Papers on Risk, Insurance-Issues, Practice* 33 (3), 418 – 439.

Eling, M., Luhnen, M. (2010a), "Efficiency in the International Insurance Industry: A Cross-Country Comparison," *Journal of Banking Finance*, 34 (7), 1497 – 1509.

Eling, M., Luhnen, M. (2010b), "Frontier Efficiency Methodologies to Measure Performance in the Insurance Industry: Overview, Systematization, Recent Developments," *Geneva Papers on Insurance-Issues, Practice*, 35 (2), 217 – 265.

Eling, M., Schmeiser, H., Schmit, J. (2007), "The Solvency Ⅱ Process: Overview, Critical Analysis, Risk Management," *Insurance Review*, 10 (1), 69 – 85.

Engau, C., Hoffmann, V. H. (2011), "Corporate Response Strategies to Regulatory Uncertainty: Evidence from Uncertainty about Post-Kyoto Regulation," *Policy Sciences*, 44 (1), 53 – 80.

European Commission (EC) (2002), "Directive 2002/87/EC of the European Parliament, of the Council of 16 December 2002 on the Supplementary Supervision of Credit Institutions, Insurance Undertakings, Investment Firms in a Financial Conglomerate," *Official Journal of the European Union*, www. eur-lex. europa. eu, accessed 9 May 2015.

European Commission (EC) (2009), "Directive 2009/138/EC of the European Parliament, of the Council of 25 November 2009 on the Taking-Up, Pursuit of the

Business of Insurance, Reinsurance (Solvency Ⅱ)," *Official Journal of the European Union*, www. eur-lex. europa. eu, accessed 9 May 2015.

European Commission (EC) (2010), QIS5 Technical Specifications, www. ec. europa. eu, accessed 9 May 2015.

European Commission (EC) (2011), Solvency II: Frequently Asked Questions (FAQs), www. ec. europa. eu, accessed 9 May 2015.

European Commission (EC) (2011), "Directive 2011/89/EU of the European Parliament, of the Council of 16 November 2011 amending directives 98/78/EC, 2002/87/EC, 2006/48/EC, 2009/138/EC as Regards The Supplementary Supervision Of Financial Entities in a Financial Conglomerate," *Official Journal of the European Union*, www. eur-lex. europa. eu, accessed 9 May 2015.

European Insurance, Occupational Pensions Authority (EIOPA) (2011), QIS5 Results: General Findings, Surplus, Preparedness, www. eiopa. europa. eu/fileadmin/tx_dam/files/consultations/QIS/QIS5/HearingQIS5slides%20 [Compatibility%20Mode]. pdf, accessed 9 May 2015.

European Insurance, Occupational Pensions Authority (EIOPA) (2012), Request for the EU-U. S. Dialogue Project for Public Comment on the Technical Committee Reports; Comparing Certain Aspects of the Insurance Supervisory, Regulatory Regimes in the European Union, the United States, https: //eiopa. europa. eu, accessed 9 May 2015.

Evans, P. , Forth, P. (2015), Navigating a World of Digital Disruption, *BCG Report*. Federal Assembly of the Swiss Confederation (2004), Insurancc Supervision Act, www. finma. ch. , accessed 9 May 2015.

Filipović, D. , Kupper, M. (2007), "On the Group Level Swiss Solvency Test," *Bulletin of the Swiss Association of Actuaries*, 1 (1), 97 – 115.

Fill, H. G. (2009), Design of Semantic Information Systems using a Model-based

Approach, *AAAI Spring Symposium*, Stanford University, Stanford, CA.

Financial Services Authority (2008), "Review into General Insurance Comparison Websites," May, available at http://www.fsa.gov.uk/pages/Doing/Regulated/Promo/thematic/review_gi_comparison.shtml, accessed 16 August 2014.

Fiorina, P. (2009), Key Trends in Mobile Financial Services in the European Union, *Research Paper by Celent Group*.

Flier, B. et al. (2001), "The Changing Landscape of the European Financial Services Sector," *Long Range Planning*, 34 (2), 179 – 207.

Gayathri, H., Vinaya, M. C., Lakshmisha, K. (2006), "A Pilot Study on the Service Quality of Insurance Companies," *Journal of Services Research*, 5 (2), 123 – 138.

Glau, K., Scherer, M. (2015), *Innovations in Quantitative Risk Management*, Springer, Munich.

Gogerty, N. (2014), *The Nature of Value: How to Invest in the Adaptive Economy*, Columbia Business School Publishing, New York.

Grahlmann, K. R., Helms, R. W., Hilhorst, C., Brinkkemper, S., Amerongen, S. V. (2012), "Reviewing Enterprise Content Management: A Functional Framework," *European Journal of Information Systems*, 21, 268 – 286.

Grahlmann, K. R., Hilhorst, C., Amerongen, S. V., Helms, R., Brinkkemper, S. (2010), Impacts of Implementing Enterprise Content Management Systems, in *18th European Conference on Information Systems South Africa*.

Gupta, H. (2007), "The Role of Insurance in Health Care Management in India," *International Journal of Health Care Quality Assurance*, 20 (5), 379 – 391.

Gupta, V. K., Govindarajan, S., Johnson, T. (2002), "Overview of Content Management Approaches, Strategies," *Electronic Markets*, 11 (4), 281 – 287.

Gurtner, S., Soyez, K. (2014), *Challenges and Opportunities in Health Care Management*, Springer Verlag, Heidelberg, Germany.

Hampton, J. (2014), *Fundamentals of Enterprise Risk Management: How Top Companies Assess Risk, Manage Exposure, and Seize Opportunity*, AMA, New York.

Han, Y. (2004), "Digital Content Management: The Search for a Content Management System," *Library Hi Tech*, 22 (4), 355 – 365.

Harrison, N. (2005), The Darwin Information Typing Architecture (DITA), Applications for Globalization, *Professional Communication Conference*, 115 – 121.

Hayes-Roth, F. (2005), Model-Based Communication Networks, VIRT: Filtering Information by Value to Improve Collaborative Decision-Making, 10*th International Command, Control Research, Technology Symposium.*

Hislop D., Newell S., Scarborough H., Swan, J. (2000), Innovation Processes: The Management of Knowledge. *Knowledge Management: Concepts, Controversies Conference*, University of Warwick, Coventry, UK.

Holsapple C. W., Joshi K. D. (2000), "An Investigation of Factors that Influence the Management of Knowledge in Organization," *Journal of Strategic Information Systems*, 9 (2 – 3), 235 – 261.

Holzmüller, I. (2009), "The United States RBC Standards, Solvency II, the Swiss Solvency Test: A Comparative Assessment," *Geneva Papers on Risk, Insurance: Issues, Practice*, 34 (1), 56 – 77.

Horton, J. (2007), "The Value Relevance of Realistic Reporting: Evidence from U. K. Life Insurers," *Accounting, Business Research*, 37 (3), 175 – 179.

Hsiao, C. N. (2003), "To Probe Deeply into the Customer Relationship Management Strategy, Operation Flow of Life Insurance-Ex. Nan Shan Life Insurance Co, Ltd.," Master's thesis, Sun Yat-Sen University, Taiwan.

Hsu, W. (2010), "Don't Let New Insurance Accounting to Scare Away Foreign Insurers," *United Daily News*, A17, 27 March.

Huang, W., Eling, M. (2013), "An Efficiency Comparison of the Non-life Insurance Industry in the BRIC Countries," *European Journal of Operational Research*, 226 (3), 577 - 591.

Hughes, I. (2008), "Customer Loyalty in the UK General Insurance Market," *Journal of Direct, Data, Digital Marketing Practice*, 10 (1), 29 - 42.

I. VW-HSG/Accenture (2010), "Insurance in 2015-Determining the Position: New Coordinates in the German-speaking Insurance Market," www. ivw. unisg. ch, accessed 9 May 2015.

I. VW-HSG/Pricewaterhouse Coopers (PwC)(2011), "Antworten mit Fragezeichen. IFRS 4 Phase II," www. ivw. unisg. ch, accessed 9 May 2015.

IfB-HSG/KPMG (2011), "Regulatorischer Wandel-Chancen und Risiken für die Versicherungsbranche," www. kpmg. com, accessed 9 May 2015.

Institute of Direct Marketing. (2008), Internet First Point of Call for Financial Information. 17 April, http: //www. theidm. com/resources/daily-newsfeed/internet-first-point-of-call-for-financial-info/, accessed 9 September 2014.

Institute of Direct Marketing. (2009), Internet to Beat TV by 2010. 14 April, http: //www. theidm. com/resources/daily-newsfeed/internet-to-beat-tv-by-2010, accessed 9 September 2014.

Institute of Direct Marketing (2009), Marketing Budgets Fall. 13 January, http: //www. theidm. com/resources/daily-newsfeed/marketing-budgets-fall/, accessed 8 September 2014. Insurance Times. (2009), "Insurers Do Not Reward Loyalty," 16 January, available at http: //www. insurancetimes. co. uk/story. asp? sectioncod e = 13&storycode = 376344, accessed 8 September 2013.

Insurance Times (2010), "IAGs UK Claims Cut Margin," 2 June, available at http: //www. insurancetimes. co. uk/story. asp? sectioncode = 13&storycode = 384718, accessed 9 June 2013.

International Association of Insurance Supervisors (IAIS) (2008), Guidance Paper on the Role, Responsibilities of a Group-Wide Supervisor, www. iaisweb. org, accessed 9 May 2015.

International Association of Insurance Supervisors (IAIS) (2009), Issues Paper on Group-wide Solvency Assessment, Supervision, www. iaisweb. org, accessed 9 May 2015.

International Association of Insurance Supervisors (IAIS) (2010), Guidance Paper on the Treatment of Non-Regulated Entities in Group-Wide Supervision, www. iaisweb. org, accessed 9 May 2015.

Jasperson, J. , Carter, P. E. , Zmud, R. W. (2005), "A Comprehensive Conceptualization of Post-Adoptive Behaviors Associated with Information Technology Enabled Work Systems", *MIS Quarterly*, 29, 525-557.

Jauhiainen, E. (2014), *Deployment of XML for Office Documents in Organizations*, University of Jyväskylä, Finland.

Joseph, M. , Stone, G. (2003), "An Empirical Evaluation of US Bank Customer Perceptions of the Impact of Technology on Service Delivery in the Banking Sector", *International Journal of Retail & Distribution Management*, 31 (4), 190 –202.

Joseph, M. , Stone, G. , Anderson, K. (2003), "Insurance Customers' Assessment of Service Quality: A Critical Evaluation," *Journal of Small Business, Enterprise Development*, 10 (1), 81-92.

Kader, H. A. , Adams, M. , Hardwick, P. (2010), "The Cost Efficiency of Takaful Insurance Companies," *Geneva Papers on Risk Insurance-Issues, Practice*, 35 (1), 161 –181.

Kalakota, R. , Robinson, M. (2002), *M-business: The Race to Mobility*, McGraw-Hill, New York.

Khambadkone, K. (2011), "Are You Ready for Big Data?" InfoGain, http://www. infogain. com/company/perspective-big-data. jsp, accessed 23 August

2013.

Khare, A., Dixit, S., Chaudhary, R., Kochhar, P., & Mishra, S. (2012), Customer behavior toward online insurance services in India. *Journal of Database Marketing & Customer Strategy Management*, 19 (2), 120 – 133.

Klein, R. W. (2012), "Principles for Insurance Regulation: An Evaluation of Current Practices, Potential Reforms", *Geneva Papers on Risk, Insurance-Issues, Practice*, 37 (1), 175 – 199.

Klumpes, J. M. (2005), "Managerial Use of Discounted Cash-Flow or Accounting Performance Measures: Evidence from the U. K. Life Insurance Industry", *Geneva Papers on Risk, Insurance Issues, Practices*, 30 (1), 171 – 186.

Klumpes, J. M., O'Brien, C. D., Reibel, A. (2009), "International Diversity in Measuring the Fair Value of Life Insurance Contracts," *Geneva Papers on Risk-Insurance Issues, Practices*, 34 (2), 197 – 227.

Klumpes, P. J. M. (2007), Consolidation, Efficiency in the Major European Insurance Markets, *Working Paper*, Imperial College, London, UK.

Krause, H. T. et al. (1999), *Insurance Information Systems*, 3rd Edition, Insurance Institute of America, Malvern, PA.

Laffey, D., Gandy, A. (2009), "Comparison Websites in UK Retail Financial Services," *Journal of Financial Services Marketing*, 14 (2), 173 – 186.

Le Dinh, T., Rinfret, L., Raymond, L., & Dong Thi, B. T. (2013), Towards the recon ciliation of knowledge management and e-collaboration systems. *Interactive Technology and Smart Education*, 10 (2), 95 – 115.

Leverty, J. T., Grace, M. F. (2010), "The Robustness of Output Measures in Property-Liability Insurance Efficiency Studies," *Journal of Banking & Finance*, 34 (7), 1510 – 1524.

Liedtke, P. K. (2007), "What's Insurance to a Modern Economy?" *Geneva Papers on Risk*, *Insurance-Issues*, *Practice*, 32 (2), 211 – 221.

Life Insurance Council (2010), (online) http: //www. lifeinscouncil. org, accessed 14 February 2010.

Liu WT (2004), "A Study of Diffusion of Information Technology in the Organization: To Discuss on TAM, TTF." Master's thesis, *Soochow University*, Taiwan.

Lorson, J., Schmeiser, H., & Wagner, J. (2012), Evaluation of Benefits and Costs of Insurance Regulation-A Conceptual Model for Solvency II. *Journal of Insurance Regulation*, 31 (1), 125.

Luarn, P., Lin, T. M. Y., Lo, P. K. Y. (2003), "An Exploratory Study of Advancing Mobilization in the Life Insurance Industry: The Case of Taiwan's Nan Shan Life Insurance Corporation. Internet Research. Electronic Networking Applications," *Policy*, 13 (4), 297 – 310.

Luhnen, M. (2009), "Determinants of Efficiency, Productivity in German Property-Liability Insurance: Evidence for 1995 – 2006," *Geneva Papers on Risk*, *Insurance-Issues*, *Practice*, 34 (3), 483 – 505.

Mahlberg, B., Url, T. (2003), "Effects of the Single Market on the Austrian Insurance Industry," *Empirical Economics*, 28 (4), 813 – 838.

Marchand, D. (Ed.) (2000), *Competing with Information*, John Wiley & Sons, West Sussex, UK.

Marwa, S. M. (2005), "Exploration of SERVQUALS Efficacy aia the Diagnosis, Improvement of Service Quality in Kenya's Insurance Industry," PhD thesis, Lancaster University, Lancaster, UK.

McNay, H. E. (2002), Enterprise Content Management: An Overview, *Proceedings of the International Professional Communication Conference*, Portland, OR.

Mehta, S. C., Lobo, A. (2002), MSS, MSA, Zone of Tolerance as Measures of Service Quality: A Study of the Life Insurance Industry. *Second International Serv-*

*ices Marketing Conference*, University of Queensland, Australia.

Mescan, S. (2004), "Why Content Management Should Be Part of Every Organizations Global Strategy," *Information Management Journal*, 38, 54 –57.

Microsoft, Taiwan (2005), "The Quiet Revolution of Cathay Life Insurance Co. ," microsoft. com, http: //www. microsoft. com/taiwan/business/km/cathay. htm, accessed 13 May 2015.

Miles, D. (2011), *State of the ECM Industry* 2011, AIIM International, Silver Spring, MD.

Mintel Research. (2009), "Motor Insurance-UK, May 2009," oxygen. mintel. com, http: //oxygen. mintel. com/sinatra/oxygen/display/id = 395477/display/id =479856, accessed 23 August 2014.

Monetizing Mobile (2011), *KPMG Paper*, July.

Money Week (2008), "Take Care When Using Price Comparison Sites," 27 August, available at http: //www. moneyweek. com/personal-finance/take-care-when-using-price-comparison-sights-93874. aspx, accessed 9 May 2015.

Moneywise (2008), "New Warning over Price Comparison Sites," 13 November, available athttp: //www. moneywise. co. uk/news-views/2008/11/12/new-warning-over-price-comparison-sites, accessed 8 September 2013.

Montoya-Weiss, M. M. , Voss, G. B. , Grewal, D. (2003), "Determinants of Online Channel Use, Overall Satisfaction with a Relational, Multichannel Service Provider," *Journal of the Academy of Marketing Science*, 31 (4), 448 –458.

Moon, J. W. , Kim, Y. G. (2001), "Extending the TAM for a World-Wide Web Context," *Information & Management*, 38 (4), 217 –230.

Morgan Stanley, Oliver Wyman Group (2010), Solvency 2: Quantitative & Strategic Impact-The Tide is going Out, *Technical Report*.

Munkvold, B. E. , Paivarinta, T. , Hodne, A. K. , Stangeland, E. (2006), "Contemporary Issues of Enterprise Content Management," *Scandinavian Journal of Information Systems*, 18, 69 – 100.

Nakano, R. (2002), *Web Content Management: A Collaborative Approach.* Addison-Wesley, Boston, MA.

Nandram, S. S. (2014), *Organizational Innovation Integrating Simplification: Learning from Buurtzorg Nederland*, Springer Verlag, Munich.

Naone, E. (2011), "The New Big Data," *MIT Technology Review*, 22 August.

National Association of Insurance Commissioners (NAIC) (2009a), "Issues for Consideration in the Solvency Modernization Initiative," www. naic. org, accessed 9 May 2015.

National Association of Insurance Commissioners (NAIC) (2009b), "NAIC, State Insurance Regulators Involved in the U. S. FSAP," www. naic. org, accessed 9 May 2015.

National Association of Insurance Commissioners (NAIC) (2009c), "Risk-based Capital-General Overview," www. naic. org, accessed 9 May 2015.

National Association of Insurance Commissioners (NAIC) (2010a), Insurance Holding Company System Model Regulation with Reporting Forms, Instructions; Model #450 8/5/10-as adopted by Financial Condition (E) Committee, www. naic. org, accessed 9 May 2015.

National Association of Insurance Commissioners (NAIC) (2010b), Insurance Holding Company System Regulatory Act, Model #440 08/05/10-as Adopted by Financial Condition (E) Committee, www. naic. org, accessed 9 May 2015.

National Association of Insurance Commissioners (NAIC) (2010c), Memorandum, 26 February 2010, www. naic. org, accessed 9 May 2015.

National Association of Insurance Commissioners (NAIC) (2011a), Group Capital Assessment Proposal for U. S. Compliance with the International Association of Insurance Supervisors (IAIS) Insurance Core Principles (ICP) on Group Capital, to Observe Financial Sector Assessment Program Recommendations, www. naic. org, accessed 9 May 2015.

National Association of Insurance Commissioners (NAIC) (2011b), OwnRisk, Solvency Assessment (ORSA) Guidance Manual, www. naic. org, accessed 9 May 2015.

National Association of Insurance Commissioners (NAIC) (2011c), Solvency modernization initiative-Roadmap, www. casact. org, accessed 9 May 2015.

National Association of Insurance Commissioners (NAIC) (2011d), Solvency modernization initiative-Update as of January 2011, www. naic. org, accessed 9 May 2015.

National Association of Insurance Commissioners (NAIC) (2011e), White Paper on High-Level Corporate Governance Principles for Use in U. S. Insurance Regulation, www. naic. org, accessed 9 May 2015.

Nicoletti, B. (2011), "Applicare il Lean & Digitize nei servizi finanziari," *Bancamatica*, Gen. -Feb., 12 – 14.

Nicoletti, B. (2011), "Tra smartphone e prepagate: le opportunità per i paga-menti," *Bancamatica*, Nov. -Dic., 16 – 18.

Nicoletti, B. (2012), *Lean and Digitize*, Gower Publishing, London.

Nicoletti, B. (2013), *Cloud Computing in Financial Services*, Palgrave-Macmillan, London.

Nicoletti, B. (2014), *Mobile Banking*, Palgrave-Macmillan, London.

Nonaka, I., Toyama, V., Hirata, T. (2008), *Managing Flow: A Process Theory of the Knowledge-Based Firm*, Palgrave-Macmillan, New York.

Nordheim, S., Paivarinta, T. (2004), Customization of Enterprise Content Management Systems: An Exploratory Case Study, *37th Annual Hawaii International*

*Conference on System Sciences*, Waikoloa, Hawaii.

Noulas, A. G., Hatzigayios, T., Lazaridis, J., Lyroudi, K. (2001), "Non-parametric Production Frontier Approach to the Study of Efficiency of Non-Life Insurance Companies in Greece," *Journal of Financial Management, Analysis*, 14 (1), 19-26.

O'Callaghan, R., Smits, M. (2005), A Strategy Development Process for Enterprise Content Management, *13th European Conference on Information Systems*, Regensburg, Germany.

Oracle. (2007), The Benefits of a Unified Enterprise Content Management Platform, *Oracle White Paper*, February.

Ortega, D. (2011), "Mobility: Fueling a Brainier Business Intelligence," *IT Business Edge*, http://www.analyticsasaservice.org/analytics/, accessed 1 August 2015.

Out-Law News. (2008), "Insurance Comparison Sites Have Cleaned Up Their Act, says FSA." 12 November, http://www.out-law.com/page-9589, accessed 8 September 2014.

Päivärinta, T., Munkvold, B. E. (2005), Enterprise Content Management: An Integrated Perspective on Information Management, *Proceedings of the 38th Annual Hawaii International Conference on System Sciences*, Waikoloa, Hawaii.

Parasuraman, A. (2000), "Technology Readiness Index (TRI), Multiple-Item-Scale to Measure Readiness to Embrace New Technologies," *Journal of Service Research*, 2 (4), 307-320.

Pennington, L. L. (2007), "Approaches/Practices: Surviving the Design, Implementation of a Content Management System: Do the Benefits Offset the Challenges?" *Journal of Business, Technical Communication*, 21 (1), 62-73.

Perry, R., Lancaster, R. (2002), *Enterprise Content Management: Expected Revolution or Vendor Positioning*, The Yankee Group, Boston.

Porteous, D. (2006), "The Enabling Environment for Mobile Banking in Africa,"

Bankablefrontier, www. bankablefrontier. com/publications. php, accessed 29 August, 2014.

Porter-O'Grady, T. , Malloch, K. (2014), *Quantum Leadership.* Jones & Bartlett Publishers, Burlington, MA.

Pottier, S. W. (2010), "Life Insurer Efficiency, State Regulation: Evidence of Optimal Firm Behavior," *Journal of Regulatory Economics*, 39 (2), 169 –193.

Pricewaterhouse Coopers (PwC) (2010), "Getting Set for Solvency II," *Technical Report.*

Pullman, G. , Gu, B. (2008), "Guest Editor's Introduction: Rationalizing, Rhetoricizing Content Management," *Technical Communication Quarterly*, 17, 1 –9.

Quaddus, M. , Intrapairot, A. (2001), "Management Policies, the Diffusion of Data Warehouse: A Case Study Using System Dynamics-Based Decision Support System," *Decision Support Systems*, 31 (2), 223 –240.

Reimer, J. A. (2002), "Enterprise Content Management," *Datenbanken Spektrum*, 2, 17 –35.

Rickenberg, T. A. , Neumann, M. , Hohler, B. , Breitner, M. H. (2012), Enterprise Content Management-A Literature Review, *Proceedings of the 18th AMCIS.*

Rickenberg, T. A. , Neumann, M. , Hohler, B. , Breitner, M. H. (2012), Towards a Process-Oriented Approach to Assessing, Classifying, Visualizing Enterprise Content with Document Maps, *Proceedings of the 20th ECIS.*

Robertson, J. (2004), "Open-Source Content Management Systems," *KM Column*, January.

Rockley, A, Kostur, P. , Manning, S. (2003), *Managing Enterprise Content: A Unified Content Strategy*, New Riders Publishing, San Francisco.

Schatt, D. (2014), *Virtual Banking: A Guide to Innovation and Partnering*, Wiley

Finance, New York.

Scheer, A. W., Nüttgens, M. (2000), *ARIS Architecture and Reference Models for Business Process Management* (376 – 389), Springer Verlag, Berlin.

Schmid, B. F., Lindemann, M. A. (1998), "Elements of a Reference Model for Electronic Markets," in *System Sciences*, 1998, *Proceedings of the IEEE Thirty-First Hawaii International Conference on*, Vol. 4, 193 – 201.

Schutts, M. I. (2007), "The Implications of Mobile, Financial Services Convergence, the Transformation Potential of M-Banking," *The Policy Paper Series*, no. 6, July.

Scott, R. (2000), "Shaping the Future of the Life Agency Force," *Coverage*, 26 (1), 22 – 26.

Sharp, A., McDermott, P. (2001), *Workflow Modeling: Tools for Process Improvement*, *Application Development*, Artech House, Boston, MA.

Sinha, T. (2004), "The Indian Insurance Industry: Challenges, Prospects," Zurich: Swiss Re, www.icpr.itam.mx/papers/SinhaSwissRe.pdf, accessed 8 May 2015.

Smith, H. A., McKeen, J. D. (2003), "Developments in Practice VIII: Enterprise Content Management," *The Communications of the Association for Information Systems*, 11, 647 – 659.

Stair, R. M., Reynolds, G. (2008), *Fundamentals of Information Systems*, 5th Edition, Course Technology, Stamford, CT.

Sun, C. Y. (2009), "The Negative Spread in the Life Insurance Is the Worst in the World," *United Daily News*, AA1, 26 November.

Suresh M. C. (2010), Cloud Computing: for Banking, Financial Services Institutions, *TCS White Paper*, Mumbai, India.

Swiss Federal Office of Private Insurance (FOPI) (2004), *White Paper of the Swiss*

*Solvency Test*, www. finma. ch, accessed 8 May 2015.

Swiss Federal Office of Private Insurance (FOPI) (2006), *Technical Document on the Swiss Solvency Test*, www. finma. ch, accessed 8 May 2015.

Swiss Federal Office of Private Insurance (FOPI) (2007), *Directives on Corporate Governance*, *Risk Management*, the Internal Control System, www. finma. ch, accessed 8 May 2015.

Swiss Financial Market Supervisory Authority (FINMA) (2010a), *Annual Report* 2010, www. finma. ch, accessed 8 May 2015.

Swiss Financial Market Supervisory Authority (FINMA) (2012), *FINMA Policy on Insurance Supervisory Colleges*, www. finma. ch. accessed 8 May 2015.

SwissRe (various years), World Insurance, *Sigma*, Zurich, Switzerland. "A Third of Financial Institutions Have Mobile Detection" (2012), *Mapa Research*.

Tsoukatos, E. (2008), "Applying Importance-Performance Analysis to Assess Service Delivery Performance-Evidence from Greek Insurance," *EuroMed Journal of Business*, 3 (2), 144 – 162.

Tsoukatos, E., Rand, G. K. (2006), "Path Analysis of Perceived Service Quality, Satisfaction, Loyalty in Greek Insurance," *Managing Service Quality*, 16 (5), 501 – 519.

Tyrväinen, P., Päivärinta, T., Salminen, A., Iivari, J. (2006), "Characterizing the Evolving Research on Enterprise Content Management," *European Journal of IS*, 15 (6), 627 – 634.

UMTS Glossary (2005), UMTS Forum-Glossary, http://www. umts-forum. org/glossary. asp? id = 180, 18. 05. 2005, accessed 20 October 2013.

Van Bragt, D., Steehouwer, H., Waalwijk, B. (2010), "Market Consistent ALM for Life Insurers-Steps Toward Solvency Ⅱ," *Geneva Papers on Risk*, *Insurance-Issues*, *Practice* 35 (1), 92 – 109.

Van Rossum, A. (2005), "Regulation, Insurance Economics," *Geneva Papers on Risk, Insurance-Issues, Practice*, 30 (1), 43 -46.

Vaughan, T. M. (2009), The Implications of Solvency Ⅱ for U. S. , *Insurance Regulation*, www. naic. org, accessed 9 May 2015.

Veen, J. (2004), "Why Content Management Fails," *Adaptive Path*, 16 October.

Vom Brocke, J. , Derungs, R. , Herbst, A. , Novotny, S. , Simons, A. (2011), The Drivers behind Enterprise Content Management: A Process-Oriented Perspective, *19th European Conference on Information Systems*, Helsinki, Finland.

Vom Brocke, J. , Simons, A. , Cleven, A. (2008), A Business Process Perspective on Enterprise Content Management: Towards a Framework for Organisational Change, *Proceedings of the* 16*th ECIS*.

Vom Brocke, J. , Simons, A. , Cleven, A. (2008), A Business Process Perspective on Enterprise Content Management: Towards a Framework for Organisational Change, *16th European Conference on Information Systems*, Galway, Ireland, 1680 -1691.

Vom Brocke, J. , Simons, A. , Cleven, A. (2010), "Towards a Business Process-Oriented Approach to Enterprise Content Management (ECM), The ECM-Blueprinting Framework, Information Systems," *E-Business Management*, 9, 475 -498.

Von Volker P. (2011), 2025 - *Die Versicherung der Zukunft Gebundene Ausgabe*, Verlag Versicherungswirtschaft Gmbh, Karlsruhe, Germany.

Vong, J. , Song, I. (2014), Emerging Technologies for Emerging Markets (Topics in Intelligent Engineering and Informatics), *Springer Science*, Singapore.

Walsh, M. L. (2014), The Manager's Instant Guide to Sustainability, *ICMA*, Washington, DC.

Ward, D. , Zurbruegg, R. (2000), "Does Insurance Promote Economic Growth? Evidence from OECD Economies," Journal of Risk and Insurance 67 (4), 489 -506.

Ward, D. , Zurbruegg, R. (2002), "Law, Politics, Life Insurance Consumption in Asia," *Geneva Papers on Risk*, *Insurance-Issues*, *Practice* 27 (3), 395 -412.

Watson, J. (2008), "New Customer Acquisition: Five Ways to Make It Work Again," 15 May, available athttp: //www. theidm. com/resources/idm-insights/new-customer-acquisition-five-ways-to-make-it-work-again/, accessed 17 May 2010.

Webb, I. , Grace, M. F. , Skipper, H. D. (2002), The Effect of Banking, Insurance on the Growth of Capital, Output, Working Paper 02, *Center for Risk Management*, Insurance.

Wedgwood, I. D. (2015), Lean Sigma: Rebuilding Capability in Healthcare. Pearson Education, New York.

Worthington, A. , Hurley, E. (2002), "Cost Efficiency in Australian General Insurers: A Non-Parametric Approach," *The British Accounting Review*, 34 (2), 89 -108.

Yang, H. L. , Wang, C. S. (2008), "Locating Online Loan Applicants for an Insurance Company," *Information Review* 32 (2), 221 -235.

Yao, S. , Han, Z. , Feng, G. (2007), "On Technical Efficiency of China's Insurance Industry after WTO Accession," *China Economic Review*, 18 (1), 66 -86.

Zeithaml, V. A. , Parasuraman, A. , Malhotra, A. (2000), A Conceptual Framework for Understanding e-Service Quality: Implications for Future Research, Managerial Practice, *Marketing Science Institute.* Report no. 100 -115, Cambridge, MA.

# 词汇表

Accident：

意外事故。指不可预见、意料之外的事。

Accident-only policies：

只赔偿由于意外事故或意外伤害的保单。

Actual cash value（ACV）：

实际现金价值。根据当前成本减去折旧的客户重置资产价值。

Adjusted SCR：

调整后的偿付能力资本要求。偿付能力资本水平要求，包括必须通过偿付能力Ⅱ的支柱2的审查所要求的任何补充资本要求。

Adjuster：

理算员。保险公司理算员是评估损失和解决投保人索赔问题的人。也称作“被保险人的代理人”。

Administrative expense charge：

行政管理费用。一次或定期从保单扣除的金额。

Adoption rate：

扩散率。大众广泛采用新技术所花的时间。

Advertising based pricing model：

基于广告的定价模型。一种以低成本为客户提供免费服务的定价模型。供应商从广告商那儿获得大部分收入，而广告商的广告会连同服务一起传达给客户。

Agency：

营业处。办理保险业务的场所。它可能针对具体的保险业务如财产险和意外险，养老险，生命和健康保险等，或者是这些业务的联合保险。它也可能是一个独立的组织机构或者保险公司子公司。

Agent：

代理人。办理保险业务的人。

Agility：

敏捷度。当客户资源负载规模增大或减小的时候，保险机构做出反应并为客户活动分配所需的资源所耗费的时间。

Android：

安卓。最初是由谷歌公司研发的开放平台，之后发展成开放手机联盟。由操作系统（中间件和应用程序在上面运行），中间件（允许应用程序连接网络并且与其他程序相联系），以及应用程序（该平台将会运行的实际项目）组成。

Annuity：

年金合同。表明买方向人寿保险公司存入资金进行投资的合同。此合同说明在一定时间或终身必须定期支付的具体款项。

Anti-money laundering（AML）：

反洗钱。通过立法，监管和制度来追踪，识别和停止对金融体系内的洗钱行为。

App：

应用程序的缩写。它是一个程序或软件，尤其指用户下载到移动设备上的程序或软件。

Application：

申请，投保。保险公司利用此过程获得的客户信息来决定是否签发保单和保费金额。在信息和通信技术中，它表示应用程序模块。

Application module：

应用程序模块。软件程序利用基本软件，硬件和网络环境形成与组织目的相关的具体功能。

Application programming interfaces（API）：

应用程序编程接口。软件组件用于彼此通信的规范接口。一个应用程序编程接口一般包括规范例程、数据结构、对象类和变量。

Application/App store：

应用商城。一个虚拟位置分布有许多移动设备上可用的数字应用。

Appraisal：

估价。由估价人所做的保险财产索赔的评估来决定财产价值或财产损失价值。很多保单都通过这个过程来协商索赔争议。在这个过程中，被保险人和保险公司都分别聘请损失评估人。这两个估价人选择一个第三方估价人作为“裁判”。然后这些估价人再对索赔条款进行审核，“裁判”对于任何有争议的地方拥有决定权。“裁判”的决定对被保险人和保险公司均具有约束力，但是仅针对损失金额。如果对承保范围有争议，即使估价已经完成，被保险人仍可以就保险范围的问题寻求其他解决方式。被保险人需承担己方估价人的佣金以及“裁判”佣金的一半。

Assignment：

转让。指被保险人将保险项下的全部或部分法定权利进行转让。可以在以后根据申请流程更改此类型的转移。

Audit and compliance：

审计和合规。收集有利于审计合规的数据的能力。

Authentication：

验证认证，手动或由系统服务验证用户身份的过程。

Authorization：

核准。验证用户或组织内外的其他人是否有权进行某一项行为活动，比如转移资金或接触敏感信息。

Automation：

自动化，自动化服务。它也是在没有任何人为干预的情况下百分百的处理信息通信应用程序的请求。

Availability：

可获得性。实际服务响应时间（扣除规定的停顿时间）除以比较基准的时间的百分比。

Avatar：

头像。表示网站中的虚拟人物的图标或图形，其可以提供关于应用模块的使用的帮助。

B2B：

企业对企业。它指的是企业与企业对接而不是企业与消费者。

B2C：

企业对消费者。它指的是企业对消费者而不是企业对企业。

Back office：

后台，后台部分。一个公司里负责行政管理和支持的员工。他们履行结算，清算，记录维护，合规，财务和会计等职能。

Bancassurance：

银行保险。通过银行分销渠道销售保险产品，这个过程使得银行和保险公司可以通过共享的分销渠道获得新客户和创造新产品。

Base Ⅱ and Ⅲ：

巴塞尔协议Ⅱ 和Ⅲ。巴塞尔协议Ⅱ和Ⅲ是在2004年由G10的中央银行的高级代表所签订（巴塞尔协议Ⅰ是在1998年签订）。巴塞尔协议Ⅱ是一套旨在为谨慎的银行信用管理引进新规则所签订的协议。该协议要求金融机构准备充足资本金，以有效提高金融机构的稳健性和增大金融机构偿付能力透明度。2010年，在国际银行监管的巴塞尔协议Ⅲ中添加了一些新的提案。

Basic software：

基础软件。使用户能够执行诸如构建和实际运行应用程序或管理数据库的基本操作的软件程序集。其典型示例是操作系统，编辑器，功能，软件和数据库的管理系统。

Benchmarking：

标杆管理。将实施过程和（或）措施与组织秩序良好的实体的过程和（或）措施相对比。

Beneficiary：

受益人。将会得到保单或年金合同的收益的个人或组织。

Best estimate liability：

最佳预估责任。解决合同义务的未来现金流量现值的预期值或平均值

（概率加权平均值）。它考虑了合同执行期间所有最新的金融市场和精算信息。

Binder：

暂保单。在正式保单签发之前的临时保单。

Blog：

博客。它是“网络日志”的缩写。它是网站的一种类型，通常由个体维护，内容包含有常规评论，事件描述或其他材料，如相对于特定主题的图形，照片或视频。

Bordereau：

业务报表。它是针对所识别的特定风险提供规制，保费或损失数据的报告。由保险公司定期向再保险公司提供。

Broad network access：

宽带网络访问能通过标准手段促进网络能力及其访问。不同客户使用不同的宽带网络访问手段，包括笔记本，平板电脑，个人电脑，随身办公助理，智能手机等类似设备。

Broker：

保险经纪人。代表被保险人处理保险业务的保险中介。由于保险经纪人不是保险公司的法定代表，所以他们不能像保险代理人那样代表保险公司签定保险合同。虽然一些经纪人可能与保险公司签订代理合同，但他们仍然有义务代表被保险人的利益而不是保险公司的利益。举例来说，一些国家保险法规规定了代表客户行事的受托责任，或全面披露其从所有渠道获得报酬的情况。

Business intelligence（BI）：

商业智能。用于收集，存储，分析，检索和提供数据访问的广泛类别的应用程序和技术，以帮助用户做出更好的组织决策。商业智能应用包括决策支持系统，查询和报告，操作分析处理，统计分析，预测和数据挖掘的活动。在某些情况下，它也简称为Google Analytics（分析），即使后一个词可以有更广泛的意义。

Business process management（BPM）：

业务流程管理。管理流程以使其效率大幅度提升。

Business process outsourcing（BPO）：

业务流程外包。将某些或所有业务的后台进程或子进程外包给外部组织或服务提供商的做法。例如呼叫中心处理，帮助台以及信息和通信技术支持。

Business processing re-engineering（BPR）：

业务流程重组。通过对业务流程进行根本性重组，以降低成本或改善流程，从而向客户增加价值。

Caller line identification（CLID）：

呼叫线路识别。通过与服务提供者通话的客户使用的电话号码来识别用户身份信息的系统。

Cancellation：

契约终止。保险公司或被保险人在续签日前终止保险单。

Carrier：

提供医疗保险的公司或健康维护组织。

Cash value：

解约金。如果保单所有者取消保险并将保单寄回公司，则人寿保险保单所有者将收到的作为退款的金额。

Casualty insurance：

意外保险。保险主要涉及人身伤害造成的损失和对被保险人施加的此类伤害或财产损失的所应承担的法律责任。

Certificates of coverage：

保险证明书。显示由团体的主保单提供的群体健康福利计划成员的福利的书面材料。

Churn：

基于价格，价值或一些其他因素，客户从一个特定产品类别中的服务提供商移动到另一个。

Churning：

当代理说服客户利用现有的人寿保险借款，以支付新的保险费时，可能发生这种情况。

Claim：

投保人要求保险公司根据保险单赔付损失。

Claimant：

索赔人。向保险公司提出保险索赔的人。

Client：

客户，委托人。在这本书中它指的是委托人，可以是组织外部或组织内部人员。在某些情况下，这个词可以表示访问设备。

Cloning：

克隆。指将一部手机的身份复制到另一部手机，从而使犯罪者将自己伪装成受害人，意图通常是将使用电话和其他服务计费到受害者账户。在移动保险的情况下，克隆可以使黑客访问受害者的保险账户。

Cloud：

云端。全球网络的隐喻。它最初用于指电话网络。现在通常用于指互联网或云计算服务。

Cloud computing：

云计算。提供可配置计算资源的共享池的方便且按需的网络访问的计算能力。这些资源可以以最小的管理精力或供应商交互来快速供应和发布。云计算有六个基本特征：按使用付费，自助服务，广泛的网络接入，资源池，快速弹性和测量服务。在一般情况下，云计算支持基础设施即服务，平台即服务，软件即服务，业务流程即服务或类似服务。

Coinsurance：

共同保险。共同保险发生在两个或多个保险承保人通过单独的产权保证保险（所有权）保单按比例保险给定的交易。承保人根据保单金额以相同或不同的比例负担风险金额。同一术语也用于不同的含义。共同保险是被保险人和保险公司之间根据保险单所签订的共同分担协议，规定被保险人在支付免赔额之后将支付保险费用的一定百分比。它类似于共同支付保险计划，但共同支付要求被保险人在提供服务时支付一定金额。

Coinsurance provision：

共同保险条款。保险规定，如果被保险人购买的保险限额不等于或大于保险财产价值的指定百分比（一般是 80%），则对被保险人的损失赔偿进行处罚。共同保险条款规定被保险人的赔偿不得超过以下限额：损失金额乘以购买的保险金额（保险限额）与所需保险金额的比率（在损失日的资产价值乘以共同保险百分比），再减去扣除额。

由于未能遵守共同保险条款而不能支付给被保险人的损失金额被称为共同保险金。在商业保险单中，有时有可能使用商定价值规定避免共同保险罚金。

Company profile：

公司简介。关于保险公司的大概信息，包括许可证状态、财务数据、投诉历史和监管行动的历史。

Comparator：

比价平台（比价网站）。它是一种满足用户确定保险公司的形象的所有必要信息的软件，能根据成本效益观点或类似标准确定最佳结果排名（与保险索赔的类型相关联）。

Complaint：

投诉。主要表达对保险公司或代理人的申诉的书面通信。

Complaint history：

投诉历史。组织或监管机构收集或维护的与针对特定保险公司或代理收到的投诉有关的信息以及投诉结果。

Compliance：

合规性。遵守组织的内部和外部强制性规则。

Computer security incident：

计算机安全事件。每一个涉及违反或可能违反信息安全领域的规则和商业惯例的事件（例如，计算机欺诈，通过互联网的攻击，故障和错误）。

Computer-telephony integration/interface（CTI）：

计算机电话集成系统。将电话系统与计算机网络集成的系统。

Configuration management：

配置管理。指的是联合配置数据或应用服务的能力。

Consumption-based or used-based pricing model：

基于消费或使用的定价模型。这个定价模型是指供应商根据顾客消费的服务数量来收费而不是收取固定费用。举例来说，保险公司可能对该资产的使用收费，如按被保险人的汽车运行的里程收费。

Contract：

合同。在这本书中，指的是保单。保单被认为是保险公司和保险单持有者之间的合同。

Conversion privilege：

折换特权。将承保范围从一种保险类型变更（转换）到另一种类型的权利。例如，从个人限期保险单改为个人全寿险保单的权利。

Coverage：

承保范围。用于明确保险或保护的类型。

Credential：

凭证。与应该访问对象的特定用途相关联的安全的，加密的信息。

Credentials information：

凭证信息。指的是用户用来认证系统或服务的信息。它们包括在提供或存储信息（例如，不可重复使用的智能卡的密码生成器）或提醒用户（例如，密码）或表示他或她（例如，生物特征）的工具的定义中。

Credit life insurance：

信用人寿保险。这是一种特殊类型的保险，通常设计为在保单持有人去世时偿还贷款或账户费用余额。一些贷款人或卖家可能需要信用人寿保险才能批准信贷。如果需要信用人寿保险，贷款人或卖方不能要求保单持有人从他们那儿或特定保险公司购买。如果投保人拥有现有的寿险保单，则债权人必须接受根据其现有保单的福利转让，而不是要求他们购买信用人寿保险。保险监管机构通常规定 10 年或 10 年以下贷款的信用人寿保险费率。超过 10 年的贷款一般不规定保险费率。它类似于支付保护保险，但支付保护保险的承保范围更大，比如它还包括失业险。

Crisis：

危机。正式宣布为服务中断一个或多个关键过程恶化或由于事故或灾难而具有系统重要性的情况。

Cross-selling：

交叉销售。一种将新产品定位和销售给现有客户的方法。

Customer：

客户。合同的接收方。

Customer relationship management（CRM）：

客户关系管理。管理客户关系的信息系统。原则上，它帮助管理整个客户的生命周期，从获得新客户到与客户不断增进关系，以及建设与组织有多重关系的客户的忠诚度。同时它允许通过提高忠诚度，交叉销售产品和服务等优化与客户的关系。

Customer service representative（CSR）：

客户服务代表。在呼叫中心通过电话协助客户咨询的工作人员。

Data governance and compliance：

数据治理和合规性。数据治理需要对组织自己的数据基础架构和组织部分控制的数据基础架构应用治理。它有三个关键驱动因素：了解合规性、风险和组织绩效目标。

Database：

数据库。一组以快速访问的方式组织的计算机文件，通常使用表格形式。

Deductible：

免赔额。在保险公司赔付前，受保人自己必须在损失中支付的金额。

Default：

默认。设置为使用的付款应用程序或凭证，除非选择了其他付款应用程序或凭证。

Detection and forensics：

检测和取证。这是在安全中断之前，期间或之后区分合法活动和非法活动的行为。

Digital natives：

数字原生代。他们是 Y 世代或年轻的技术用户。

Disruptive innovation：

破坏性创新，颠覆性创新。它描述了以意想不到的方式改进产品或服务，并改变事情做法和市场的创新方式。例如，云计算通常被称为颠覆性技术，它有可能彻底改变采购，部署和维护信息与通信技术服务的方式。云计算还可以以剧烈的方式改变组织的生产和程序。另外，它对于公司或机构的组织也有巨大影响。

Durability：

耐用性，持久性。衡量数据丢失的可能性。

Earned premium：

保费。已用于实际购买保险的保险费部分，或保险公司已赚取的保险费。如果保单持有人已预先支付了 12 个月，则在保单的两个月内，将有两个月的保费。剩余 10 个月的保费是还未赚取的保费。

ECM：

企业内容管理。是指对于企业所有内容的管理（包括数据，结构化和非结构化文档，电子邮件，语音，视频等）。相关系统成为企业内容管理系统。

ECN：

电子通信网络。是促进股票或商品交易的电子网络。

Economic balance sheet（EBS）：

经济资产负债表。采用市场一致价值的会计方式计算的企业所有流动资产及与该业务有关的现有义务所制作出的资产负债表。

Ecosystem participants：

协同合作。一组可以一起工作以获得协同效应的组织或个人。

Effective date：

生效日期。保险单生效的日期。

Emergency situation：

紧急情况。由影响运营商的事故或灾害引起，并且特点是需要采取适当的技术和管理特殊行动，以确保业务连续性。

Encryption：

加密。编码保护客户的资产信息。

End user（or customer）：

最终用户。数字保险移动支付和连接服务的最终用户。

Endorsement：

保险批单，背书。附属于保单的，表明扩展或限制承保范围下的另行支付的利益的书面文件。也称为附件或附录。

Enterprise resource planning（ERP）：

企业资源规划。是指将制造资源计划Ⅱ扩展到组织中的其他职能，例如工程、财务、个人管理和管理。它由单一数据模型的软件包组成，该数据模型有助于所有组织间过程的横向和纵向整合，根据质量，服务水平，成本，及时性等特殊关键绩效或过程指标提高过程效率。ERP 的一些组成部分是：会计，工业会计，工资单，采购，仓库管理，生产，项目控制，销售，分销和设施维护。

Escrow：

有条件转让契约。钱或文件放置在第三方手中，直到满足指定的条件才能拿回。

Exclusions or limitations：

除外责任或限制责任范围。规定排除或限制某些指定的事故情况或服务以及在特定情况下发生的一些疾病或事故的保险责任。

Expiration date：

到期日。保险单到期的日期。

Face value：

面额。保险提供的保险赔偿费的初始金额，如合同正面页上所示。根据所选择的保费，未偿还的保单贷款或欠款，实际保险赔偿费的可能高于或低于初始金额。

Facebook：脸谱

一个非常受欢迎的在线社交网络成立于2004年，为帮助人们（朋友）保持联系和共享内容。

Facultative reinsurance：

临时再保险。再保险公司希望为潜在风险再投保的一种再保险形式。提交，接受到最终达成协议，再保险公司为每个单独风险寻求再保险服务。换句话说，再保险公司就其打算再保险的每项保险业务谈判一个单独的再保险协议。再保险公司没有义务接受或提交每一个新的机会，因为临时再保险不同于管理一组给定的再保险条约。

Federation：

联盟。跨多个系统或公司组织，数据或身份的行为。

Fee for service：

服务费。允许顾客自己选择任意医疗者和提供服务者，但是必须自己承担服务费或索赔文件的费用。(也称为损害赔偿)

Financial institution（FI）：

金融机构。他们是处理金融交易的机构，通常是人们存钱或进行金钱交易地方。

Frequently asked questions（FAQ）：

常见问题解答。这个功能列出了用户经常提出的问题和答案。

Front office：

前台。与客户直接接触的营销，销售和服务部门，并且直接或通过中台与后台（行政）部门联络，以保持双向的信息流。

Gap insurance：

差距保险。赔偿损害的实际价值与客户索赔要支付的金额之间的差额的保险。一些差距保险范围也可能包括可扣除额的金额。

Generally accepted accountingprinciples（GAAP）：

一般公认会计原则。它们是在任何特定管辖区使用的财务会计准则的标准框架，通常被称为会计准则或标准会计惯例。

Generation Y（Gen Y）：

Y 世代。它是一个专业术语，专业营销人员通常用来描述 1977～1994 年出生的人，特别是美国人。这一代人通常被称为数字原生代。

Generation Z（Gen Z）：

Z 世代。它是一个专业术语，专业营销人员通常用来描述 1995～2000 年出生的人，特别是美国人。因为他们频繁使用移动设备，这些人有时候会被称为 m 代。

Geo-location：

地理定位。它是通过数字信息来识别人或设备的地理位置的技术。

Gilder's law：

吉尔德定律。乔治·吉尔德用这条定律证明带宽的增长速度超过计算机运算性能的三倍。

Global systems for mobile communication（GSM）：

全球移动通信系统。数字移动电话的主要标准，占目前正在使用的全球移动市场的 80%。

Governance：

治理模式。治理模式定义了每个人的责任划分，或团体需要遵循的规则，流程和程序。它是确保一个部门的有效性，效率，道德和经济的控制和过程。

这个部门可以是整个组织，也可以是组织单位，过程或数据。

Grace period（s）：

宽限期。在保费到期但未支付之后，保单仍然有效的时间（通常是15或者31天）。该保险单在保险费最初到期之日失效，除非保险费在15或31天结束之前或保险损失之前支付。

Grievance procedure：

申诉程序。健康维护组织为客户就关于医疗必要性或索赔付款的决定提出抗议所需的申诉程序。保险公司也可能有申诉程序。

Group life insurance：

团体寿险。这种类型的人寿保险向在一组合同项下的为一群人提供保险。大多数团体寿险都是想要为公司员工提供人寿保险的企业办理的。团体人寿保险还可以出售给协会承保其成员和信贷机构承保其债务人贷款的金额。大多数团体保单是用于定期保险。一般来说，企业将会发出一个主要保单，并且该群体中的每个人都会收到一份保险证书。

Group of companies（or Group）：

集团公司。数家公司拥有共同所有权或共同管理经营。

Health benefit plan：

健康福利计划。在大多数情况下，由雇主为雇员提供健康管理服务。它可以是赔偿计划，也可以是健康维护组织计划。

Health maintenance organization（HMO）：

健康维护组织。管理式医疗计划，通过医生，医院和其他医疗保健提供者的网络为其成员提供医疗保健服务。HMO是保险公司提供的传统保健计划的常用替代方案，因为它们涵盖了各种服务，而且通常成本较低。

Hijacking（in ICT security）：

劫持（在信息通信技术安全中）。攻击者控制两个实体之间的通信，伪装成其中之一。与克隆一样，劫持可以使黑客获得受害者的财务信息。

Identity management:

身份管理。管理个人信息，以便适当地控制对计算机资源，应用程序，数据和服务的访问。

Incident:

事故。任何不是服务的标准操作的一部分，并导致或可能导致服务质量中断或降低该服务质量的事件。

Indemnity plan:

赔偿计划。允许顾客自己选择任意医疗者和提供服务者，但是必须自己承担服务费或索赔文件的费用的健康计划。（也称为服务费）

Indexed life insurance:

指数人寿保险。保险的整个生命计划，其提供保单的面额和相应的保险费率，并且基于消费者价格指数或保单中定义的另一指数的上升而每年自动增加。

Inflation protection:

通货膨胀保护。自动调整保险保单限额以解决修理或重建资产的成本增加问题。

Information risk:

信息风险。与使用信息通信技术相关的财务、声誉和市场份额损失的风险。出于审慎目的的商业风险的整体观点来看，这种类型的风险包括经营，声誉和战略风险。

Information technology and telecommunication (ICT):

信息与通信技术。计算机，存储，网络，应用程序等的组合还提供远程（通过电信）集成的基于计算机的服务。

Information technology infrastructure library (ITIL):

信息技术基础架构库。管理信息通信技术服务的方法。

Instant messaging (IM):

即时通讯。它是 IP 用户双方之间基于文本聊天通信的协议。

Insured：

被保险人。保险单所涵盖的个人或组织。

Insurer：

保险人。即保险公司

Integration：

整合，融合。将组件或系统组合为一个集成实体的过程。

Interaction design（IXD）：

交互设计。以客户为导向的设计方法，用于改善客户和系统之间的相互影响。

Interactive voice response（system）（IVR）：

互动式语音应答。人们在呼叫帮助热线或客户支持电话时听到的自动电话支持系统，通过按键音和（或）语音交互进行导航来使用菜单和响应用户。

Internal economic capital requirement（IECR）：

内部经济资本要求。公司管理层对资本需求的内部估计。

Internet protocol（IP）：

互联网协议。通过互联网传输数据或信息的主协议。

Internet service provider（ISP）：

互联网服务提供商。一个为客户提供互联网接入服务的组织。

Interoperability：

互操作性。关注系统在多种环境中操作的能力的方法，无论何时何地这种方法都是必要的。

Least privilege：

最小特权。原则规定，每个用户和管理员都有严格的被分配的任职资格和必要的职责。

Liability：

责任。对他人的疏忽或故意的行为造成伤害或损害的责任。

liability coverage：

责任险承保范围。符合法律责任规定的承保损失。例如，对于房产保险（家庭财产保险）来说，如果投保人依照法律被起诉或发现对他人造成伤害和财产损失需承担责任的话，责任保险承保范围可以防止投保人免受财产损失（即由保险人代其赔偿责任损失）。

liability insurance：

责任保险。保险范围有：赔偿由投保人造成的对他人的伤害和财产损失。如果造成事故的人在投保人的范围内，则也在该保险的赔偿范围内，例如，司机在车主的允许下开车。

LinkedIn：

领英，商务化人际关系网。商务专业人士的在线社交网络。

iOS：

iOS 是苹果公司开发的一款针对 iPhone、iPod touch、iPad 以及 Apple TV 等产品使用的系统。

Key performance indicators（KPI）：

关键绩效指标。这些度量指标是企业或公司用来衡量一个部门的表现或收益、销售线索转变、成本、消费者支持等方面的过程。有时也被称为关键过程指标。

Know your customer（KYC）：

充分了解你的客户。通过了解客户所进行的交易来更好地了解你的客户。在一些国家，KYC 规定对于反洗钱和经批准核实的黑名单来说是强制执行的。

Lamfalussy model：

用四级的方法来加强金融行业的监管，该模型用来在所有欧盟地区建立法律和统一性。

Lapse：

保单的终止。宽限期结束时未支付续期费。

Lean（thinking）：

精益生产是一种方法，其目的是当消除浪费时，能够提供一种新的方式来思考如何组织人类活动给社会提供更多的效益、给个体提供更好的价值。

Lean and digitize：

精益化和数字化。使过程同时精益化和自动化。这是一种基于再造的过程来使它同时精益化和自动化。

logical security：

逻辑安全性。其含义是旨在通过采取措施获得数据和信息的保密性、完整性和可用性的一组过程和活动。其包括以下几个方面：技术（访问控制系统，防病毒，防火墙，入侵检测/预防系统，等等）；组织（保单的定义，安全标准，用户分析和相关的评级等）；程序（例如过程的定义或执行）；行为（教育、意识等）。

Loss：

赔付金额，保险公司支付索赔的金额。

loss history：

是指保险索赔的投保人先前提交的金额。当公司承销新保单或考虑更新一个现有的保单时，将会考虑先前提交的金额。在保单执行期间，公司将先前提交的金额视作为被保险人将提出索赔的可能性的迹象（即将投保人先前提交的金额用作赔偿被保险人将可能提出的索赔的金额）。

Loyalty service provider：

忠诚的服务提供商。忠诚和激励机制的管理者。

Malicious code：

恶意代码。该软件以病毒、蠕虫或由黑客加载到手机、短信网关上的恶意软件为形式。当金融机构的服务器在执行未经授权的软件的过程时也可能遭到该恶意代码的攻击，并且这个未经授权的过程在机密性、完整性或金融信息和交易的可用性方面均有负面影响。

Malware：

恶意软件。被注入系统的恶意软件的运行通常是隐蔽的。其目的是破坏系统的保密性、完整性、或使用者数据的可用性，破坏应用程序、操作系统，或以其他方式干扰使用者。

Managed health care：

管理型医疗保健。是一个组织医生、医院和其他医疗服务提供者以降低成本为目标进入网络同时还提供适当的医疗服务的系统。

Man-in-the-middle attack（MIM）：

中间人攻击。对身份验证协议交换的攻击。是一种“间接”的入侵攻击，这种攻击模式是通过各种技术手段将受入侵者控制的一台计算机虚拟放置在网络连接中的两台通信计算机之间，其中这台计算机称为“中间人”。

Market value：

市场价值。指客户被保险资产的现值，包括所有被保险资产的价值。

Market value margin：

市场价值边际即风险边际。当增加对负债的最佳估计时，产生一个与市场一致的保险负债的估值。

Maximum out-of-pocket expense：

最大现金支付。一个医疗计划所包括的最大金额，必须支付在一定期间内由该计划所涵盖的费用。在达到最大金额前，所涉及的人必须支付分担共同的保险金额或支付受到索赔的百分比金额。

Medical payments and personal injury protection（PIP）：

医疗支付与人身伤害保护。如果投保人，家庭成员，或车辆中的乘客在是事故中受伤或死亡的话，PIP 可以为其支付有限的医疗费用和允许的丧葬费用。PIP 也可以支付收入的损失。

Microfinance：

小额信贷。为那些没有使用传统金融体系的人而设计的一系列金融工具（例如：信用卡、储蓄金、保险、资金汇款等等）。

Micro-SD card：

微型 SD 卡。是被设计用于将手机和其他移动设备集成一体的一种存储卡

（记忆卡）。

middle office：

中台。是机构操作的一部分，它为前台工作人员和后台管理人员建立联系。例如，前台工作人员（话务员或网络状态下的虚拟代理）执行的事务可能先由中间部门人员处理，然后再由后台工作人员处理。

Millennials：

千禧一代（也被称为 Y 代）。在 X 时代之后的人口群体。X 代的开始和结束都没有确切的时间。研究人员和专家把出生时间从 20 世纪 80 年代到 21 世纪初的人口群体称为千禧一代。

Minimum capital requirement（MCR）：

最低资本要求。是指在偿付能力Ⅱ方面，监管资本的最低水平。

Mission：

使命。是指被指定为走向一个愿景的重要的任务。

Mobile device（or simply mobile）：

移动设备。是指智能手机、功能手机、平板电脑或其他。“移动设备”这个术语也和“手机”这个术语相互替代使用。

Mobile insurance：

移动保险。是指客户能够通过移动设备来使用保险服务。如保单的发布、变化、替换、暂停、索赔、投连险等。它还包括手机短信服务（短消息服务或文本消息通知），可以使用智能手机访问保险公司的网站，或直接通过智能手机里该保险公司的应用程序来享受该服务。

Mobile network operator（MNO）：

移动网络运营商。是指移动设备连接服务的提供商。对于本书而言，移动网络运营商有时与安全域管理员相互替代工作。

Mobile payments：

移动支付。是一种支付服务，包括提供转移或放置在移动钱包里的数字货币的服务。

Mobile portal：

移动门户。是一个专为手机界面和手机浏览器设计的网站。

mortality charge：

死亡费用。是指一种通用人寿保险的保险保护要素的成本。该成本以在相关保单下的风险的净量、购买保险的风险分类、以及被保险人的年龄为基础。

Mortality expenses：

死亡率费用。该保险保障的成本是根据精算表来计算的。精算表是以在给定人群中，按照年龄或活动的不同来计算死亡发生率为依据。这个成本是基于保单的风险金额、保单购买时被保险人的风险分类以及被保险人的年龄或活动三个方面。

Multiple employer plans：

多雇主计划。是指建立在一个集体协议条款下，服务于一个以上雇主的雇员的福利计划。

National Institute of Standards and Technology（NIST）：

美国国家标准与技术研究院，是美国商务部的一个机构。该机构重点是促进云计算的有效安全使用。

Near field communication（NFC）：

近距离无线通信技术。该技术允许简化交易、数据交换，以及通过无线连接之间的设备接近对方，距离通常不超过约 10 厘米。NFC 移动支付交易将使用 ISO 1443 A/B 标准传输。

Network：

网络。在本书中，网络指一个数据和语音传输的电信基础设施。在保险业中，它也有其他含义。例如，它指所有医生、专家、医院和同意在 HMO 合同条款下提供医疗保健给 HMO 成员的供应商。同样地，它也可能指由保险公司提供维修和直接支付的汽车修理店。与优选供应商的利益相关的保险合同也使用网络。

Network software：

网络软件。网络软件是为通信管理而设置的专门软件。网络软件的典型例子有邮件收发器、产品管理和分布式资源共享。

Network virtualization：

网络虚拟化。这种虚拟化的形式是一种通过将可用带宽分割成频道的方式来把网络中的可用资源结合起来的方法。实际上每个频道都是独立于其他频道的。每一个频道都可以实时被分配（或重新分配）给某个特定的服务器、设备或组织。

Non blocking failure or malfunction：

非阻塞故障，是指系统“故障”。但在该系统的操作上基本上不会有太多障碍，并且该系统的服务可以继续使用。

Non-renewal：

不更新决定。是指保险公司不更新保单的决定。

Norms：

规范（准则）。是标准的替代词。但规范（准则）通常是强制的，而标准则是建议性的。

Organization：

组织、机构、团体。在本书中，这个术语指民营公司、非营利组织、中央或地方的公共机构。

Original equipment manufacturer（OEM）：

原始设备制造商，生产用户使用的数码产品。OEM 有时与安全域管理器（SDM）交替使用。

Output：

输出。是由系统或过程产生的结果。最终输出的是产品或服务。

Over the counter（OTC）：

场外交易/柜台交易。指由交易商或客户代表所进行的实物交易。该交易商或客户代表可以访问一个特定的封闭的金融系统或网络。

Over-the-air（OTA）：

无线。使用无线网络进行数据的传输。

Over-the-top content（OTT）：

超顶层内容。描述视频、数据和音频的宽带传输，同时没有多个系统操作员参与传输内容本身的控制或分布。提供者可以知道 IP 数据包的内容，但不直接负责，也不能控制观看率、版权和（或）其他的内容的再分配。

Own funds：

自有资金。是指在偿付能力下的自有资本。基本的自有资金是指根据欧洲银行监管当局监管确定的净资产，也可以包括次级债。资产负债表外融资的某些形式可能会获得监管批准，并以其以质量作为附属自有资金。不管是自有资金还是附属自有资金，两者都是根据规定的标准分属于自己的资金，清偿资本要求和最低资本要求都规定了在何种程度上，自有资金可以作为用来满足这些需求的保险项目的资金。

Own risk and solvency assessment（ORSA）：

自我风险和偿付能力评估。是评估保险公司的程序，用于识别、评估、监测、管理和报告它所面临或可能面临的短期和长期的风险，并确定必要的自有资金，以确保其整体偿付能力的需求在任何时候都会得到满足。

Pass（word）code：

密码。进入可以为用户提供认证方法的设备中的代码。

Payment network（or the Payment Application Creator）：

支付网络（支付应用程序创建者）。创建非用户面对的支付应用软件和管理支付网络（例如，维萨信用卡、万事达信用卡、CUP 等）。

Payment service：

支付服务。供应商的独立组织，该组织制定支付解决方案。

它可能是企业家，在线支付服务，或技术组织。

Pay-per-click（PPC）：

点击付费广告。是指广告商通过竞价出现在搜索引擎的结果中并为其特定行为支付费用的一种方法。

PCI DSS compliant：

PCI，DSS 兼容。是指符合支付卡行业数据安全标准的系统或装置。

Pension products：

养老金产品。该保险产品为那些想要在退休后能够得到收入的客户设置的，为其提供退休储蓄。

Peril：

风险。是指财产保单所涉及的特定风险或损失原因，例如火灾、风灾、水灾、盗窃。风险保单是投保人在保险单中为风险投保。除去具体排出的理由外，一份风险保单涵盖了所有发生损失的原因。

Personal productivity software：

个人办公软件。是指越来越多的通过网络来处理个人事务的软件，例如，WinZip，Adobe，MS Office，MS Project 等。

Personal property：

个人财产。指所有有形资产，如汽车、家具、珠宝、电子产品等。

Phishing：

网络仿冒。是指诱骗受害者泄露其敏感个人信息或通过电子邮件和短信下载恶意软件的行为。

Physical security：

物理安全性。是一组旨在通过采取有效措施来实现保密性、完整性以及资产或组织的可利用性的活动。“active”指检测和报告事件的系统，打开一个特设的干预等；“passive”指系统发布的检测，可能的措施，被动地抵御攻击，拖延的可能影响；“organizational”指由外部人员保安对程序进行预防和控制，警察等。

Plan-do-check-act（PDCA）：

计划—执行—检查—行动。是由戴明介绍的改进周期。它基于行动的顺序：计划—执行—检查—行动。

Plan-of-service（POS）plans：

服务计划。POS 允许保险公司签订 HMO 合同，并为 HMO 网络外的参与者提供接受服务的选择。

Policy：

保单。指由保险公司向被保险人签发的合同。

Policy loan：

保单贷款。指由人寿保险公司向保单持有人提供的预付。该预付由保单的现金价值担保。

Policy owner：

保单持有人。指拥有个人保险单的人或一方。这个人可以是被保险人、受益人或其他人。保单持有人通常是支付保险费并唯一可以对保险做出变更的人。

Policy period：

保单时长。该时间段指保单的有效期，从开始日到到期日。

Portability：

可移植性是一种运行应用程序、软件、在设备上运行系统或者安装启用的能力，并将其安装在另一个应用或设备上。

Pre-certification：

预先认证。指卫生保健计划必须事先满足某些医疗程序的要求。预先认证意味着该程序必须经过必要的医疗批准，但尚未批准付款。

Premium：

保险费。指被保险人向保险公司开立或续保保险单所缴纳的金额。

Primary account number（PAN）：

最初账号。基于 16 位数字：6 位数字发行人识别号（IIN），第一个数字是主要的工业标识（MII）；可变长度（高达 12 位）的个人账户标识符；和一个单一的校验位。

Problem：

问题。指一个事件或事件本身的原因。由于缺乏对该事件可用的解决方案导致该事件得不到解决，而出现过的重复事件已在进行变更管理。

Process：

过程。指一组相关联的活动。在明确目标的前提下，将一组输入转化为输出。有时该过程是通过系统完成的。事实上，把它当成一个系统组件似乎更准确。

Process improvement：

过程改进。从过程出现错误的原因和结果当中不断改进，以过程的减少复杂性、变化性和周期时间。

Process management：

过程管理。是一种方法，用于优化作为一个系统的组织，确定哪些流程是需要改进或控制的，确定优先事项，并鼓励领导者一起进行过程的改进工作。由于这些过程，可以对获得的信息进行分析和管理。

Process of continuous improvement：

持续改进的过程。是一个结构化的方法，通过使用适合解决问题的方法，来提高组织的整体性能。其改进范围包括商务的质量和社会责任。

Property damage（PD）：

财产损失。

Provider：

供应者。指医院、医生、药剂师、注册护士、组织、机构、或持执照提供医疗服务的人。该术语通常被集中使用于提供产品或服务的个人或设备。

Prudent person investment principles（PPIP）：

审慎人投资原则。审慎人投资原则成立的前提是保险公司可以自由选择想要投资的资产种类，只要公司能够知道所涉及的风险并为该风险设立适当的应对措施（通过 SCR），同时该投资决策也应维护股份持有人的最佳利益。当保险公司决定投资时要遵循以上的要求，无论是在投资前还是投资后。

Public insurance adjuster：

保险公估人。受投保人的委托，为投保人与保险公司办理索赔业务。保险公估人必须经监管机构许可。

Quality：

质量。顾客满意度对一个组织来说是十分有效用的。

Quantitative impact studies（QIS）：

定量影响研究。指通过一系列的训练来测试公司的财务影响以及所提到的偿付能力要求。

Quick response code（QR）：

快速识别矩阵码。是一种矩阵式条码的商标，基本上是一个二维码。它的主要功能是为用户重新定义信息，关于产品、杂志的文章、广告或任何其他信息。

Radio frequency identification（RFID）：

射频识别。是一种短距离无线通信方法，使用"标签"或连接一个天线的小集成电路，当在一个磁性阅读器的范围内传递时，能够发送和接收信号。

Redirecting：

重新使用。通过中间人攻击的方式，用虚假地址或身份进行通信拦截。

Refund：

资金偿还。将投保人多缴的保费或保险公司预收的保费退还给投保人的一笔资金。

Reinstatement：

复原，修复。因续期保费收入或保单暂停执行等因素导致保单已经失效，而寿险公司重新执行该保单的过程。

Reinsurance：

再保险，分保。交易中的一方指"公司"，在考虑支付的保费后同意赔偿另一方，"分保投保人"同意承担原保险项下的部分或全部责任。分保也可称为"主要保险公司"或"分公司"。再保险可以根据条约或临时协议签订。

Relationship manager（RM）（also denominates account manager）：

关系经理，也称客户经理。客户服务经理指专门为特定的客户服务，通常是那些高净值客户。

Reliability：

可靠性。时长、时间、服务都是可靠的。

Remote payments：

远程支付。与近距离支付相反，远程支付可以远程进行，在支付过程中用户与商家之间无须进行物理接触。

Renewal：

合同续订。指合同到期之后的续约。

Report to supervisors（RTS）：

向主管报告。指提交给主管报告，报告中包含必要的监督信息。

Reporting：

报告。指提供和更新有代表性的数据和指标，其数据和指标的细节往往会有所不同，这取决于报告人或报告组织的想法。以可持续发展为目的，如GRI（全球报告倡议）通过一个标准化的方法来达到国际水平。在法国，新经济法规225 号文件要求企业或组织超过一定规模时需发布企业社会责任（或可持续发展）报告。

Request for change（RFC）：

变更请求。是指打开一个变更的请求（基础设施或应用的请求）。

Rescission：

废除。当严重虚假陈述发生时，保险公司终止保险合同。

Residual risk information：

残余风险信息。在风险分析过程中确定的迁移措施申请之后，中介机构所面临的信息泄露风险。

Return premium：

保险金退回。由于取消、调整利率，或预收保费超过实际保费而将保险金的一部分返回给投保人。

Rider：

附加条款。指有关保单扩大或限制利益的书面协议。

Risk based capital（RBC）：

风险权重资本。基于风险评估基础上的资本，保险公司应保护客户免受资本风险的影响。

Rule of anticipation：

预期规则。类似于78规则，闲置保费费会被用到实处。因为贷款的收益更大，所以在贷款的早期，保险范围较大。

Search engine optimization（SEO）：

搜索引擎优化。通过优化网站来使其出现在搜索引擎查询的最佳位置。

Secure domain：

安全域。是安全元素的细分。

Secure domain manager：

安全域经理。管理他人对安全元素进行的访问。这个职位偶尔会与MNO职位相联系，在本书中，该职位会与MNO职位交替使用。

Secure element：

安全因素。是指嵌入式安全区域或储存加密信息的通用集成电路卡（UICC）的安全区域。

Secure key：

安全密钥。一种基于个人身份的密码体制的变体，它通过将信任分散到多个第三方来降低需要信任的第三方的信任级别。

Serious incident of security：

重大安全事件。安全事故会导致以下后果：1. 高经济损失或干扰被保险人和组织，即使是反复的轻微事故。2. 对客户和其他利益相关者造成重大影响，例如经纪人、支付基础设施。严重程度的评估会影响到客户，涉及的对手以及风险金额。3. 降低金融机构符合法律或监管规定的能力。

Service area：

服务领域。在全部或部分国家里，HMO 或优先供应者组织提供保险服务。

Service provider：

服务提供者。服务提供者是一个组织，如金融机构，电信机构，商人等。

Short message service（SMS）：

短信服务。通过移动电话网络进行短消息通信的系统。

Siri：

苹果手机的语音控制功能。在 iPhone 上的一个应用程序，用户发出他/她的声音来发送消息、打电话、设置提醒等。

Six Sigma：

六西格玛。哲学与绩效目标。它是一种对过程进行持续改进的结构化方法。其目标是对事件的过程性能进行衡量，每一百万中会有三或四部分的缺陷。

Skype：

网络电话（一个网络语音沟通工具）。个人或群体通过网络、视频进行电话聊天的计算机程序和移动应用程序。

Smartphonatics：

指非常热衷于使用手机的人。该术语是 Aci 和 Aite 发明的。

SMiShing：

短信诈骗。是“钓鱼短信”的缩写。该攻击方式是通过短信向受害者手机发送假消息。

Software development kit（SDK）：

软件开发工具包。它是一个由主流软件操作系统提供商提供给开发者的软件包，以帮助开发者设计应用程序。

Solvency and financial condition report（SFCR）：

偿付能力和财务状况报告。指保险公司每年公布的包含详细定性内容的报告。

Solvency capital requirement：

偿付资本要求。以风险为基础的资本监管水平，如偿付能力Ⅱ。

Solvency Ⅱ：

偿付能力Ⅱ。偿付能力Ⅱ指令2009/138/EC是来编纂、协调欧盟保险条例的欧盟指令。主要偿付能力Ⅱ旨在解决欧盟保险公司须持有的以减少破产风险的资本额的问题。

Solvency Ⅱ internal model：

偿付能力Ⅱ内部模型。指符合偿付能力Ⅱ以下六项测试要求的模型：统计数据质量标准，校正标准，验证测试，损益归属，使用测试和文档标准。

Solvency Ⅱ pillar 1：

偿付能力Ⅱ支柱1。该部分重点在于所有的定量资本要求，包括资产和负债的市场一致性评估、计算资本要求、和内部模型的验证。该核心的目的是确保保险公司有足够的风险资本。在该核心下的所有估价都应该谨慎和市场的一致管理下进行。公司可以使用标准公式方法或内部模型方法。内部模型的使用将受到严格的标准和事先监督批准限制，以确保公司能够使用其内部模型来计算监管资本要求。

Solvency Ⅱ pillar 2：

偿付能力Ⅱ支柱2。指定性的要求，包括内部控制的原则治理、风险管理、自我风险和偿付能力评估过程、监督审查过程。该部分侧重于在保险公司的组织中实施更高的风险管理和治理标准。该核心也赋予了监管者更大的权力去挑战公司的风险管理问题。该核心包括自我风险和偿付能力评估，它需要公司进行前瞻性风险评估，以及相应的资本要求和充足的资本资源。

Solvency Ⅱ pillar 3：

偿付能力Ⅱ支柱3。市场纪律，包括对于监管当局和向公众（市场）的信息披露要求。该部分旨在提高保险公司的透明度（无论对监管还是公众）。给监管者报送不公开的年度报告，向公众关于偿付能力和财务状况的报告。目前的任何报告都会被包含核心信息的报告所代替，公司必须向监管机构做出季度和年度报告。这确保保险公司的整体财务状况更好地披露，也包括更多的最新信息。

Solvency modernization initiative：

偿付能力现代化计划。是指由美国保险监管机构推动的一项旨在审查和完善美国保险偿付能力监管框架的“美国倡议”。它包括有关国际保险监管和的银行监管的审议、国际会计标准以及美国保险监管中的潜在应用。

Spam：

兜售信息。数以千计的群发垃圾邮件同时发送，来促销产品，服务，组织或个人。

Spoofing：

欺骗。发送的信息来自看似合法源（其实不是实际源）的网络包。

Staff adjuster：

公司理赔人员。指保险公司的理赔员工。

Stakeholder：

利益相关者。指其利益会直接或间接地受到影响的个人、团体或组织。利益相关者指那些参与公司经济的团体（员工、客户、供应商、股东和中介机构）、观察组织（工会和非政府组织）、和受到直接或间接影响的组织（公民社会、地方政府、社区、等）。

Standard formula：

标准公式。是非特定实体，以风险的数学公式为基础，保险公司在偿付能力Ⅱ的标准下计算它们的资本要求偿付能力。

Straight-through processing（STP）：

直通式交易程序。指一个系统运用的流程。该系统在为客户办理交易业务时无须人为干预。

Supervisory review process：

管理评审过程。使监管当局不断评估保险人是否相关监管要求的过程。

Surcharge：

附加费。保险公司增加保费的额外费用。如果投保人之前有过事故记录的话，那么机动车保险通常会有附加费。

Surplus lines：

溢额线。“溢额线”基础上，虽未经许可但保险公司可以销售的保险项目。“溢额线”公司通常比持牌公司收取更多的费用，但往往提供较少的保险项目。

Suspension：

暂停。在一些国家，它指已经实行的保单可以暂停一段时间，到期日之前的日期都可以。例如摩托车，在冬季驾驶是很难的，因此顾客可能决定将它们放在车库里，旅行篷车或大篷车的使用也是根据其适用的季节来定。

System：

系统。据戴明介绍，这是一个各个部分相互作用的网络，通过合作来实现既定的目标。

Tablets：

包含在一个单一面板里的通用计算机，将触摸屏作为输入设备，通常情况下最多一个按钮。

Technical provisions：

技术条款。保险公司为了满足其未来预期的保险合同义务而需要持有的金额。

Technical rules：

技术规则。强制性的技术标准化。

Telematics：

信息技术。是电信和信息学的协同作用。在本书中，是信息和通信技术的代名词。

Third-party claim：

第三方索赔。对他人的保险单提出的索赔。

Throughput：

流率。满足客户需求的服务的速度。

Token：

代币，记号。发卡机构提供的加密值作为管理操作已被授权的证据。

Total cost of ownership（TCO）：

全生命周斯持有总成本。指一个考虑到成本所有生命周期解决方案的度量标准。通常包括采购成本、安装、测试、维护、使用和以及使用寿命结束时的处置。

Touch point：

触点。一种渠道或机制。顾客与服务组织（如保险公司）进行日常互动来处理交易业务。

Transaction：

交易。办理业务的行为。

Transport layer security（TLS）：

传输层安全。一种用于在网络上提供通信安全性的加密协议，其前身是安全套接字层（SSL）。

Treaty：

协议。保险公司和再保险公司声明业务类型的协议，在双方约定的协议下，再保险公司在期限内接受来自保险公司的相关业务。

Trust：

信托。双方通过正式认证来定义双方信任关系的能力。

Trusted service manager（TSM）（or Payment application or Payment Credentials Loader）：

可信服务管理（付款申请，或付款凭证装载程序）。它是促进手机制造商，MNO，用户和支付服务提供商（PSP）之间的连接的中立代理。此外，它控制电话中的安全元件，并在交易执行时识别用户和金融机构。

Twitter：

推特。社交媒体网站，支持网络参与者之间的有限字符博客，类似于网络的 SMS 广播系统。

Underwriter：

核保人。审查申请保险的人，并决定申请人是否可以被接受和可以投保多少的保险费率。

Underwriting：

承保。保险公司用来决定是否接受或拒绝一份保单和保费率申请的过程。

Unearned premium：

预付保费尚未尽保险责任的保险收入；未满期保费。尚未用于购买保险的预付保费。举例来说，如果一个保单持有人预先支付了 12 个月的保费，但在 2 个月之后取消保单，则保险公司必须返还剩余 10 个月的未满期保费。

Universal life insurance：

万能寿险。万能寿险的关键特点是灵活性。在限额内，投保人可以选择保险金额和他们打算支付的保险费。只要保单价值足以支付保单的成本和费用，该保单将保持有效。保单的价值可以是利率敏感性的，这意味着它根据一般金融环境而变化。降低与死亡相关的收益并提高保费将提高客户保单的增长率。反过来讲也是如此，提高与死亡有关的收益并降低保费将减慢客户保单的增长率。如果支付的保费不足，则在达到到期日之前，保单可能会失去价值（到期日是客户保单失效的时间，如果保单持有人活着，则应支付现金退保金额）。因此，投保人有责任持续支付足够高的保费，以确保保单的价值足以支付保单的每月费用。保险公司需要发送年度报告，并通知保单持有人，如果他们由于价值不足而将面临保单失效的危险。

Universal product code（UPC）：

商品通用条码。用来以独特的方式命名产品的标准。

Up-selling：

向上销售。在同一产品或资产类别内向客户销售具有较高利润或总收入的附加服务的系统，通常是从一类产品升级到另一类产品。

Usability testing（UT）：

可用性测试。它是指测试用户如何通过观察，从而与系统，产品或界面交互的科学。

User experience（UX）：

用户体验。涵盖最终用户与公司互动的所有方面，包括其服务，其产品，流程，组织和个人。

Value：

价值。由最终客户定义。从概念上讲，价值是产品或服务的收益和成本/损害之间的关系。它表示为能够在给定价格和给定时刻满足客户需求的产品或服务，还可以参考客户感知的价值，并且看到消费者认为必要和有价值的所有产品/服务特性。任何消耗资源（包括时间）并且不会为客户或组织带来价值的活动都是浪费的。

Variable annuity：

变额年金。这是一种年金保险单的形式，根据该保单，每笔保险金的金额不能保证而且没有在保单中指出，而是根据单独的账户基金的收入而波动。

Variable life insurance：

变额人寿保险。一种终身人寿保险，在这种保险形式里，收益与死亡相关联，而现金价值随着投保人选择的单独账户基金的投资业绩波动。证券交易委员会可以规定付给中介人的或者由中间人付给雇员的部分保险费。变额寿险的变化是与单位信托保单挂钩的。

Vendor：

供应商。提供在过程中可以使用的商品或服务个人或组织，例如在公共云的情况下。在私有云的情况下，供应商通常是组织的一部分。

Video chat：

视频聊天。从英语单词“chat”的定义来看是指非正式的交谈或讨论。它是一种网络技术，实现了视频，声音和文本的实时远程讨论。

Virtual support center（VSC）：

虚拟支持中心。它是由客户服务代表虚拟支持的呼叫中心，客户服务代表通常从家庭（做家庭办公）或特别的位置操作。

Vishing：

钓鱼。“语音和网络钓鱼”的缩写，其中受害者被欺骗通过电话公开敏感的个人信息。

Vision：

愿景。表示组织成功的表达，目的是产生一个心理形象，在当前现实和组织中的愿景之间产生创造性的紧张感，任务是实现愿景。

Voice of the customer（VOC）：

客户之声。客户表达的要求或需求。在公共组织的情况下，它被称为公民之声。

Voice over Internet protocol（VOIP）：

互联网语音协议。基于互联网的协议，允许用户使用语音通信，如通过电话系统通信。

Web 2.0：

促进互动信息共享，互操作性，以用户为中心的设计和在万维网上协作的 Web 应用程序。

Widget：

微件。一般类型的软件应用程序，通常是可移植的，可在不同的操作系统和设备上工作。

Wireless access protocol（WAP）：

无线接入协议。进行简单的互联网浏览或通过手机进行简单的菜单交互的最初协议。

Notes:

注:

这些定义是合成的，因此，它们不一定是精确的。请查阅文本以更完整地说明条款。根据最终需要在阅读本书时需要找到快速参考，因此只有一些术语被解释。大多数定义的概念来源是具有保险或信息系统术语定义的网站，我们更详细地参考这些网站，例如:

http://www.ict4it.org/en/en_glossary.htm.

http://www.irmi.com/online/insurance-glossary/terms.

http://www.opm.gov/healthcare-insurance/insurance-glossary/.

http://www.tdi.texas.gov/consumer/glossary.html.

http://en.wikipedia.org/wiki/Main_Page.